- 2017年度教育部人文社会科学研究专项课题"全员育人:'同向同行'的平台设计与教师组织——以'大国方略'系列课为例",项目批准号:17JDSZ1013
- 上海市重点图书
- 上海高校服务国家重大战略出版工程资助项目

经国济民

中国之谜 中国解

顾骏 著

上海大学出版社

图书在版编目(CIP)数据

经国济民：中国之谜中国解/顾骏著. —上海：上海大学出版社,2018.4
ISBN 978-7-5671-3104-0

Ⅰ.①经… Ⅱ.①顾… Ⅲ.①经济思想-研究-中国 Ⅳ.①F092

中国版本图书馆CIP数据核字(2018)第077018号

责任编辑　傅玉芳　庄际虹
　　　　　　徐雁华　陈　强
封面设计　柯国富
技术编辑　金　鑫　章　斐

经国济民——中国之谜中国解

顾　骏　著

上海大学出版社出版发行
(上海市上大路99号　邮政编码200444)
(http://www.press.shu.edu.cn　发行热线 021-66135112)
出版人　戴骏豪
*
南京展望文化发展有限公司排版
上海华教印务有限公司印刷　各地新华书店经销
开本710 mm×1 000 mm　1/16　印张20.25　字数226千
2018年4月第1版　2018年4月第1次印刷
ISBN 978-7-5671-3104-0/F·178　定价36.00元

目　录

前　言　大国要发大声音 / 001
  一、话语权何谓、何为？ / 003
  二、话语权何以牵动中国？ / 005
  三、中国话语权问题因何而来？ / 006
  四、对中国，重要的是权力还是话语？ / 008
  五、近代以来，中国在话语建构上真的乏善可陈？ / 010
  六、中国如何发好大声音？ / 011
  七、中国靠什么发好大声音？ / 018

第一章　效率：中国之谜中国解 / 029
  一、中国之谜，谜在何处？ / 031
  二、西方经济学为何解不开中国之谜？ / 035
  三、中国经济何以对中国人也成了谜？ / 042
  四、用中国道理破解中国之谜 / 046

第二章　政府：中国效率的核心机杼 / 051
  一、西方历史经验中的政府 / 053
  二、历史造就中国政府的效率 / 063

三、中国政府的创造性继承 / 070

第三章　国-民关系：中国效率的历史渊源 / 079
　　一、国-民关系：经济研究的根本着眼点 / 082
　　二、中国处理"国-民关系"的传统智慧 / 085
　　三、经济智慧：在国家治理的框架内 / 100

第四章　"铁三角"：中国效率的政治逻辑 / 109
　　一、经济改革的政治抉择 / 110
　　二、独辟蹊径的改革之道 / 112
　　三、经济发展的活力来源 / 123
　　四、维稳：国-民关系的政治平衡 / 129
　　五、"铁三角"，在历史转型中的升华 / 136

第五章　"铁公基"：中国效率的生活道理 / 145
　　一、40年经济发展：一个"三驾马车"的故事 / 147
　　二、"铁公基"：中国改革开放的华章 / 153
　　三、国民生活方式与基础设施建设的正反馈 / 159
　　四、中国高强度建设基础设施的前景 / 171

第六章　房地产：中国效率的国-民共振 / 181
　　一、住房制度与房地产功能演变 / 182

二、中国住房商品化之路 / 189

三、房价暴涨的结构性原因 / 195

四、房地产发展中的国-民共振 / 205

五、中国房地产未来走向 / 215

第七章　创新力：中国效率的未来提升 / 221

一、文化为本，学习为用 / 222

二、中国学习力的文化支撑 / 225

三、40年中国创新之路 / 240

四、国-民协力：以创新助推中华民族伟大复兴 / 250

结　语　历史是最好的辩护人 / 261

附录一　构筑高铁战略的实力支撑体系 / 267

附录二　从原点上确立中国学术话语权 / 275

一、问题的提出 / 276

二、回到原点就是回到人类文明共通之处 / 278

三、回到原点就是回到科学的基本特征 / 280

四、回到原点就是回到理论预设 / 283

五、回到原点就是回到学科基本问题 / 284

六、回到原点：为了中国经验同西方理论的平等对话 / 287

附录三 借鉴马克思主义中国化，建设中国社会学话语体系 / 289

一、问题的提出 / 290

二、关于马克思主义中国化的事实认定 / 292

三、马克思主义中国化的若干方法论启示 / 293

四、中国社会学话语体系建设的基础构造 / 298

后　记 / 309

前 言
大国要发大声音

中国需要话语权，已成国人共识，但中国为什么需要话语权，需要什么样的话语权，问题尚不清晰，立论更是各异。从中国国际地位将成未成的现实出发的有之，以历史上或现实中某个国家的作为为参照的有之，自觉不自觉地从中国传统"天下观"出发的亦有之。所有立论各有道理，不能绝对判定对错，但对中国来说，发什么声音，为什么发声音，事关中国自身定位、中国与世界关系的定位，还有中国发展最终给人类带来什么的定位。

纵观历史，多少民族、国家先后登场，大多悄然来而悄然走，少数盛极一时，有所建树，有所教训，"各领风骚数百年"。天道轮回，"尔曹身与名俱灭，不废江河万古流"。能在历史长河中追风逐浪、延续千年的屈指可数，而硕果仅存中能始终以大国姿态卓然挺立的，唯有中华。

中国发展成什么样，不仅事关中国、事关当今和未来一段时间里的世界格局，而且事关人类本身：人，这个以文化为"第二天性"的物种中,真有某个分支能于起源后就无惧世事轮回保持大国身份不致湮灭?中华民族人杰地灵,绵延不绝,历经磨难,一再辉煌,真能始终走在人类社会前列?"为天地立心,为生民立命,为往圣继绝学,为万世开太平。"传统中国"替天行道"的使命感能契合现代大国的责任感,相容相融?"善其身"与"济天下"能兼而行之,让中国成就国家利益、国际规则、人类道义和自身能力的平衡与协同?

如果有一天中国成为世界主导国家,中国对世界的承诺会是什么?

中国需要话语权,中国要有大声音!

一、话语权何谓、何为?

"定义即实在。"人类面对的世界由两种形态的实在构成:一为经验实在,即每个人可以通过身体器官感知到的实在;一为约定实在,也就是大家认为存在的实在。

人得了感冒,起因于风寒侵袭还是细菌或病毒感染,取决于就诊时找的是中医还是西医。对同一个人同一时间的同样病情,不同医生可以有不同诊断,开出不同药方,医术高明的话,都能药到病除。在世界上,与西医具有不同视野、思维、理论和方法,但至少在某些病患的治疗效果上同样有效的医学体系,何止中医一家?这足以说明,同一个经验实在,可以对应不同的约定实在,而基于不同的约定实在,可以导出对经验实在的不同处理方式,并且还同样具有实效。

人类不可能毫无感知,全凭"约定"生存于世界,但只有感知,不对周遭世界进行"结构化",也会让人没有秩序感,甚至无法生存。有听力障碍的人士曾经宁可听不清楚,也不愿佩戴助听器,因为当时的机器做不到像大脑那样,把没有信息内容的噪声自动过滤掉,而对所有声音一视同仁地放大,结果导致使用者不胜其扰,必欲摘之而后快。经验实在与约定实在、自然状态与人为建构的互渗互融、彼此转换,才是人类世界的完整形态和深层构造。

放到国际交往的背景下,"话语"本质上是关于世界和秩序的建构活动,"话语权"是一个国家表达自己、对话世界、安排秩序的资格与能力。国际舞台上,最能体现话语和话语权性质的,莫过于联合国安理会的组织原则和运行规则。

在最大的国际组织联合国里,有一个重要的权力机构——安理会,每届理事会由五个常任理事国、十个非常任理事国组成,遇重大国际事务,理事会召开会议,进行集体讨论,需要的话,可以投票表决,通过决议,授权有关国家采取相应行动,包括军事行动。在安理会上有没有发言机会,说什么,怎么说,是可以产生直接效果的。

按照联合国宪章,普通国家只有轮到担任理事时,才有机会在安理会的讨论中发言,表达本国的主张,而常任理事国美国、英国、中国、法国、俄罗斯的代表不但可以出席每次会议,有机会发言,而且在重大事项上,拥有特别权力,即便遇到其他国家都赞成的方案,也可以动用否决权,来行使国家意志,直接对国际关系和世界秩序施加影响。

由于五大国的话语权是通过联合国宪章规定下来的,任何国家只要承认联合国的权威地位,自然同意如此安排,这就是"制度性话语权"的含义。不过,联合国的权威是有限的,有的国家在安理会讨论中无法说服其他国家赞同自己的方案,也会执意而行,独自或联合盟国采取行动,甚至发起战争。这样的做法会遭到国际社会的批评,"悍然出兵"难免受到谴责,在话语、道义乃至军事上遭遇挫败。

联合国不只给了大国特别的权力,还赋予了特别的责任,包括但不限于大国承担一定比例的联合国运行经费与维和行动经费,不负责任的大国最终将失去特别的权力包括话语权。

话语权,没有权力真不行!

二、话语权何以牵动中国?

中国举国上下对话语权给予极大关注,是近几年的现象,但争夺话语权的努力,则要早得多,背景是中国与世界的关系始终在变化中。

中华人民共和国成立后,古老国度开始走上新的征程,改革开放更让中国实现了连续40年的经济高速发展,民族复兴、国家崛起的前景更趋明朗,国际影响日增,中国和世界到了彼此调整看法与关系的时候。

如果说今天的发展态势是中国呈现给国际社会的经验实在,各国都有不同程度感知的话,那么如何看待和解读这个"实在",中国与世界上不少国家之间还远没有达成共识,约定实在各异其趣,甚至大相径庭:

中国经济运行态势是持续向好还是面临崩溃?

政府主导经济的发展道路合不合理,是"集中力量办大事"的制度优势还是破坏市场秩序的行政干预?

中国在国际市场上"买什么,什么贵;卖什么,什么便宜"的局面能否改变,"超级大客户"能否主导大宗商品的定价?

中国与非洲经贸合作的性质是什么,是发展中国家的合作共赢,还是"新殖民主义"?

"一带一路"倡议将促成沿线国家乃至更广大区域的"命运共同体"还是中国输出"过剩产能"、推行主导地区"一体化"的借口?

中国经济发展对世界经济到底是机会还是威胁?

中国国力强盛会给人类带来和平、进步还是冲突乃至战争?

随着中国经济体量和综合国力不断增长,这一系列问题无论对中国、关联国家还是国际社会,都显得越来越重要,迫切等待回答,而答案在很大程度上,不但取决于回答者的立场和观点,还取决于回答者采用的话语。谁给出的答案得到更多国家认可,谁就在定义中国、中国与世界关系以及世界未来上掌握了主动权。

为了更好地认识自己,维护发展道路的选择权,营造友好的国际环境,促进人类进步和世界和平,建立更加公平正义的国际秩序,中国需要话语权!

三、中国话语权问题因何而来?

中国需要话语权,是一个当代命题,其潜台词是中国经历了一个从有话语权到没有话语权的过程,今天正面临重新取得话语权的机遇。对中华民族伟大复兴来说,话语权失而复得本身具有极其重要的现实价值和象征意义。

作为独立起源、一以贯之、历经磨难、再现辉煌的古老文明,中国曾经把自己定义为"中央之国",这里指涉的不只是地理空间的中央,更是文明开化的中央。中国同当时世界,主要是周边国家的关系,被视为文明意义上的等级关系,所谓"东亚朝贡体系"的观念支撑就是承认古代中国与国力所及地区的国家之间存在"文明级差"。中国传统的"天下观"讲究"夷夏之防",与现代主权国家观念和国家体系概念相去甚远,不可不察。

近代以前,中国受外来文化影响比较大的有印度佛教传入,也发生了多次北方游牧民族入主中原的事件,但中华民族以强大的文化定力,通过学习、消化、吸收和创新,长期确保了自己的文化特色和文明中央的定位,维持了同相邻国家的关系和周边地区的秩序。

工业化开启了人类全球化时代,挟工业体系、现代科学和市场经济而来的西方文明,于 1840 年,用坚船利炮轰开了古老国度的大门,从此中国的形势急转直下。历经挫败之后,中国开始重新认识自己和世界,适应秩序变更的过程。从"睁眼看世界",到承认"落后就要挨打",短短几十年间,中国的自我认知经历了"三千年未有之大变局",从"崇文宣武"的国家间优势地位,急剧坠落。梦醒之后,亡国灭种的阴影长期笼罩在仁人志士的心头,直到 20 世纪 70 年代末,邓小平还以"被开除球籍"的说法,旧话重提。一百多年里,列强环伺,虎视眈眈,蚕食鲸吞,国将不国。对于中国,世界与其说是机会,毋宁说是挑战,"中华民族到了最危险的时候",电影主题曲的歌词成为国家恒久的警醒!

从 1840 年开始的融入西方主导的国际秩序进程,对中国来说并不顺利,历经波折,直到公元 2001 年才算告一段落,标志是中国正式加入 WTO,接受世界贸易规则,但至今仍留有一条尾巴:美国、欧盟和日本仍然拒绝承认中国为"市场经济国家"。在国际政治舞台上,中国仍然被认为是现存秩序的"外来者",连经济体量有限的俄罗斯都一度加入其中的世界最发达国家集团 G7,至今仍在为如何与 GDP 总量"坐二望一"的中国相处而踌躇,心情复杂,态度微妙,立场多变,言辞飘忽。

世界需要重新认识中国,而中国不但需要重新认识自己,还需要让世界相信,中国的自我认识与世界对中国的认识不应该相去太远,这样才有利于建立中国同世界的良性关系,有利于促成一个能够容纳体量不断增大、责任也不断增强的中国的国际秩序。话语权对中国的意义在此,中国话语权对世界的意义也在此。

四、对中国,重要的是权力还是话语?

为了认识自己,对话世界,参与建构国际秩序,中国必须创设能为世界广泛接受的话语体系,必须具备强大的话语建构能力。残酷的是,近现代史恰恰以中国不仅失去权力、失去话语,也失去话语能力为开端。

鸦片战争等一系列战争尤其是甲午战争失利后,梦幻破灭的国人以前所未有的真诚和坦率,开启了一个足够激进但不无草率的归因推理,从武器不如人、人不如人、制度不如人、文化不如人,直到文字不如人,对传统文化和民族特性进行刮骨疗毒般的剖析与批判。这一轮持续百多年的反思,至今余波不断,虽然壮怀激烈,但矫枉过正之下,直接把汉字和依托汉字的中国话语乃至中国文化本身置于被倾覆的境地。无论最初为了"师夷长技以制夷"而翻译西学时,转道日本学习西方思想,大量借鉴"汉字日语",还是日后更为决绝地推行汉字拼音化,以赶上所谓"世界文字进化的潮流",或是至今学界热衷于生造中国人看不懂的非中非西、亦中亦西的概念与句法,国人为赶上世界潮流,忍痛割掉传统文化的尾巴,自觉不自觉地放弃话语和话语建构能力,"失语"因此成为中国历史转型最严重的后遗症之一:中国缺少国际舞台上的话语权,不只是因为没有权力,更是因为话语储备不足、话语建构能力不足!

2017年年底,西方出现了一波警惕中国"锐实力"的言论,其典型观点见之于12月16日英国《经济学人》刊出的封面文章《锐实力:中国影响力的新模式》:

> "中国很长时间以来都一直使用签证、赠与、投资以及文化来追求自己的利益。不过,近年来,中国的行动已变得越来越气势凌人、无所不包。中国的'锐实力',有着系列互相关联的要素组成:搞破坏、耍横、施压,最终形成合力促成目标对象进行自我审查。对中国来说,最高的奖赏或许就是不用采取行动,目标对象就因担心失去资金、支持或影响力提前向中国低头哈腰。"

西方学者提出中国具有"锐实力"并已运用多年的观点,不乏哗众取宠之意,但也在一定程度上说明,中国已经拥有行使国家主权的意志、实力和能力,让西方国家感受到了压力。令人颇为难堪的倒是,不管《经济学人》刊出的文章是否言过其实,不管中国是否真的如此运用"锐实力"来实现国家目的,近年来盛行的一系列"实力"概念,从"硬实力""软实力""巧实力"到"锐实力",都是西方人的发明,中国把这些概念乃至实力本身用得再得心应手,也不具有这套话语的"知识产权"。

这意味着,越是恭维中国具有"锐实力"而且功夫娴熟,越是说明中国在权力运用和话语建构这两个层面上存在巨大落差!在世界舞台上,中国缺乏能为各国清晰辨识、广为认同的原创话语,经济实力与文化实力不相匹配,确已成为中国进一步发展的明显障碍。

五、近代以来,中国在话语建构上真的乏善可陈?

中国在话语和话语建构能力方面存在短板,这是事实,但要说自近代以来,中国在话语方面毫无建树,也过于悲观了。在远未具有今天的经济和军事实力的20世纪,中国就提出过石破天惊的论断,得到各国普遍接受,产生了重大的国际影响。

在20世纪70年代,毛泽东就当时的国际关系格局,概括提炼出"三个世界"的理论,把美国和苏联归入超级大国,把其他发达国家归入第二世界,把包括中国在内的发展中国家归入第三世界,不但给了中国准确的定位——至今中国仍然是"最大的发展中国家",而且成功地把美国和苏联孤立出来,凸显了两个超级大国彼此争霸对人类发展与世界和平的威胁,不仅为中国争取到发展中国家的支持和第二世界发达国家的同情,赢得了世界的尊重,改善了中国的全球环境,还为日后中国改革开放创造了历史条件,影响了国际秩序的重构,加速了冷战结束的进程。

往前,还有50年代中国国务院总理周恩来在万隆会议上提出,亚非拉国家要"求同存异",以此为基础,倡导"和平共处五项原则",不但为会议摆脱纷争、达成共识创造了条件,还就当时乃至此后相当长一段时间里的国家关系和国际秩序确立了中国定义与中国原则,得到各国积极反响,影响至今犹在。

再往前,在一些具体领域或专门议题上,中国也曾为现代世界提供解决问题的可操作思路和精准话语。

作为中国革命的成功经验,"农村包围城市"的策略曾被一些争取民族独立的国家汲取和效仿。

作为中国军事斗争的成功经验,毛泽东总结的游击战"十六字方针":"敌进我退,敌驻我扰,敌疲我打,敌退我追",在不少国家被推崇为"游击战圣经",写进教科书。

改革开放后,中国在发展经济中采取的"特区"策略,同样为许多国家所赞许或采纳,成为中国新的标志性话语。

如此等等,不一而足,中国今日面临的话语瓶颈,有其时代特征,不能一概而论。

事实证明,即使为了学习世界文明成果,主动"失语"多年之后,中华民族并没有完全失去话语和话语建构能力,仍能在一定情境下或范围内,定义自己,对话世界,安排秩序。这根本上归功于古老国度独辟蹊径的现代转型、中华民族匠心独运的历史实践和华夏文明特立独行的思想禀赋,为中国话语提供了不可或缺的现实成果、理论总结和表达形态。

六、中国如何发好大声音?

经过将近180年的风风雨雨,中国已焕然一新,以今天初具规模的综合国力,中国期待一个更加公平正义的国际秩序,世界期待中国承担更多的大国责任。值此之际，中国需要发声音，需要发出大声音，需要发好大声音！

1. 发中国声音，为人类立言

中国发声音因为中国有诉求。在人类仍然以国家为单位作利益分野、国家关系仍然保留着相当程度的"丛林性质"的当代，中国发声必然服务于争取和维护中国的国家利益尤其是核心利益。在这个问题上，切不可书生气十足，以道义上的"约定实在"取代利益上的"经验实在"。

反过来，中国从积贫积弱而重新崛起为现代大国，既不会希冀重温"东亚朝贡体系"之旧梦，也不会再回闭关锁国、过自得其乐的小日子。改革开放让中国从全球化中获益良多，在此过程中，中国与世界发生"深度嵌套"，你中有我，我中有你。中国与俄罗斯为什么在国际舞台上的表现相差很大，一个重要原因就在于两国卷入全球化的方式、程度和效果不同。仅仅外交风格或民族性格是不足以说明这种差异的。对于中国来说，任何形式的历史回头路客观上都已关闭。在现代国家体系中享受大国地位，同时履行大国责任，这既是中国面临的机会，也是中国遭遇的挑战，无可选择，不可逃避。所谓"大国要发大声音"，首先就是大国被赋予的权力和责任之"大"。

"大声音"意味着中国话语不能只为自己着想，还须为人类所用，在表达自己诉求的时候，应该考虑其他国家的需求，考虑世界的整体需要，考虑人类的未来，努力对四方面要求进行平衡和协调。事实上，中国近年来在国际舞台上提出的诉求，基本上都遵循了共赢的原则。

在南海问题上,中国主张"搁置争议,共同开发",不因为历史上拥有对该地区的主权,就用强力恢复原状,面对弱小国家,在明确主权的前提下,尊重历史形成的现状,主动提出利益共享,以维护地区和平,促进共同发展。如能成功,应当可以取得双赢或多赢的效果。

更能体现中国兼顾利益与道义的气度和智慧的是"一带一路"倡议。固然中国有对沿线国家进行产品和服务贸易以及输出产能的需要,这在中国已经进入资本过剩而人口红利加快消失的发展新阶段的背景下,十分自然,毋庸讳言。但无论资金还是产业、技术、管理和施工能力的输入,都是沿线国家所急需的。毕竟在全球经济尚未完全恢复的当下,不是每个国家都有意愿和条件为其他国家建设造价高昂、回收期长、施工不易的基础设施,更不用说以外部力量介入,来帮助这个自古以来就碎片化存在的地区,克服地域政治和国内政治的双重风险,实现他们梦寐以求但凭一国力量却难以完成的基础设施网络。不能成网,基础设施的功能会大打折扣,而要成网则绝对缺少不了某种超越地区碎片状态的力量,如果大家已经就"一带一路"倡议达成共识,中国愿意介入,域内国家何乐而不为?

所以,既不能因为中国有自己的诉求,就猜忌中国有整合沿线国家,通过地区"一体化",形成中国主导的图谋;也不能简单认为中国应该在国际社会"学雷锋",为道义而透支至今仍然有限的国力。中国从市场经济中学到的最大教益是:世界上的事情只有能够自我造血,让风险承担方同时成为盈利享受方,才不会半途而废,才可以持续,才能越做越大。

这就是说,大声音的"大"不是妄自尊大,不是大而无当,更不是钱多人傻的"戆大",而是有大气度、大胸襟、大担当,还有大智慧。如此大而有利、大而有理、大而有责、大而有度,才是中国争取话语权、扩大话语权、用好话语权的底气。

2. 讲中国故事,做他国功课

在当今话语世界,一方面多样化已成主流,各国争夺话语权的竞争,导致话语经济的产能严重过剩,促成了买方市场;另一方面国家无论大小,对独立性和自主性越加重视,对出现在国际舞台上的话语体系的选择也越加谨慎。只有为其他国家接受和认同,一个国家的话语才能成就该国的话语权,否则空发大声音,听者寥寥,无益于国家,发亦可,不发亦可。

作为结构性现象,一切权力都内含主导与顺应的关系,话语权也不例外。但在国家主权的框架中,话语权主要表现为非强制性权力,一个国家提出的话语能否产生影响,主要取决于别国是否接受。

在科学因为成功改变人类与自然的关系,因而获得某种意识形态地位的当代,作为科学本质特征的实践有效性也成了国家选择话语体系的首要标准。一国提出的涉及自我设定、世界建构和秩序运行的话语必须具有合理性并得到经验证明,大而化之,笼而统之,单纯的"乌托邦"式语言可以用于思想激荡或学术研讨,但难以持续发挥政治、经济和文化各领域中国际交往的工具效用。西方国家尤其是美国之所以在当代拥有强大的话语权,根本上因为其在经济发展和科技进步方面占据了先手,经验实在通过理论推导,成为社会价值观和民主政治的伦理辩护,最终形成话语高地。当然,其高超的话语建构能力也功不可没。

支撑话语的现实合理性和实践有效性固然重要,仍不足以让其他国家就此接受特定话语体系。正常情况下,一个国家在选择外来话语体系时,总会要求其满足本国需要,符合国情实际,能为解决国内重大问题提供方案。有用,且能为其所用,才是话语得到接受的充要条件。仅仅反映一国成功的经验,却未能适应接受国的国情,再精致的话语体系也难免被束之高阁。

革命从城市起义开始,在一些国家是成功经验,但在中国这样的农村人口占据全国人口绝对多数的国家,盲目照搬只会带来失败教训。同样,没有辽阔的国土,一个国家也不可能接受中国在抗日战争中采取的成功策略——持久战。

中国历史性转型及其成果越来越得到世界公认,但中国的成功包括硬实力的提升,不会自动转化为中国的话语权。要在国际社会发出自己的声音,产生相应的影响力,中国不但需要确定目标群体,针对有意听取中国意见的国家之现实国情,首先是其面临的紧迫问题,重新梳理和总结中国经验,提出系统的理念和方法,具体化为可操作的方案,在必要的场合,度身定制不同版本,以增强针对性和有效性。

俄罗斯在转型过程中,经历了"休克疗法",结果早已显现,但不管作何评价,中国仍然可以从中获得一点启示,那就是"休克疗法"至少是一套系统的方案,可以操作。

自古以来,中华民族相信"授人以鱼不如授人以渔"。中国有道义心,在国力增强的前提下,愿意为其他国家提供力所能及的帮助,但根据"救急不救穷"的原理,更愿意为其他国家提供解决问题的方法,以实现"助人自助"的长效。今天,经济发展已成为全球几乎所有国家共同关心的问题,发达国家需要调整经济结构,以重新促成发展势头;发展中国家希望在有限的资源禀赋和资金积累的基础上,实现经济起飞,在这个背景下,中国经济高速而持久发展的经验吸引着全世界的目光。如果中国能把自己的经验用其他国家听得懂、学得会、用得上的方式总结出来,形成独具特色的理论形态和操作方案,何愁故事不精彩?何愁没有同国力相匹配的影响力?何愁不能增加中国在更多领域中的制度性话语权?关键是能够站在别人的立场上设计中国方案。

3. 传播中国经验,呼应时代关切

必须从其他国家的需要出发,来打造中国话语,这样的说法在道理上绝对站得住脚,但从方法论上说,存在一个选择问题。

如果说中国经济发展成果属于"经验实在",那么对中国经济发展的解读,尤其是关于成功原因的概括和分析,则具有"约定实在"的属性,如果能得到大家认可的话。至少在理论上,后者可以有无限多的版本:关于中国高速发展的原因,人们可以从不同角度,找到不同要素,提炼出不同机理,得出不同结论。在学术讨论的场合,如此众说纷纭不但没有问题,见仁见智,更能展示研究成果的丰富和全面,为有意学习者提供更多的路径选择。有其他国家愿意这样研究,中国肯定乐观其成,但要让中国自己来做,却需要克服一个难题。

中国转型成功的经验需要根据不同聚焦点,总结出不同版本,以满足不同国家了解和学习的需要,同时也需要提出一个面向全球最大多数国家的普适版或基本版,以完整、全面、系统推介中国经验,优化中国话语结构,确立中国在如何发展、何以发展这一特定议题上的话语权。随之出现的问题是:中国如何设计这个普适版?按照什么

标准,选择中国经验中的哪些要件?突出中国成功的哪些关键机理?这些具体问题尤其是其中的方法论问题不解决,中国经验要转化为中国话语仍将是困难的。

中国经营孔子学院多年,投入的人力物力财力不菲,至今仍处重重压力之下。撇开政治因素不谈,有一个重要原因是在推介中国文化时,未能找到真正普适的内容和形式,更未有明确选择的标准及其依据。传授中文、武术,展示脸谱、剪纸,培训烹饪、书画,都是可以甚至是必要的,但中国文化的精髓是什么,外国民众掌握之后对本人、对本国、对中国、对世界,又有什么意义,尚不清楚。如此,机构再多,活动再丰富,效果仍然不明,压力依然沉重。

作为中国话语和话语权的中国经济发展经验的总结与推介,必须回应一个时代的人类关切!

如果不是当时世界处于革命的时代,亚非拉国家寻求民族独立和解放,"农村包围城市"的战略怎么会得到广泛反响,成为这些国家人民的选择?在全球专注经济发展的今天,不是革命策略或革命话语失去了感召力,而是革命本身失去了感召力,无法回应当今时代的人类关切。

推介中国成功经验不能离开时代背景,不但要考虑在中国有效、在当时有效,更要考虑在当代有效、在更多国家的解决问题中有效、在呼应时代关切上有效!

在和平发展仍为时代基调的当下,中国经验理应突出经济发展的主旋律,从发达国家寻求突破"福利社会"的拖累、中等国家寻求跨越"中等收入陷阱"、发展中国家寻求经济起飞,而西方经济学被普遍认为无力破解全球经济发展深层次问题,全世界对中国发展的经济效率、脱贫效果、抗风险能力和可持续前景充满好奇,愿意学习的现状出发,挖掘中国经济发展的成功经验,找到当今时代经济形势的核心问题,提炼出具有普遍适用性的破解之道,这不但有助于更加清晰地认识自己,确立中国的国际形象,增强中国话语权,更有助于真正推动人类命运共同体建设,履行中国的大国责任。

美国学者提出的"历史终结论",已被中国超预期的发展所终结,中国固然无意效仿福山先生发类似"宏论",但坚信中国能对人类有较大贡献,中国经验能为各国提供发展道路的新选择,中国方案能为人类保留继续进步的文化多样性,应该成为中国的抱负和使命!这既是一个站立历史潮头的大国必备的精神气质,也是中华民族固有的文化特质,还是中国话语应有的道义品质。

习近平多次引用的张载的"横渠四句",岂能因为近现代中国的历史遭遇而成为绝响!

七、中国靠什么发好大声音?

从逻辑上说,中国发好大声音需要有一个前提条件,那就是中国具备发好大声音的基本素质。历史上中国有过大声音,至今余音缭绕。但巨大变迁之后,今天的中国文化乃至文字能为发好大声音提供素质条件吗?

一个不相信自己的民族,枉为大国,不可能发出大声音!

1. 化文化自信,为中国声音

到目前为止,国际社会没有要求对原创话语按照国别作"知识产权登记",其他国家如有意采用,悉听尊便,不需要申请授权,更不用缴纳"专利使用费"。但作为软实力,一个国家提出的话语体系要得到各国运用,必须具备原创性和穿透力,才能为人类打开一扇看待世界的新窗口,让时人从纷繁世事中理出头绪,从无限可能性中发现可行性,从不确定中找到确定性。卓有成效的话语如同北斗星、指南针,能给世界以定位,给噪音以定调,给杂乱以秩序。

有影响力的话语一定是有"魔力"的话语,而"魔力"来源于民族的文化创造力,只有"见人之未见""行人之未行",乃至"成人之未成",才能"言人之未言",收"一语定乾坤"之效。中国近现代史上筚路蓝缕的探索过程,其艰苦卓绝在人类历史上堪称空前绝后,从这样的实践成果中提炼出来的经验及其理论表述,理应有足够的说服力和充分的可复制性。没有人民军队从弱小到强大,积累了大量游击战的丰富经验和成功案例,何来"十六字方针"对各国军队难以抵御的魅力?

今天的问题是,中华民族遗世独立,留下难以计数的文化创造和实践成果,却因近现代史上那段不堪回首的经历,日渐为国人所不识,或者虽有知晓却视若无睹,因此更不为世界所知、所认和所用。大到文化遗产和经济成果,小到获诺贝尔奖的青蒿素和在世界许多地方被视为"硬通货"的万金油,都是支撑中国话语的现实材料,但要是我们不识,他人不知,如何成就得了中国话语?

孙子作为"武圣"早已名扬天下,但数千年里中国文韬武略英雄辈出的战例无数,却未得到系统整理,更遑论向世界推介;

中国古代科技成就斐然,但论及这一话题,国人言必称李约瑟,此公对中国文化研究贡献巨大,但也未必愿意被认作华夏李氏之宗亲；

青蒿素的发明受传统医学的启示如此之关键而且明显，获奖后却成为否定中医科学性的例证；

当代中国在基础差、约束多、体量大、时间短的情况下，取得世所罕见的高速发展，但关于中国经济的讨论，却始终采用西方经济学的理论、范畴和概念，至今说不清子丑寅卯。

在话语世界里，今天的中国人时常"捧着金饭碗讨饭吃"，愧对先人。

如此局面一定程度上是一个古老民族为"割掉尾巴往前赶"，摆脱"落后就要挨打"的困境所不得不支付的文化成本。对一个原本自许为"文明中央"的民族，承认落后既可以是奋进的起点，也可能是自卑的开端，而由文化自卑带来的"失语"与"失明"则是一对孪生兄弟，互为因果，交叉感染：看不见民族优秀成果，就提炼不出世界性话语；反过来，缺乏话语，就无法把握文化积淀的价值和现实探索的意义，而两者的叠加则必定加剧文化自卑乃至文化虚无。

文化自信何以重要，话语何以是文化软实力的重要部分，话语建设何以是文化建设的重要内容，道理都在这里。中国必先有文化自信，才能有跟上新时代的慧眼独具，才能有话语，才能有发出大声音的话语权！

2. 化中国特色，为世界意义

中国话语需要文化自信作为初始条件，不等于说两者之间只有单向联系。中国话语体系的形成本身也是中国树立文化自信的抓手、表现和标志：连声音都发不响，能说自信吗？中国话语体系建设的过程就是文化自信的确立过程,而其中一个重要环节,一个当代中国绕不过去的门槛,就是如何化中国特色为世界意义。

自国门洞开之后,中国话语一直处于西方话语强势进入的压力之下,直至今日,西方话语仍然占据着优势地位,所谓"中国需要话语权"就是在这个背景下提出来的。在相当长的时间里,中国在话语领域主要采取类似军事上"积极防御"策略,以强调中国国情的特殊性,来抵御西方文化以"普遍性"为名的攻势,在"落后就要挨打"的局势下,守住了中国文化的主体阵地。

19世纪60年代后,国人近乎本能地主张"中学为体,西学为用",不管其立论和论据如何,面对西方文化汹涌而来,仁人志士殚精竭虑,维护中国文化的拳拳之心,当属难能可贵。

中国共产党主动将马克思主义作为政治信仰和行动指南,但强调的不是马克思主义经典作家的片言只语,也不是将整个理论体系囫囵吞枣,而是着眼立场、观点、方法,自觉地将马克思主义普遍真理同中国革命具体实践结合在一起。改革开放以来,更明确了社会主义初级阶段概念,系统建设中国特色社会主义,确立社会主义核心价值观,所有这些理论设计和制度安排,犹如砥柱中流,对中国不致在全球化浪潮中被趋同,发挥了巨大作用。这些宝贵的经验不但对中国自身极具意义,对后起的发展中国家也有普遍价值。

然而,至今为止,以"中国特色"为主题的话语指向基本上是对内,而不是对外的,中国的内宣能力和效果都明显优于外宣,是无可争议的。放在中国致力于"做好自己的事"的阶段,这样的话语形态和能力结构不构成太大问题,而在中国沿"一带一路"走出去已成国策的当下,其局限性渐趋明显。过于强调中国国情,未能凸显世界意义,将极大地限制中国话语的国际影响,同国家提出争取中国话语权的战略指向,还可能出现错位。

当年毛泽东提出的"三个世界"理论内含着中国争取国际空间的战略思考,这是世人都明白的,但着眼入笔之处则是除美苏之外,其他国家想说不敢说、有感发不出的心思,更有国际社会的基本矛盾及其走向。立言者胸中有沟壑,话里有格局,世界意义贯穿其中,各国不用也得用,为随后中国一连串的外交动作,打响了先声夺人的一炮。

在这里,除了话语设计者目光深邃、立意高远之外,当时国内话语环境及其心理场也起到了一定作用。自抗美援朝之后,中国与西方世界基本上各自关上了大门,在独自抗衡美苏两个大国、独立构建国内话语体系之后,外部无法施加话语压力。于是,"拒敌于国门之外"便成为最好的话语战术,心无旁骛之下,突出世界意义自然成为"三个世界"理论的唯一目标,也成为这一理论巨大的话语成功之策略保证。

改革开放以来,中国大量学习西方经济学理论和市场运作方法,并取得显著成功。为了避免跟在西方背后亦步亦趋,中国不但需要在实践上坚持中国特色社会主义道路,还需要在话语上抵御西方经济学及其隐含的政治取向,强调中国国情因此具有双重的必要性、重要性与合理性。

随着中国从打开国门、迎接世界到走出国门、融入世界,中国话语也需要从主要关注国内,转为同时关注国际,从侧重抵御西方话语,转为与西方话语同台竞技。相应的,也会从强调中国国情的特殊性,转为突出中国方案的普适性,从强调中国经济发展道路的独特性,转为彰显能为其他国家学习和在不同地区复制的通用性,从专注于民族复兴的主体性,转为关怀人类命运的共同性! 以如此胸襟、气度和立意,中国话语将焕发出不可抗拒的感召力,中国话语权也将在国际社会获得更好的思想、理论、心理和政策的反馈与支持!

3. 化传统优势,为文化创新

文化自信不是一场简单复古,绝非只要把传统文化找回来,信心自然有了。在近现代社会转型的基础上,中国要提出具有国际影响的话语体系,必须自觉完成文化变迁的下半场——文化创新,其中同话语建设关系尤为紧密,也尤为重要的是作为话语载体的文字更新和作为话语内核的思维创新。缺乏文字自身的魅力,缺乏能让人明白的表达,再好的内容也难以服务中国话语建设大局。而恰恰在这里,追求世界影响力的中国话语又遭遇到一个真正具有中国特色的难题:中国文字及其背后思维方式的独特性。

中国话语建构由此进入文化深层次作业。

话语和话语权都是当代概念,但中华民族对话语和话语权现象,很早就有观察、感悟和运用。

秦始皇死后,宦官赵高独揽大权,在朝廷上,当着秦二世的面,把一头鹿说成一匹马,却没有一个大臣敢纠正他。所有大臣屈从于赵高的"话语权",不敢忤逆其意,等于宣布秦二世治下的君臣等级秩序已经完全被颠覆,赵高成为实际上的一国之主,其话语权与国家最高权力之间只剩一步之遥。

"指鹿为马"并不能从根本上改变鹿区别于马的事实,"皇帝的新衣"总有被小孩说破的一天。但人类世界的复杂性在于,人们不知道小孩什么时候会来说破真相,不知道小孩是否说破了真相,也不知道被小孩说破的真相是否又是一件皇帝的新衣。

宋太祖赵匡胤聪慧过人,有一次南唐派了博学强辩之士出使宋朝,朝中文臣望而生畏、面面相觑。赵匡胤别出心裁,指派一名"粗人"——大字不识一个的殿前武士,充任接待官员。博学之士口若悬河,三天里滔滔不绝,最后却在宋太祖面前服输,认定"大宋朝中有能人",因为整整三天里接待官员竟然不接一言,"如此定力非同小可"。

你自以为有话语能力,我却一言不发,等你把拳头砸在棉花上,自然知道,有智慧,不着一字,自有话语权在手!

在中国近代史上,还曾出现政治领导权与话语权错位的现象。太平天国的领导权在天王洪秀全手中,但拥有话语权的却是东王杨秀清。每当"口含天宪"的"九千岁"传递上帝信息时,"万岁"也得跪听天启。"天京之变"在某种程度上,就是权力褫夺话语的过程,而伴随话语的消失,"天国"从此一蹶不振,直至分崩离析。

一个如此关注话语和话语权现象并洞察其奥秘的民族,理应在话语和话语权领域里有重大建树,事实也确实如此。自古以来,中华民族在认识自然和社会的广度与深度上,不逊于其他任何民族。一字一音一义的语言特征,为中国成语这种高度凝练的文字表达形式提供了可能,而在成语中表现得近乎完美的"意象言"结构,则为中国人的人生洞察、世事感悟提供了最有效的传播载体。就单一音符或字符内含信息量的"传播性价比"而言,中国语言得天独厚,所以才有历经数千年,汉字不走世界文字拼音化之寻常路的个性表现。然而,西学东渐之后,中华民族还是意识到了自身认知和表达存在的严重局限。

一方面,西方注重考察事物的抽象属性,追求关于事物的绝对知识,最后获得量化结果,可以进行数学运算。中国注重特定事物所体现的天道,所谓"万物一理",关注事物的具象特征及其相似性,以实现认知成果从适用于一事物到他事物再到所有事物乃至整个宇宙的"融会贯通",结果偏于定性而模糊。

另一方面,西方注重定义事物"是什么",采用精确文字,善于从内涵上给出定义,形成专有概念,并借助形式逻辑,衔接概念而成命题,衔接命题而成理论。中国喜欢从现象直接跳跃到对道理即"天道之理"的把握,推崇"得意忘言""尽在不言中""此时无声胜有声",依赖个人悟性,留下无限的"诗性想象空间"。

明白中西方认知方式的不同和优缺点后,智慧的中国人走上了两条话语探索道路。以毛泽东为代表的路线选择尽可能使用传统表达方式,来说清中国道理。1939年12月21日,毛泽东在延安各界庆祝斯大林六十寿辰大会上的讲话中指出:

> "马克思主义的道理千条万绪,归根结底就是一句话:'造反有理。'几千年来总是说压迫有理,剥削有理,造反无理。自从马克思主义出来,就把这个旧案翻过来了,这是个大功劳,这个道理是无产阶级从斗争中得来的,而马克思作了结论。根据这个道理,于是就反抗,就斗争,就干社会主义。"

在这段话里,毛泽东有意使用中国传统话语,不讲马克思主义的理论,而讲"马克思主义的道理";不讲"革命",而讲"造反",努力让未曾接触过西方话语的工农兵能听懂马克思主义。事实证明,纯粹中国式表达,只要用词精确,其他文化背景的受众同样也能明白。前面举的例子,无论是"农村包围城市"、游击战"十六字方针"、"三个世界"理论,还是"特区",能成为话语经典,就是明证。

以费孝通为代表的学者走上了另一条话语探索的道路,他提出的用于描述中国传统社会的学科概念"差序格局",效仿西方学界建构概念的方法,努力通过精准用字造词,从传统的具象描述转为内涵定义,不是直接将中国以个人为中心,按亲疏远近,把信任和责任次第外推,形成状如涟漪的同心圆用作命名,而是将传统社会"等级有差"的结构及其特征表达出来,建构出一个拥有"完全自主知识产权"的新概念。有意思的是,费先生有意采用中国成语惯用的四字表达形式,同毛泽东游击战"十六字方针"采用的 4×4 结构样式,异曲而同工,殊途而同归。

这两种探索方向不存在孰优孰劣的问题,关键在于如何把中国人易于理解的道理讲清楚,让其他文化中人能同样明白。现在的问题是,随着既懂中国传统文化,具备应有的古文字造诣,又懂现代学科理论,能用中文熟练表达的人越来越少,把西方文字翻译成中文问题不大,要把中国传统思想和当代经验的理论表达翻译成西文,则愈益困难。其中重要原因不只是文字功底不够,更在于理论领悟和表达能力明显欠缺。许多被认为"不言而喻"的思想、观点和表达,其实还没有真正想明白,也没有凝练为明确的内涵,更没有精准的界定。

近 40 年里,中国经济何以高速发展,西方经济学家讲不清楚,这可以理解;但中国经济学界同样讲不清楚,让外国人听不懂,中国人也不明白,甚至不听还能看明白,听了更加不明白,这就不只是个人的语言能力问题,而是语言层面的"文化冲突"问题。

作为民族思维习惯的"道理型"思考方式与作为全球化产物的西式"知识型"表达方式之间的结构性失调,导致中国学者在讲述中国话题时陷入"失语"或"无力"状态。中国要有话语权,中国要发大声音,必须进行思维方式和表达方式的再造。

这种再造既不是简单复古,更不是"汉字拼音化"之类的走火入魔,而是在经济发展、社会进步大幅度提升了文化自信的基础上,重启一场"拨乱反正"的革故鼎新。不但要把中国发展的道理想通,还要把想通的道理与人类能够共同理解的"事理逻辑"彼此打通,以简洁、精准、得体的中文表达之,尽可能避免传统中国概念过于具象而语焉不详的通病。

如果能把基础薄弱的中国实现经济起飞、高速发展,能把众多人口脱贫成功,能把在缺乏资金的情况下,以基础设施建设来拉动经济的成功经验,都像抓住"敌强我弱"的要害,用游击战以少胜多,最后扭转敌我强弱关系,取得战争胜利,进而总结出"十六字方针"一样,用明白易懂的文字,把其中的道理讲清楚,何愁陷在西方经济学理论话语中,既解释不了自己,又说服不了别人?

既有中国实践成功的经验内容和理论概括,又有世界共通的思想形态和表达方式,如此内容和形式的双重达标,才是中国话语权和中国大声音的可靠基础!

中国经济发展需要借助话语来沟通世界,营造友好的国际环境,反过来也为中国的话语体系建设,提供了最扎实的基础条件和最充沛的动力。

把握机会,大胆尝试,坚持创新,古老民族自强不息的实践、超越历史的独特文字和文字内含的思维优势,定能助力中国争取到国际舞台更多的话语权,发出真正的大声音!

第一章
效率：中国之谜中国解

中华人民共和国成立不久,毛泽东出访苏联,这是他一生唯一一次出国。见到斯大林时,对方说了一句话:"胜利者是不受审判的。"

此话的背景是,当年淮海战役打赢了,中国大地上如火如荼的解放战争进入了下半场,此时,斯大林的苏联建议中国共产党不要打过长江去,与国民党南北分治最好,对此苏联显然有着地缘政治的战略图谋。中国共产党没有理会,"宜将剩勇追穷寇,不可沽名学霸王","打过长江去,解放全中国"。这次相见旧话重提,且不无自嘲之意,也算化解了尴尬。

然而,这由此提出了一个看待问题的方法论:在判断重大历史进程时,到底该以理论结论还是实践效果作为衡量标准?

"不管黑猫白猫,能捉老鼠的就是好猫。"在中国经济取得确凿无疑的巨大成就面前,是否好猫的判断已经出来,那探究到底是黑猫好,还是白猫更好,还有意思吗?

有意思!

从中国经济发展的事实出发，寻找背后的中国发展道理，很有意思！

一、中国之谜，谜在何处？

在西方人眼里，中国从来就是一个谜。从西方看过来，中国处于东方，他们称东方为 East 或 Eastern 和 Orient 或 Oriental，前者仅指地理方位意义上的"东方"，属于客观范畴，而后者则加上某种主观想象，"神秘的东方"。

中国的神秘感一路伴随中国与西方关系的变化而变化，进入 21 世纪以来，集中表现为中国经济发展的效率之谜：

为什么中国能在如此低下的生产水平、如此巨大的人口规模、如此"僵硬"的体制基础上，在如此短的时间里，以如此快的速度发展成为世界第二大经济体，"坐二望一"，还让高达数亿人口脱贫解困，达到小康水平？

1978 年，中国经济总量占世界总量的 1.8%，2017 年，中国经济总量占世界总量的 14.8%；

1978 年，中国人均 GDP 不到 281 美元，2017 年，中国人均 GDP 是 9 281 美元；

1978 年，中国恩格尔系数超过 60%，居民大部分收入都用来填肚子，2017 年，中国恩格尔系数已经低于 39%，有余钱出国旅游了；

人类经过工业化以来 300 多年的经济发展，形成了将近 10 亿的富裕人口，包括港澳台地区在内，一旦中国进入富裕国家行列，这个指标立刻提高差不多 1.5 倍；

今天，中国经济发展的溢出效应已经可以在世界各个角落感受到，从工人工资到市场物价，从中国产品到中国游客，世界财富悄悄地发生着大规模的重新配置。

中国之谜是发展之谜，更是发展的效率之谜！

近现代史上也有其他国家和地区实现经济高速、持续发展，全面走出贫困，日本和"亚洲四小龙"曾在数十年时间里实现巨大的经济飞跃，成功跨过中等收入陷阱，达到发达国家的水平。相比之下，中国国内发展虽快、时间虽长，也还面临最后一个历史性跨越，这都是实情。但至少有一个迹象非常值得记取，它不但反映了当下中国发展的现实，更预示了未来一段时间里的趋势。

在最近十多年里，以GDP总量而论，世界上所有国家同美国的差距是在持续扩大，而不是缩小，但中国除了个别年份，比如人民币明显贬值的2016年之外，同美国的距离是持续缩短的。这犹如一场马拉松比赛，跑得最快的选手一骑绝尘，赛场上，观众只看到一个选手仍在紧紧跟随，不断逼近，照此势头，反超是可能的。所谓"坐二望一"不是凭空想象的，不是一个给人牵强感的"购买力平价"所堆砌出来的！

中国经济发展的成就是中国人的创造，但中国发展之谜不是中国人的发明，而是西方经济学家想出来的。

1993年，著名经济学家、金融发展理论的奠基人罗纳德·麦金农教授提出"中国之谜"："中国财政下降，中国政府打开印钞机，快速的货币供给增长并未引发严重的通货膨胀"，"在保持高财政赤字和高货币供给量的同时保持价格稳定的现象"，是"中国之谜"。这是"货币版"的"中国之谜"。

1993年，英国剑桥大学经济学家彼得·诺兰认为："按照主流经济学的理论逻辑，中国原本不可能获得今天如此大的成就。"这是"学术版"的"中国之谜"。

诺贝尔经济学奖得主詹姆斯·布坎南则更直白："中国之谜"的瑰丽在于"看上去不合理，可是却管用"。这是"实用版"的"中国之谜"。

美国经济学家、货币主义大师米尔顿·弗里德曼甚至提议："只要能够给中国的经济改革提供可行性方案，他就能够获得或者应该获得诺贝尔经济学奖。"这是"诺奖版"的"中国之谜"。

在西方人眼中，中国这个谜越来越难解，因为经济学家们关于中国经济发展前景的预测，一再失算，最后从预见崩溃，不知不觉转变为承认"中国赢了"。

美国《时代》杂志亚洲版在2017年11月13日那期的封面上，用英文和简体中文两种语言，以镜像倒影的形式和红黄相映的"国旗色"作背景，大书"中国赢了"（China won.）。

抛开彬彬有礼的客套话，西方经济学家心中真正的谜是：中国违背了那么多经济学的金科玉律，存在着那么多的结构性问题，照理经济很难实现高速高效发展，为什么事实恰恰相反？

经济学常识是：政府没有效率，以行政力量主导或干预市场，只会造成效率损失；

国有企业没有效率，中国国企改制不彻底，产权不明晰，占据行业龙头地位的国企享受各种垄断的好处，只会让整个经济体系受累，损失效益与效率；

中国经济不均衡，严重依赖投资和外贸，消费严重不足，后续动力损失不可避免，不可能持续发展；

中国经济发展极大地受惠于人口红利，随着劳动力总量在2012年到达顶点，总量减少、结构老化的问题不断加剧，经济效率只会下降；

中国货币严重超发，房价暴涨，挤占社会资金，分流居民的消费能力，其他行业欲振乏力，经济必定受累。

凡此种种，在主流经济学家看来，中国经济高速发展是不可想象的，崩溃才是合乎逻辑、也合乎常理的结果。

坦率地说，所有这些问题在今天的中国都是存在的，这也是中国仍须深化改革的部分原因，而且如果放在其他国家里，可能已经导致经济崩溃N次，但在中国不但没有引发内部经济危机，2008年世界爆发金融危机后，中国还能独善其身，继续保持全球最快的增长势头。如此有悖常理才是西方经济学家眼里和心中真正的中国之谜、中国发展的效率之谜！

其实，看待中国经济发展，难的不是看到成就还是看到问题、看到结果还是看到过程，难的是看到问题之后再问几个"为什么"：

为什么中国经济存在那么多问题，发展还那么快？

为什么许多人认为中国经济岌岌可危，但中国经济却没有崩溃，还始终保持高速或中高速发展？

是经济学家用来评判中国经济的理论错了，还是中国经济错了？

是我们眼睛错了，还是我们用以看待中国经济的视野和思维错了？

中国经济发展的道理到底在哪里？是在西方经济学理论里还是在中国特有的经济思维里？

这些问题才是严肃思考中国经济问题的真正切入口。

二、西方经济学为何解不开中国之谜？

西方经济学家为中国经济发展着迷,却解不开这个效率之谜,不是他们个人学术水平不够,而是使用的理论框架有问题,更深层次上是因为西方经济学本身存在明显的方法论缺陷,不适用于解释宏观经济现象,更无法预见像中国这样巨大经济体的发展趋势。

"屁股指挥脑袋。"经济学家出于学术本能,总希望把中国的发展装在某个经济学流派的理论框架中加以剖析,但无论自由主义、凯恩斯主义,还是其他什么流派,换汤不换药,总脱离不了经济学的窠臼。殊不知任何一种理论流派乃至学科本身都有着与生俱来的文化基因和历史烙印。脱胎于西方思维方式和生活实践的经济学理论,同文化上没有亲缘关系、实践上更大相径庭的中国现实,许多时候根本无法说到一块儿去。这就难免造成一种"抱薪救火"的困境:明明中国没有完全按照西方经济学的方子来解决经济发展问题,经济学家仍然执意拿着西方的化验单来诊断中国经济状况;明明因为戴着西方经济学的有色眼镜,所以看不清中国经济发展的缘由,却只是不断调校眼镜的度数,而不知道摘掉眼镜,去掉颜色,或许才能看出奥妙。本来西方经济学只是一种智力游戏,是对西方工业化以来经济发展成果的一种学术摹写,却被当作"颠扑不破的真理",可以"放之四海而皆准",拿来作为后起国家发展经济的"验方",即便"休克疗法"让俄罗斯几乎整个国家休克,仍被认为药方没有问题,有问题的是病人,病人体质不行,所以扛不住药性,好像医生开方子时,不考虑病人身体状况反倒是医术高明的表现。旁观者清,中国之所以在西方经济学家眼里成谜,就是因为西方经济学理论中有太多的执念、曲解甚至一厢情愿,才让经济学家看不懂中国经济。

学术常识告诉我们,西方知识传统带有明显的抽象特性,往往抽取现实生活中的某一要素作为原点,按照形式逻辑生发开去,形成对生活的整体把握。这有点像西洋画所采用的"焦点透视"手法,最早在达·芬奇的不朽名作《最后的晚餐》中有成熟的表现。经济学是如此,其他学科也同样如此。

为了确保这个抽象的结构原点呈现清晰的运行轨迹,西方的科学学科习惯于把由此形成的逻辑结构视为"自在实体",即某种不以人的意志为转移的存在物,其运行逻辑即所谓"规律"。

经济学就是把经济现象视为自在实体,进而讨论其内在轨迹的学科。所以在经济学视野里,不是人类在开展经济活动,而是经济体系比如说市场在指挥人类执行它的指令,诸如"政府是市场的守夜人"等命题就是这么来的。其实,所谓"资本主义"也表示资本才是实体,寻求自我增值,而人类只是资本的人格化,无意识地执行着资本增值的无上指令,"资本家"就是这个角色的经济学命名。

因为专注于自在实体的内在逻辑,所以现实生活中大量实际存在的人际关系及其交互影响,在各个学科的探究中是被有意忽略的,非此不足以显现自在实体的逻辑脉络。由学科思维的这一共同特点,产生出西方经济学的一系列预设前提,而西方经济学的发展过程就是对自己最初预设的不断否定,从而让这门学科本身变得愈来愈不纯粹的过程。

1."不可知论"预设

西方经济学隐含的首要预设是属于认识论范畴的"不可知论"预

设,即人是不能认识和掌握经济规律的,所以,与其由一群理性的官员来决策经济——主要指市场——应该怎么运作,不如让千千万万在市场上交易的个人,用自己的理性决策,为经济规律的自我实现,比如"价格发现"创造条件。在这个过程中,每个人都是有目的的行动者,都在理性决策,但都不知道决策的后果是什么,最后结果对绝大多数决策者来说纯属"意外后果"。在不被操纵的股市上,散户最后赚到的钱,大多具有这样的性质。有西方经济学家提出,"中国经济发展是一个意外后果",这让许多中国人不爽,以为被小看了。其实放在经济规律是不可知、更不可掌握的语境中,"意外后果"已经是学者对中国的政府主导型经济最可以容忍的褒奖了。

问题在于所有"不可知论"有一个共同的致命弱点,只要"不可知论"的信奉者作出一个理论结论,就等于宣告自己破产,因为如果结论能够存在,至少在结论范围内,事物是可知的,不可知便成为可知;而如果任何结论都不能存在,那"不可知论"又如何存在?提不出可以存在的结论,"不可知论"又有什么必要存在?哲学上的"不可知论"正是因为断言认识本身不可能,所以从命题提出之日,就是一个悖论,即自我否定的思维推理。

随着人类生活复杂程度的提高,没有一个制度框架,个人经济活动已经无法有效进行,所以,西方经济学逐渐承认了人类宏观决策的合法性,接纳了政府干预,典型如凯恩斯主义,说明这门学科在坚持"不可知论"上后退了一步,而在接近人类生活现实上迈进了一步。

2."完全市场"预设

对市场情有独钟的西方经济学家,最初采用的是"完全市场"预设。假定所有市场参与者是在纯粹的"自愿而和平的交换"之情境下,完全按照供求关系,完成交易,每一个销售者面对无限多的购买者,而每一个购买者也面对无限多个销售者,一一比较之后,得出售价多少最为合适的判断。这就是所谓的"作为价格发现的市场机制",其对应的就是纯粹经济学,即只承认市场因素的经济学。

但在现实市场上,实际发生的情境从来不是只有"自愿而和平的交换",权力或垄断等非和平、非自愿因素,永远不可能完全被排除。唐朝诗人白居易的名作《卖炭翁》就是权力介入市场的文学写照,实际发生的权力现象当然与之有形式和程度上的不同。在无法排除权力和其他市场干扰因素的情况下,经济学明智地作出了调整,"完全市场"被修正为"不完全市场",也就是处于其他非经济因素干扰下的市场。以此为界,西方经济学走出了古典阶段。随之许多并非传统经济学所承认的因素,比如除了制度等宏观因素,还有意义、文化价值等也在广义利益的名义下,进入经济学的考察和思考范围,不完全市场催生了不纯粹经济学。

3."无限理性"预设

在注重形式逻辑的西方学术界,研究人类生活的学科或理论都必须是一个自洽的逻辑体系,而任何涉人的理论体系必须有一个逻辑起点,就是"人性假设",不同学派的区别往往就从人性假设的不同而分道扬镳。比如在管理学中,西方曾经形成"X理论""Y理论"和"Z理论"三个主要流派,就分别采取了"理性人""社会人"和"文化人"的人性假设。从X理论、Y理论到Z理论的演进,见证了西方管理学从抽象向现实、从简单向复杂、从脱离生活向接纳生活的回归。

西方经济学以"理性人"为人性假设,且这个理性人所具有的是"无限理性",全知全能。理性人的一切行为都是经过精心算计的,其目的无非是实现自身利益的最大化。由于人类必须集体生活,无数理性人的私利算计,通过市场整合,最后促成了公共利益的实现。荷兰哲学家伯纳德·曼德维尔在《蜜蜂的寓言》中提出的"私利即公德"就是这个意思。所谓"看不见的手"并不是说西方经济学家没有看见任何一只手,而是只看到千千万万只谋取自身利益最大化的个体之手无意中促成了公共福祉,而看不到宏观决策的那只手。

在现实生活中,个人理性决策的前提是充分掌握信息,从中找到利益最大化的依据,这不难理解。问题是,以世界的复杂性,个人无论面对自然、社会还是市场,都不可能获得充分信息。在市场上,销售者既不可能获悉所有购买者愿意接受的价格,也不可能知晓其他所有销售者的报价,无法作出绝对合理的决策,来决定卖还是不卖。反过来,购买者也一样。如此采集信息既是不可行的,从交易成本上说,也是不合算的,因为无论采集信息、分析信息和计算信息都是有成本的。现实生活中大龄"剩女"有不少就是因为希望在尽可能大的范围内选择最佳伴侣,阅人无数,却错过了许多机会,韶华已逝仍然待字闺中。

这意味着,在市场情境中,个人确实运用了自己的理性,但理性运用的条件总是有限的,信息有限,机会有限,时间有限,理性人能够承担的成本也有限,所以,放任理性作无限盘算的条件是不存在的。为此,经济学又不得不进行预设前提的重大调整,"无限理性"被修正为"有限理性"。

4. 西方经济学遭遇"被殖民"

这三项预设前提的修正看似经济学视野的自我完善，其实是对经济学把人类经济活动体系视为"自在实体"的根本突破，生活的整体性和人性的复杂性开始干扰纯粹经济学思考。如果说权力因素介入市场交换，实质上代表政治学对经济学的"殖民"，那么"有限理性"成为主流，则代表社会学的入侵，因为"有限理性"本来就是社会学最早认识的"理性悖论"之逻辑衍生物。

社会学产生于对法国理性主义的反拨。理性主义曾经允诺法国人，通过合理设计，可以建立一个完美的社会，但法国大革命之后建立的法兰西共和国却远远谈不上完美。生活遭际让法国人不仅怀疑完美的地上天国能否存在，人类理性是否有能力创造完美事物，甚至怀疑人类理性本身是否尽善尽美。如果人类理性本身都不够完美，那又怎么可能设计并建立完美社会呢？社会学及其注重实证研究的学术品格就从这里诞生：既然不能指望理性的凭空设计，那就转向生活本身，通过感知来发现可靠的知识。

然而，社会学对理性不完美的确认本身却是一个典型的悖论：如果理性是不完美的，而人类又只有理性一项工具，可以用来认识世界包括理性，那么使用不完美的理性来发现理性的不完美，这本身不是一个语词矛盾吗？

一个戴眼镜的人看到一个破碎的世界，永远无法判断到底是世界本身碎了，还是镜片碎了，让透过镜片看到的世界变碎了，除非摘掉眼镜，使用肉眼来验证。但人类永远摘不掉理性的眼镜，所以永远无法判断世界到底是碎了还是没碎，也无法通过自己看见的破碎世界来推断镜片是碎了还是没碎。

5."数量化"倾向带来的对冲效应

西方经济学在接受其他学科要素的过程中,逐步向生活的整体性回归,因此其合理性和解释力都有所提高,但这一势头很快遭到另一种倾向的对冲。

在西方,经济学号称是最接近自然科学的社会科学学科,因为经济学从一开始便追求量化和可计算性,并且达到了很高水平,数学建模能力几乎是成为一个杰出经济学家的入门条件。由此带来的反向驱动,却让经济学在抽象化程度上越走越远,也在脱离现实生活的道路上越走越远。毕竟人类计算能力有限,无法为太多的元素建模,只能把复杂的人类生活尽可能抽象为数量有限的若干元素,再剥离具体属性,化为变量或数值。经过这一道道加工后得到的"经济现象",只能是经济学家眼里的经济现象,要比法律事实只是能让法官采信的事实更难为普通人所理解。就运用而言,数量化的结果是让经济学越来越成为一门微观学科、技术学科、工具学科,甚至"哲学",即服务于研究者个人爱好的智力游戏。这样的学科要用来认识人类社会包括经济的宏观运行,其洞察力、解释力,尤其是预见力,必定相当有限。2008年全球金融危机发生后,英国女王当面责问经济学家"为什么没人预见到这场危机",经济学家无言以对。须知科学的价值就在于预见,没有了预见能力,学科离科学就远了。经济学家不能与股评家为伍,做事后诸葛亮。

现在有一个好消息,一个坏消息。好消息是人工智能的进展让人类可以对由无限多的因子所组成的事物进行数学建模;坏消息是数量化本身仍然会让人工智能不得不脱离现实，最后建成的模型可能仍然是"算法游戏"。

女王的发问意味着，西方经济学依靠从脱离生活的经济现象（严格意义上这已经不能称为"现象"，因为普通人已经无法通过感觉器官来感知之）中提取的理论，来解释西方经济生活时已经勉为其难，现在要用来解释远在"神秘的东方"的中国经济现象，显然更加力不从心。

神秘许多时候只对不了解的人存在，就像复杂只对没搞清楚的人存在。

三、中国经济何以对中国人也成了谜？

当西方经济学家惊讶于中国之谜的时候，许多中国人也跟着表示看不懂。这里的看不懂不是因为"不识庐山真面目，只缘身在此山中"。经济发展是中国劳动者辛辛苦苦干出来的，也是中国官员小心翼翼"摸着石头"捣鼓出来的，那么多的政治决策和经济政策不是用掷骰子来决定的，中华民族相信"黑猫白猫"，但不相信撞大运。所以，说中国人不知道自己是怎么走过来的，那是不可能的，但要说中国人即使知道怎么走过来，却仍然说不清道不明，那倒是有可能的。原因不在"当局者迷"，而在于中国没有话语权！

1. 中国没有学科话语

"中国没有话语权"首先说的是中国没有经济学话语。自西学东渐以来，在中国，现代学术意义上的学科全部都是舶来品。随着科举制被废除,新学堂大量开设,学习西方成为潮流。其间虽然有向欧洲学、美国学、日本学还是向苏联学的不同,但万变不离其宗,根本上还是向西方学。

学习必须借助于文字,除非中国人普遍掌握西语,要学习西方,翻译真的是事倍功半。但由于中国文字的独特性,既不可能像欧洲诸国之间,依靠相同的词根直接借用,也不像日文有平假名和片假名之分,可以音译,也可以意译。喜欢组词因此偏重意译的中文面对大量涌入的西语文献,其无助感是今人难以想象的。翻译大家严复先生当年深有体会,常常为了翻译一个概念,反复斟酌甚至长达十天半个月。在这种情况下,近邻日本因为翻译西语文献起步比中国早,翻译过来的许多概念用的又是汉字,所以借用"汉字日语"一时成为捷径,至今许多中文名词,包括"社会""干部""企划"等都源于日文。

文字尚且需要借用,概念更只能照搬。随着西方各个学科相继涌入,大量西式概念同生活用语一起,渗入中国社会各个层面,学界、政界乃至寻常百姓都自觉不自觉地用上了"新名词",从"沙发"到"摩登",而隐含在新名词中的西式思维方式趁势而入,占领了中国人头脑,成为主流思维方式。今天,不要说中医,连算命先生都满口西方名词,"能量""磁场""基因",说得倍儿溜。在这种情况下,中国经济学家完全采用西方的概念、理论、视野和思维,是可以理解的,虽则不尽如人意。

2. 中国文化中没有现代学科的渊源

西式概念在中国攻城略地,如入无人之境,在更深层次上,同中国文化中缺乏现代科学和学科有很大关系。

中国古代在自然研究方面，基本上处于有技术无理论的状态，说得更确切些，相比西方，技术在很长一段时间里是领先的，但理论显得过于玄妙，同生活经验存在脱节，而且缺乏完整的形式逻辑体系，概念不多，界定不清，逻辑关联不明，是中国传统自然学说的短板。对于中国来说，学习乃至效仿西方自然科学是一种具有文化意义的进步和发展，毕竟单靠中国原有技术的演进，是无论如何没办法让卫星上天的。

在人文和社会研究领域，"独尊儒术"的制度环境驱使中国古人一味以阐发圣人的"微言大义"为要，完全缺乏"实证精神"，虽有"知行合一"之说（后文会有专门论及），但"格物致知"的认识论用于修身养性的效果远胜于认识人类社会。"君子动口不动手"，实际生活中的理论和实践相脱节，导致经验上升为理论的渠道始终没有疏通，其后遗症残留至今。

对于蜂拥而入的西方学科，中国文化处于近乎"真空"状态，既不设防，亦无险可守，学科领域被西方理论和概念全面占领是必然的。

3. 中国赶超战略内在的"非理论化"取向

在承认"落后就要挨打"的现实并明白其中的道理之后，不甘落后的中国仁人志士不约而同地采取了赶超战略，从实业救国、科学救国到教育救国，不一而足。在此过程中，各种学术思潮竞相涌入，相互争鸣，蔚为壮观，是中国近现代史上一大盛况。中国不是不重视理论学习，但由于面临的"亡国灭种"威胁首先来自硬实力领域，以最快速度强盛起来，才是迫在眉睫的任务，而基础理论研究远水救不了近火，照搬照抄也指导不了实践，随意创新更容易走入歧途，五四时期的大学者中不乏主张全盘否弃传统文化,极端到"不看一本中国书"的。悖谬的是,在这种"非理论化"背景下,传统文化中"经世致用"等实践取向的特质,反倒应运而大盛。从中国国情出发,走中国特色的道路,因此成为时代主流。无论是"农村包围城市",还是"社会主义市场经济",都不是理论推导的结论,而是中国"知行合一""实事求是"的原理运用。

满足实践要求,搁置理论争论,是中国改革得以取得成功的重要策略保证。邓小平曾经说过对于"什么是社会主义……我们过去对这个问题的认识不是完全清醒的",提出"不争论",主张"摸着石头过河",相信"不管黑猫白猫,能捉老鼠的就是好猫"。所有这些观点背后隐含着一个方法论提问:当理论本身需要实践来证明的时候,如何用现有理论来指导实践?

反对教条主义是中国革命的重要思想原则,"实践是检验真理的唯一标准"是思想解放的冲锋号,在理论偏离常识的时候,走出理论才有实践的最大空间!

既然中国特色社会主义理论必须从中国特色社会主义建设的实践过程中产生,那么当实践还在进行中,总体理论尚未成熟、更未完备时,借用专门学科的具体理论以解眼前之需,成为合理选择。于是,在"以经济建设为中心"的制度环境中,西方经济学找到了自己的位置,至少在微观领域中,西方经济学提供了可以操作的理论工具和政策方案。至于其方法论局限,一时半会是得不到理会的,因为人们关注的是结论和依据结论推导出来的可操作方案。在中国缺少学科话语储备,西方经济学的工具价值又得到证明的情况下,把西方经济学理论的适用性从微观扩大到宏观,从工具价值提升到目标价值,甚至从经济推向政治的过程自然生发,解读中国经济乃至中国整体的话语权因此有旁落的可能。

问题在于,如果西方经济学真能圆满解释中国经济发展的效率之谜,用来也无妨。"实事求是""实践是检验真理的唯一标准",中国文化有足够的容量,容纳一切被证明具有真理性、合理性和有效性的思想理论,古时候有印度佛教的汉化,近现代有马克思主义的中国化,都证明了这一点。现实情况是连运用自家功夫炉火纯青的西方经济学家面对中国经济发展尚且产生了迷茫和彷徨,仅仅袭用西方经济学理论,而远未达到有能力创新的中国经济学家,怎么解得开这个谜?

于是,中国之谜中国解,成为唯一有希望的解读方案。不过,这里说的中国,与其指国籍或生物基因意义上的中国,毋宁指文化意义上的中国。

四、用中国道理破解中国之谜

当西方理论解释不了中国之谜的时候,我们寄希望于中国道理,原因不仅在于中国人对中国的事情更有体会,180年的经历"如人饮水,冷暖自知",更在于中国文化同西方文化在认知方面有一个重大区别:西方讲究理论,中国推崇道理。这不是词语翻译造成的差别,而是世界观的实质性不同。

1. 中西方认知方式差异

西方人看世界,采取的是物质—精神二分法,相信世界根本上是物质的,而物质的存在和变化是有迹可循的,称之为"规律"。人类研究世界就是对存在之物包括实体与虚体进行描述,找出其存在和变化的规律,以实现对存在之物的掌控和利用。科学是西方理论的最高境界。在西方人看来,物体具有两种存在形态,即静态的和动态的。规律是物体动态存在的表现,所以必先有物体,再有规律。

由于每个存在之物都是独立的实体,所以人对事物的认识也是孤立的,由此带来的知识也是分门别类、互不相干的。西方学科分野明确,学者以专门家居多,即便"百科全书"式人物如达·芬奇,也是集多个专门家于一身,就是这个原因。

中国人看世界,采取"一元论",相信世界本来是无,无中生有的是道,道生万物,才有了世界,所以,道是世界的本源。既然道能生出万物,那就不能是任何一物,因此,道不是物。由于万物皆为道所生,所以道又存在于万物之中,所谓"道在屎溺"。万物的存在和变化都体现道的要求,所谓"道理"就是被人观察到的道的外在表现,所谓"讲道理"就是道的外在表现经过人类总结而形成的话语及其传播。

道理先于事物而存在。中国人研究世界,要追根寻源,不能停留于研究事物本身,而必须深入进去,探究蕴含在事物之中的道理。由于道只有一个,道生万物的结果是万物具有共同性和一致性,其存在和变化体现的是同一个道理,所谓"万物一理"。

因为道理只有一个,存在于一切和任何事物及其变换之中,所以,中国人做学问只需要找到道理,便能认识和把握万物,一通百通。朱熹说:"举一而三反,闻一而知十,乃学者用功之深,穷理之熟,然后能融会贯通,以至于此。"曾几何时,一个"通"字代表了对学问人的最高赞许和褒扬!中国做学问的人为何以杂家居多,实在也是不得已,

"百通"之后,如何不杂?俗话说"秀才遇到兵,有理说不清",听上去有道理,其实未必。在中国不用进军校,能直接带兵打仗的人不绝于史,最近的范例是毛泽东。

2. 道理:解释中国发展的认知模式

毫无疑问,改革开放以来,中国在发展经济的过程中,运用了西方经济学的许多理论成果,不承认这一点,是有悖事实的,毕竟经济学也是人类智慧的结晶,其中肯定存在许多"不以人类意志为转移"、因此也不因文化而失效的内容,尤其在微观领域。但同样毫无疑问,中国在发展经济中,更多更深入地运用了中国文化所推崇的"道理",虽然绝大多数时间里是不自觉乃至无意识的,甚至是有意回避的。毕竟中国以大国形态存在了数千年,在多个历史时期取得经济繁荣的成就,早有"文景之治",后有"贞观之治""开元之治",晚有"康雍乾盛世",更不用说宋朝在国际史学界有"人类第一个市民社会"之称。

纯粹从历史学的角度,人们可以从这些不同时期的经济发展状态中总结出不同的内容来,但按照"道理观",其中必有中国文化一以贯之的"道理"存在。推而论之,此中"道理"也一定同40年来中国经济高速发展的奥秘相同相通,只要方法得当,也一定可以从今天中国经济发展的轨迹中找到当年治理经济的道理之遗存!如果说人类文化具有超越时代的生命力,不能抵御历史大浪淘沙而保存下来、持续演进的,就谈不上文化,那么,作为"天道"之体现的中国道理更有理由超越时代包括"割断尾巴往前赶"的近现代而留存下来,成为影响乃至决定今日中国人思维和行为的隐含构架。如果此说成立,那么找到这一道理,不就找到今天中国经济发展之谜的钥匙了吗?

3. 打通古今中西，发现中国效率的道理

无论是中国道理还是西方经济学理论，用于解释中国发展之谜的时候，都是某种"约定实在"，两者之间存在差异，关注点不同，解释力不同，能用于指导未来的方面和层面也不同，但没有必要将两者对立起来，好像非此即彼，一定要争出输赢来。"中学为体，西学为用"，即便在当时也并非处理中西方文化邂逅绝对正确的方式，对此应该有清醒认识。

经过40年高速发展，国家综合实力大大增强之后，中国远比当年更有包容性和自信心。西方经济学理论已广泛传播，许多概念已进入日常生活，更不用说学术讨论，在这种情况下，根本无须讨论其是否适用于中国经济发展的具体问题。相反，中文的明确性、精确性和可理解性仍有待改进，理论框架未见端倪，本土经济研究的概念工具尚付阙如，在这样的情况下，学习西方话语，提高自身话语建构能力，仍大有必要。因此，借用西方学术概念和理论，促进中国话语的成熟和完善，也无须讨论。过于拘泥枝节，不像大国所为，不利于中国发出大声音。今天中国与西方在经济领域中的看法分歧，不是技术或工具层面的，而是价值或政治层面的，不能把问题看小了。

尤为重要的是，具有"问题意识"是对研究者基本的素质要求，而西方学科有一个理论思维优势，就是善于发现领域中的关键问题。因为西方学科理论就是通过聚焦社会生活某一要素而建立起来的逻辑体系。这同中国道理是完全一致的。老话说"纲举目张"，一张渔网要让所有网眼张开，一个个地用手拉扯是不行的，只要抓住"纲"，即串网的那根绳，整张网自然理顺张开了。写文章要提纲，写得条理

清楚叫"提纲挈领",说的都是同一个意思。抓住学科问题就是"提纲",就能找到解谜的路径。

至此"贯通古今中西"就成为两项先后相继的作业:一是借西方经济学的视野,找出人类经济发展尤其是现代工业化时代经济发展的主要和重大问题,明确思考方向和重点,比如政府与市场、国家与个人、投资与消费等一系列重大课题;二是遵循中国道理的思路,按图索骥,由这些经济问题入手,向更广泛的课题拓展,深入政治、社会、文化等领域,确立在整体生活的视野中考察经济现象的研究思路,通过比对中国传统繁荣经济的办法和当代发展经济的举措,找出相同、相似或相反的解决之道,进而提炼出适用于过去、今天、未来,也适用于中国、他国、世界的道理,在学习西方话语建构方式的基础上,形成中国自己的经济学话语体系,提高中国话语架构的能力,让中国道理走出传统的"只可意会,不可言传"的"失语"状态,转化为符合中国文化特性,同时能为世界听懂、接受和运用的问题解决方案。如此,中国话语才能落地有声,得到世界响应,中国话语权才能成为现实!

至此,研究中国当代经济发展的效率之谜,就不只是研究经济,更是研究中国文化如何再现辉煌,中华文明如何进入人类文明主流,中华民族如何屹立于世界民族之林,中国如何"为万世开太平"!

第二章
政府：中国效率的核心机杼

中国人要理解西方，必先理解宗教；

西方人要理解中国，必先理解政府。

西方经济学最明显的"灯下黑"是看不到中国政府在经济发展中的重大作用，坚持认为政府主导经济发展，只会扭曲市场，造成效率损失。而现实是，今天全世界都知道，改革开放以来，中国经济发展的最大推动力恰恰来自政府。

中国经济转型从理论上说是从计划经济转向市场经济，中国也已经明确"要让市场在资源配置上发挥决定性作用"，但谁都不会否认，相比其他转型国家包括如今的俄罗斯，还有东欧国家，中国在政府的经济职能方面保留最多，而中国经济发展状态也比这些国家好。尽管谁也不会否认，中国经济存在许多问题，但按照"不管黑猫白猫，能捉老鼠的就是好猫"的说法，至少可以确认政府发挥作用和经济发展成果之间存在正相关，剩下的就是回答，这种关联是否具有因果关系？如果是，其中机理又是什么？弄清楚这个问题，或许就离米尔顿·弗里德曼大师调侃的"诺贝尔奖"近了一步。不过,真要把这一步走好、走通,还得从西方经济学家的"灯下黑"从何而来,为什么看不到、更预见不了中国政府对经济发展的效率提升具有正面作用入手,迂回着来看中国政府的效率是怎么来的。

一、西方历史经验中的政府

即便不懂经济学,不受经济学家排斥政府和反对政府干预市场的观点影响,普通西方人也十有八九对政府不抱好感。说句过头话,讨厌乃至憎恶政府,在西方是有文化基因、历史渊源和生活经验的。这种情结是否影响了经济学家的思考和对中国政府的看法,可以见仁见智。

1. 西方文化对国家或政府的排斥

基督教在西方生活中发挥着多大影响,是具有内在无神论倾向的中国人很难理解的。其实只要想一想,在西方主流文化中,音乐、美术、雕塑、建筑、文学、哲学,甚至连科学当年都受教会托庇,就不难理解宗教在西方社会里的地位和作用。《圣经》据说是译成外国文字发行量最多的世界文化名著,更是拥有读者最多的书籍。即使在宗教色彩不那么浓郁的美国,许多正式场合包括法庭宣誓在内,手按《圣经》是规范程式。而正是在《圣经》里,就有对国家作为权力组织形式的深刻怀疑,还出自上帝之口。

《撒母耳记》里有记载,当年犹太人为了抵御菲利斯人的威胁,要士师撒母耳为他们立一个王,撒母耳不同意,众长老便祷告上帝。于是，上帝对撒母耳说："你要依从他们的话，只是当警诫他们，告诉他们将来那王怎样管辖他们。"

撒母耳告诉百姓，王必定会驱使他们的子女为他劳作，抽取他们的所得为税收，派他们的仆人婢女和牲口做劳役，到时上帝也救不了他们。但百姓执意要有一个王"治理我们，统领我们，为我们争战"。

撒母耳只能为他们立了犹太民族第一个王——扫罗。扫罗不负众望，打败了亚述人，展现了保护民族的力量。但仅仅过了三代，到所罗门手里，他晚年穷奢极侈、横征暴敛，苛政之下，民不聊生。所罗门去世不久，在他儿子、暴虐君主罗波安统治时期，王国分裂了，北部的以色列先被亚述人所灭，南部的犹太国后来也被新巴比伦人灭亡。

活着的历史是文化，死去的文化是历史。

不管这段史料包括撒母耳同犹太众长老和上帝的对话是否确有其事，在被称为"对人类影响最大的一本书"——《圣经》中流传下来的这个故事，无疑构成了西方文化的一部分，对国家和国王的排斥固化为西方政治心态中的一个情结。

如果说对国家权力具有双刃剑效应的认识，在犹太民族早期生活中，还属于本能的警觉，不无猜测的因子，那么在西方现代国家出现之时，西方重要思想家对国家的态度就有了自觉，"必要之恶"是理论家深思熟虑之后得出的逻辑结论。

英国政治哲学家托马斯·霍布斯为了论证国家存在的合法性和合理性，虚构了史前人类生存的"自然状态"。那时，每个人都有无限权利，想要什么，可以采取任意手段，占为己有。问题是，你可以抢占别人心爱的东西，你心爱的东西也有可能被别人抢占，所有的人都有无限权利,反过来,等于所有的人都没有任何权利。

为了让个人能安心守住自己心爱的东西,大家一致同意放弃自己部分权利,而由这些个人放弃的权利结合而成的公共权力,发挥了维持秩序、确保每个人保有的那部分权利不受别人侵犯的职能。这个公共权力就是"国家",霍布斯给起的名字叫"利维坦",一种在《圣经》中有描述的暴烈怪兽。为了人类能过上有秩序的生活,国家在逻辑上是必需的,但其本性是恶,因为国家代表了公共权力对个体权利的剥夺和限制。

国家不以其必要功能而改变道德上恶的属性,所以日本思想家福泽谕吉称之为"必要之恶"。

对国家或政府的这种矛盾态度不但见诸神学说教和学科理论,也表现在西方人的日常生活中。在法治国家中,美国是允许普通公民合法拥有枪支的国家之一,尽管枪击案频频发生,无辜者深受其害,但谁要是立法禁枪,仍会遭遇巨大的压力。而反对禁枪最普遍的心理基础,不是美国宪法规定了公民有持枪的权利,而是这项规定背后美利坚民族对国家和政府根深蒂固的忧虑。

美国是一个依靠民兵而不是国防军打败宗主国大英帝国从而获得独立的国家,所谓"民兵"就是武装起来的国民。在美国人心目中,维护国家安全的终极力量是武装的人民,而且要防止大权在握的国家压迫乃至残害民众,最靠得住的力量还是武装起来的民众:国家拥有一切现代化武器装备,个人根本无法与之抗衡,在如此"险恶"的情势下,如果不让个人拥有枪支,民众岂不是失去了最后的反抗手段,而只能听任"利维坦"宰割?须知好莱坞影片一大主题就是个人英雄反抗被有权势的坏人利用的政府权力!

对政府的负面文化情感,让西方经济学家在建构一门不信任甚或排斥政府的学科时,不会心有不安。

2. 西方历史上国家的处境

相比中国,罗马以后、近代以前的西方在国家建设方面的成就是有限的。这反映在西方极少有延续千年的大国,至今小国林立,也反映在西方国家建立有管辖力的中央政府还是近代现象。传统上,作为政治结构的国家、作为精神守护者的教会和作为市场主体的自治市,三足鼎立构成西方社会的组织形态。

(1) 有限的国家。

长时间里,西方采用的国家治理形式是分封制,君主把土地连同土地上的农民作为采邑赐给大贵族,大贵族又把土地封赠给小贵族而形成骑士领地。西班牙名著《唐·吉诃德》就描写了一位幻想拥有自己领地的老骑士如何跟不上时代前进步伐而闹出的许多洋相。

在分封制下,封臣为封君承担出兵打仗的义务,但由封臣获得土地的下一层贵族,则只对领主负有义务,不用对君主承担义务,此所谓"我的下属的下属不是我的下属"。

由于封臣在领地内具有完全的管辖权,从征税、司法到官员任命,都可自行决定,所以,封地相对于宫廷,地方相对于国家,是独立的。这种国家组织形式具有历史的合理性,而其合理性的基础恰恰是古代国家治理能力有限,无法对广袤地域实施统一管辖。

在希腊时期,西方先进的国家形式是城邦制,而城邦强大如雅典、斯巴达也不过几十万人。亚历山大统一希腊,剑指欧亚非,但英年早逝,马其顿昙花一现。罗马帝国占据了欧亚非广大地域,成为当时世界上最大的帝国,始终没有解决好治理问题。其本身不久也分裂为东西罗马两部分,在被汉朝驱逐的匈奴西行的压力下,西罗马亡于"蛮族"之手,寿终正寝。

分封制作为国家的组织形式,本身是一种技术上比较原始的做法。因为没有能力统治国家全境,只好把国家分作国中之国,"船小好调头",管理狭小地区远比管理大国容易得多。所以,无论西方还是中国或其他地区,分封制都曾是人类社会通行的组织方式。问题是一旦实行分封制,国家职能也被切分了,领地内的公共事务基本上交由领主办理,国家变成某种"轻资产",主要职能就是协调农民与地主的关系和斡旋邦与邦之间的纠纷。说句玩笑话,中世纪西方各国君主主要不是忙于生产财富,而是消耗财富,不是筹划经济,而是算计征税,不是为了战争而联姻,就是同自己的姻亲打仗。

1182 年,法国国王菲利浦·奥古斯都为了解决财政困难,将犹太人全部逐出皇家领地,财产没收,每个法国人欠犹太人的债务,1/5 上缴国库,余皆废除。到 1198 年,又将犹太人重新召回,并向他们强征"效忠税"。此后一直到 1322 年,法国先后四次驱逐犹太人。1361 年,法国国王被英国俘虏,为了筹集巨额赎金,又把犹太人找回来,到了 1394 年,犹太人再次被逐出法国。

政治凌驾于经济之上,国家无视市场法则,在西方历史上绝非孤例。市民对如此国家避之不及,是可以理解的。

随着时代发展,尤其是工业化和资本主义的出现,对统一市场和自由劳动力的需要,催生了对统一国家和中央权威的需要。"铁血宰相"俾斯麦之前,"德意志神圣罗马"的土地上存在着 300 多个拥有独立行政权和司法权的邦国,加上数百个可以自行其是的"骑士领地",在高度碎片化状态下,经济要素自由流动是不可能的,至少是没效率的。国家的统一是不可阻挡的历史趋势,问题只在于采取何种途径。

在近代史上,今日的欧洲大国经历了统一的国家通过克服地方割据而诞生的过程。

统治了72年的法国皇帝路易十四以宫廷生活的奢华著称,其实奢华在某种程度上,只是这位皇帝用以把地方诸侯吸引在宫廷里,以便朝廷任命的官员可以将法令落实到贵族领地去的"调虎离山"策略。通宵达旦的宫廷舞会承担了中央权力诞生时的助产婆角色。聪慧过人的路易十四专门设置了无数个鸡毛蒜皮的官衔,比如专门掌管皇帝假发套、花边领子、高跟鞋等的大臣,用来挑逗这些无能而虚荣的贵族,在争幸邀宠之中,忘记自己的领地和对领地的责任。

德国先后发动两次世界大战,口号是"为德意志民族争取生存空间"。确实,在英法已占据世界上广大地区作为殖民地的背景下,后起的德国也想分一杯羹,谈判不成,只能使用武力。但对外发动战争本身还有一个满足国内政治需要的目标,那就是以国际空间的拓展,来证明普鲁士整合各邦国建立统一的德意志国家的正当性和必要性。德国及他国为此两次付出惨重代价,直到1990年联邦德国与民主德国合并,这个国家才算最后实现了统一。即便如此,还没有完全覆盖"神圣罗马"的全部版图。

至少在中世纪,统一西方的不是国家,而是基督教会。

(2)无处不在的教会。

在中世纪,西方国家内部存在三股主要力量:政府、教会和自治的城市,其中最强大的是教会。

　　罗马帝国的最后一任皇帝君士坦丁为争得政权,给了基督教合法的地位和许多特权,并在死前接受"洗礼",而其姑姑在此之前,早已加入基督教,死后财产全部捐给教会,这样的做法日后为许多贵族和富人所因循。在西罗马被"蛮族"征服后的中世纪,教会成为西方文化的庇护所,也成为巨大财富的保管所,掌管人的精神,也掌管人的财产。

　　在世俗生活中,教会的影响上达宫廷,比如给皇帝加冕,赋予世系复杂的帝王以合法性,宗教成为世俗权力的合法性来源;下至普通百姓的日常生活,婚礼需要牧师主持,以确保婚姻的神圣性,扶弱济贫,教堂就是场所,教化民众更是教会日常功课。当然,教会也有求助于世俗权力的时候,交换总是互惠的,当年教皇国的存在就是仰仗了法兰克皇帝"矮子丕平"的保护。

　　如果说后世西方政治学推崇"三权分立",那么在始于文艺复兴的"上帝的归上帝,恺撒的归恺撒"成为国家政治现实之前,教会已经获得了自己的一份权力,说得更精准些,是获得了自己的权威。权力归国家,权威归教会,用中国话来说,就是法统与道统的分离,是西方社会生活的"二元中心"的现实,从中世纪到现在,变化的只是方式和程度。

　　西方各国的同一性,不是同一于国家,而是同一于文化。这个文化就是基督教。

　　(3) 独立的自治城市。

　　在西方经济领域起主导作用的是城市。西方城市同中国城市的一大区别是,西方城市首先是经济中心,而不是政治中心。无论皇室还是贵族,为了确保安全,更愿意离群索居,藏身于专门修建的城堡中,而不是混居于充斥"闲杂人等"的闹市里。城市居民主要是工商业从业者和为他们提供服务的人员。在法律上,城市拥有自治的地位。城市与国王的关系主要是缴税与征税的关系。国家保障市民安全,收取"保护费"是应当的。即便如此,国王或者领主常常还不愿意从事这项"脏兮兮"的工作,而把征税事务外包给个人。在中世纪欧洲,犹太人因为宗教信仰的原因,不得拥有土地,那是贵族的特权,也不得从事手工业,那已被各种行会所垄断,只能经商和从事"钱币交易",即现如今的"放贷"或者更响亮些的"金融"。担任国王或领主的"包税官",是一个不错的营生。按照约定的金额提前把税金交给领主,余下怎么办,尽可以自显神通。据说征税过狠还曾引发市民的反抗,有时候包税官直接成为平息市民怒火的替罪羊。

总而言之,在中世纪西方,国家力量相当有限,所承担的公共职能也相当有限,其中经济职能更少得可怜。收税可能是当时国王和领主唯一关心的事情。事实上,也正是为了征税,英国国王在同伦敦市民谈判中,为西方现代政治制度铺下了基石。

所以,"有限政府"在西方首先是一个历史事实,而不是学术结论,相信如果政府超脱于市场,经济会发展得更好,不是虚构,而是曾经的生活经验。

3. 民主框架内政府缺乏效率的现实

英国政府为了提高税率而同伦敦市民谈判,最后商定,以后征税必须经过市民的同意。这事还好办。难办的是,市民很多,要大家达成共识,必须有一个讨论和表决的机制,西方政治架构中最重要的设置,议会或议院由此产生。议院场地有限,不能人人参与,讨论也需要讲效率,只能选定代表,选举和议员应运而生。议员不能只代表自己,必须代表利益群体,才会有人愿意你当选,政党由此诞生。从《大宪章》开始,宪法和法律、代议制和议会、议员和政党、政党和选票,西方政治制度的重要部件逐渐齐备。在广义国家的制度架构内,立法、司法和行政三种权力的定位和分野清晰了,运作方式规范了,《圣经》告诫的"不能让国王和政府随心所欲、横征暴敛",得到了制度上的落实。

在西方,这个政治领域法治化和民主化的过程,实质上也是让刚刚开始全面承担公共职能的政府,越来越办不成事。终于,在20世纪20年代末,大萧条来了,市场完全失灵,英国经济学家凯恩斯提出以国家干预的方式,刺激经济,通过增加公共设施建设,增加就业,增加收入,增加消费,引导国民经济走出萧条。这张药方到底起了多少作用,美国先于西方其他国家率先走出经济低谷,到底是因为凯恩斯医术高明,还是因为二次世界大战刺激了美国国内生产,还消灭了当时除美国之外几乎所有工业国的制造业产能,从而为战后恢复生产出清了库存,至今还是经济学界一个有争议的话题。

相比中世纪,当代西方国家在经济发展中发挥的作用明显加大,尤其是凯恩斯得以施展所长的美国。但由于限制行政权力的宪法构想、民主政治本身缺乏效率,还有选举政治内在的取悦选民倾向,占据选民大多数的中下阶层对财富分配的兴趣通常大于对财富生产的兴趣,从而带来公共政策福利化趋势。所有这一切既造成欧洲经济被福利国家所拖累,也造成最少社会主义色彩的美国,其现任总统在最新国情咨文中诉苦:"美国为批准修建一条公路花十年时间,是不像话的!"

政府没钱,政府即便有钱也不能根据公共需要自行决定,而有权决定的议员常常按照党派利益,而不是公共利益,采取赞同或反对的立场,最后导致的结果是议而不决,决而不行,行而无果。众所周知,民主没有效率,这当然不全是坏事,毕竟政府犯错误时没有效率,危害会小一些。但在政府想发展经济时,没有效率,确实是致命的。特别是,眼看着一个东方对手正瞄准着西方最发达国家,使劲地、越来越近地撵了上来。多年前就立志"超英赶美"的中国,在GDP总量上早就远远超越了英国,还可能在不久的未来,赶上美国,更可怕的是,其出众的效率正是来自在西方不受待见的政府!

政府在现实生活中的地位和作用,不能完全决定政府在经济学理论中的地位和作用,毕竟知识传统和学科逻辑同生活经验存在相当大的距离,而且西方经济学不同流派对政府的看法也不尽相同,但至少会为西方经济学家对政府总体上不甚友好的言论壮胆,提供信心和依据。

理论是经验的升华,现实投射于学科,西方经济学对政府及其作用的保守观点,不能说毫无道理。问题是,世界上并非只有西方政府一种组织形态和功能定位,在政府地位和作用判然不同、历史经验大相径庭的中国,经济学家如果对政府表现出同样的态度,似乎又说明,现实经验要改变学科信念,也不是那么容易的。

如果说西方经济学家和师从西方的中国经济学家解释不了中国发展之谜,本身也构成了一个谜的话,那么谜底的揭开或许就得从了解自古以来中国政府的功能定位和功能履行方式入手。

二、历史造就中国政府的效率

前几年有学者对中国"大一统"的国家形态提出批评,认为限制了市场效率、社会活力和个人想象力。"大一统"到底好不好,可以讨论,历史尊重学者的观点,但从来不理会人类的操心,"走自己的路,让人去说吧",这是历史留下的遗训。真正有价值的是搞清楚"大一统"背后国家效率的机理问题,毕竟在两千年的时距上保持"大一统",不是哪个国家想办就能办得到的。没有效率,不可能实现"大一统",反过来,从"大一统"入手,弄清楚国家效率是从哪里来的,即使不用于"大一统",也可以用于其他地方。

1. 始终一大国证明中国有效率

西方经济学家百思不得其解的"中国何以有效率"问题,其实根本不是问题,因为历史足以证明,中国从来有效率。

至少自"轴心时代"以来,中国经历了各种挑战,始终保持大国的存在形态,这一历史事实曾引起美国著名的中国学专家、哈佛大学东亚研究中心主任费正清博士的注意。他在自己最后一本著作的前言中写道:"以一种政府形式在这么长的时间里管理这么多的人口而论,中国在人类历史上是独一无二的。"这一论断看似对历史事实的确认,其实不然,里面隐含着一个重要的效率命题——资源悖论。

有机体需要向外界索取资源,来维持生命。通常越是获取资源能力强的,体量可以长得越大,在同类竞争和抗衡天敌中越有利。但体量越大,消耗的能源越多,最后生命体到达临界点,超过这个点位,消耗的资源超过获取的资源，生命的丧钟便敲响了。这就是为什么自然界里不会出现无限生长的生命体，即使有生长期比较长的，也是越到后来生长越慢。

生命体为动员资源必须消耗资源，这就是"生命体资源悖论"。临界点的高低反映生命体的资源利用效率。从理论上说，效率越高，生命体可以长得越大，反过来，生命体越大，说明其资源利用效率越高。

人类社会是一个超级生命体，国家越大，动员资源的能力越大，消耗资源也越多，最后到达平衡点，越过此点，国家消耗的资源超过动员的资源，丧钟也会敲响。所以，国家越大，说明动员与消耗资源之比越高，效率越高。

研究中国人口史的专家都知道，中国历代王朝兴亡盛衰有迹可循，那就是长期存在一个人口总量约为7 000万人的临界点，到达这个人口规模，天下大乱如期而至。直到后来引入玉米、甘薯等耐旱高产作物，缺水的土地种上庄稼，耕作效率提高了，中国人口规模才突破了这个"箱体"的上轨，工业化之后，更是一发而不可收。

中国在数千年里始终以大国的身份存在，在古代极为有限的经济水平和技术条件下，能确保对7 000万人以下的人口实施有效管辖，说明中国具有较高的资源利用效率，人口规模的临界点水平较高，所以经历多次王朝更替，甚至被北方民族所征服，同一种国家组织形式还能一再重建。"大一统"超越历史的稳定性正说明这种国家组织形式具有高度的效率合理性，断定中国自古以来就是一个有效率的国家，中华民族就是一个有效率的民族，中国政府就是一个有效率的政府，实不为过。

2. 水稻和灌溉农业是最有效率的古代农业形态

中国效率在古代经济形态中有明确表现。相比游牧经济,农耕经济是更有效率的经济形态,而在农耕经济内部,不同农作物和耕作形态也有效率高下之分。

在世界上,中国最早驯化水稻,而在所有谷类种植中,水稻属于产量比较高、栽培技术最复杂的品种。水稻在生长过程中需要移植,即"插秧",这道极其累人的工序在其他农作物中是没有的。水稻,顾名思义,生长在水田里,对肥水的要求特别高,需要定期排水晾田,让水稻根系可以呼吸,避免烂根。反复灌水和排水不但要求有完整的灌溉系统,还需要更多的肥和水,精耕细作因此成为中国传统农业的最大特色,而精耕细作本身又成了农业效率的代名词。不能增加粮食产量,没有经济效益,精耕细作不成了自找麻烦?古代中国维系大国的存在,若非造就了较高的单位土地承载力,供养了那么多人口,是做不到的。在这一点上,水稻功不可没。但要不是具备了包括技术发明在内的各种能力,中华民族不可能选择这种难伺候的作物当主粮。

水稻需要灌溉,给传统农业带来了鲜明的中国特色,也给中国农业生产带来了更高的效率。中国传统农业在业态上属于灌溉农业,与完全靠河水定期泛滥如埃及之尼罗河流域,或大自然风调雨顺、农作物也相对耐旱的北美地区不同,需要更多的人为调节。为此,规模巨大的水利工程在先秦时期已不罕见,建造于两千多年前的成都都江堰是其中的佼佼者。在全世界至今仍发挥着灌溉和防洪功能的水利设施中,都江堰是建造最早的,堪称中国灌溉农业和水利工程的典范。"水旱由人",都江堰碑石上镌刻的四个字,最深刻、也最生动地道出了一个农耕民族的心声:大规模的、可靠的水利系统改变了古代农业"看天吃饭"的被动局面,确保水稻实现其潜在的产量,也确保了农业最大的产出效率。大江大河全流域统筹用水和工程浩大的水利设施,都不是个人可以成就的,只有国家或政府才有力量做到这一切。世界上大江大河中全程流经一个国家的,只有黄河、长江,其背后离不开国家的管辖能力和管理效率。

水利设施再好,保得了一地,保不了全国。在旱涝灾害频仍的中国,国家承担了平衡全国的责任,灾荒年间及时赈济,既是保障民生之举,也是维持未来生产之举,更是维护社会稳定之举。在西方主要靠教会行善来救急解难的年代,中国早已有了国家保障系统。

以水稻为主的作物结构、以自耕农为主的经济单位、精耕细作的技术手段、系统的水利设施和官办的赈灾体系是古代中国保持农业效率的核心竞争力,也是历史上中国政府效率的组成部分和促进因素。

中国效率是有物质基础、历史积淀和文化基因的!

3. 郡县制是最有效率的行政管理体制原型

德国社会学家马克斯·韦伯曾经专门论述区别于传统家长制的现代行政管理模式——科层制,即权力分层、职能分工、上级授权、下级担责、权责相符、明确界定的管理体制,视之为"人类合理化历史进程的标志",而国际史学界都知道,现代科层制的宏观原型是中国的郡县制。

最晚在秦朝确立的郡县制,一改过去的分封制,天子或君王不再将国家管辖的土地和人口连同地域范围的行政权分封给诸侯,而改为由朝廷任命官员,以中央政府的名义,在地方上行使完全的管辖权。所谓"封疆大吏"在"疆域"内只被授予了代理性质的管辖权,而不是完全的、独立的权力。地方官在辖区的权力大小以朝廷明确授权为边界,其承担的公共事务由朝廷规定,征收的税率按照朝廷定的规矩办,其下属官员必须经过朝廷的任命或批准,执行朝廷的法令和政令。

郡县制确立之后,多次遇到分封制的挑战,但无论同姓王还是异姓王都难逃被"削藩"的命运。中国古代史见证了诸侯"尾大不掉"的现象最终消失在历史中,郡县制的国家组织形式在保持统一国家,避免地方割据乃至国家分裂上,发挥了巨大作用。地方服从中央,全国一盘棋,在中国是有制度保障的。

在人类建设国家的努力中,郡县制取代分封制代表了巨大的历史进步,因为国家管辖范围的事务真正归于国家,而不是国家仅为许多独立的地方行政体的松散结合,实际管辖的范围有限,承担的公共事务有限,管理能力有限,治理效率同样有限。世界历史上其他地区的庞大帝国一旦崩溃,不复再现,根本上就是因为原来的国家组织形式即使具有时代合理性,但不具有超越时代的合理性,存在着被更符合后来时代要求的国家组织方式所取代的可能性,从罗马、拜占庭、蒙古到奥斯曼帝国,尽皆如此。

唯独中国是例外,其中一个重要原因就在于郡县制国家组织形式的效率特性具有不可替代的优越性,才经受住历史考验,保持了自身的结构特性。到近代,这种特性通过不同方式,为不同国家所汲取,成为世界范围从国家行政体制、企业管理体制到其他人类结群方式的共同组织特性。

西方经济学家可以震惊于今日中国的效率,但不会不知道西方的合理化组织体制受惠于传统中国有效率的国家组织形式和政府运作方式。

4. 科举制是古代最有效率的人才选拔机制

庞大的国家需要精英来治理,国家效率就是精英治理能力的指示器。如何让有能力的人不管出身多么卑微,也能发挥自己的才能,参与国家或地方的管理,是中国在古代世界的效率比赛中独占鳌头的关键因素。

相比其他国家包括西方但不限于西方,中国社会虽有等级,但没有等级壁垒,因为中国有一套让个人实现等级间向上流动的机制——科举制。

汉朝推行"举孝廉"的选官制度,到隋朝,通过国家考试筛选人才的做法开始逐渐成形,唐朝正式确立了作为国家考官制度的科举制,即通过公开考试——"分科举士"的制度。在随后的一千多年时间里,科举制度的具体运作有所调整,但基本精神和功能不变,成为中国社会结构最重要也最稳定的两大支柱之一,另一个是小块土地私有基础上的自耕农,留待下一章讨论。即便在计划经济时期,甚至停办高等教育的特殊时期,大学生毕业后无论从事何种职业,都享受国家干部待遇,科举选官制度遗痕犹在。

孔子在人类历史上最早提出"有教无类"的教育原则,古代中国就不以身份来决定个人受教育的资格,这在全世界是相当罕见的。几乎任何人都可以受教育,接受了系统教育之后,每个人都有机会参加国家考试,在科举鼎盛的明朝,就有乡试、会试和殿试三级。在不同朝代,获得何种功名等级才有资格担任官员,有不同要求。由于考试基本上不设身份门槛,考生可以直接报名,不用别人推荐,除了个别职业群体如"乐户""贱籍"等被排除之外,寻常百姓都有机会或资格参加考试,通过者有望担任官员并取得仕途前程。

虽然相比出身贫寒者,权贵富豪家庭的子弟有更多机会飞黄腾达,但面向寒门子弟的仕途大门总是敞开的,因为统治集团明白,仕途堵塞不仅会影响国家治理,更会让精英在底层集聚而导致国家结构解体。

"王侯将相宁有种乎?"大泽乡揭竿而起的农民喊出的口号,如惊雷般轰响在中国两千多年的历史夜空!

制度化的精英发现机制,确保有能力者治理国家和地方,也确保了国家和地方的治理效率。在当今世界上,通过国家考试来选拔公务员已成现代国家的标配。但对中国来说,带来的结果之一是政府承担的公共事务之多而且繁杂,举世无双。"能者多劳",古代中国的政府包揽一切,还富有效率,就这样作为基因传递下来了。

其他重大因素特别是中国作为相对富庶的农耕文明始终处于游牧民族入侵的威胁之下,没有强盛的国力和巨大的战略纵深,无以抵御活动性极强的游牧骑兵侵扰,也是中国始终以有效率的大国形态存在的成因。若非"超稳定结构",中国不复今天之中国。

历史难言必然,但也没有假设。

5. 封闭系统内的效率自锁

找到中国效率的历史文化基因,并不足以完全破解中国经济发展的效率之谜,因为这根证据链条上还缺少关键一环:如果中国传统社会结构和国家运作那么有效,为什么历史上还会发生治乱交替、改朝换代,近代史上甚至沦落到"落后挨打"的地步?

"成也萧何,败也萧何。"在自然界里,长出甲壳既代表着安全,也意味着从此被定格在坚硬的外形中,失去继续进化的可能,而什么外表防护都没有的人类,却获得最大的进化空间。

人不是上帝,人类的发明小到器物大到国家,不可能不具有双刃剑效应。西方因为曾经农耕技术落后,土地承载力长期不足,人口增长缓慢,得以保留下大片牧场和未开垦土地,以肉类和奶制品为主的食谱,给了西方人更高的个头和发达的肌肉,还有巨大的环境冗余;而精耕细作之下,几无未开垦的土地,在让中国达到无论以哪个历史时代的标准来衡量,都堪称"巨量"的人口规模的同时,却限定了中国人以淀粉和蔬菜为主的食谱、矮小的个子,还有逼仄拥挤的居住条件和过度人化的自然环境。中华民族在发展出最适合农耕的经济、社会和技术形态后,也从此被锁进了自己设计的"九宫格",只要小农经济的形态不变,中国便走不出来。

"超稳定结构"对中国既是祝福,也是诅咒,一个日后将在不期而至的开放中被打破的诅咒!

三、中国政府的创造性继承

对于中国来说,1840年是一道时代分水岭,外来的先进文明第一次大规模整体性入侵,打破了中国发展的"九宫格",自锁了千百年的中国社会随着改革开放,"走进新时代"。经历这个历史拐点之后,作为国家力量集中体现的政府又将何去何从?

1. 政府改革:理论与现实的错位

新中国建立之后,中国走了一条"超级政府"的道路,这是社会主义计划经济体制的要求,是依靠自身力量,完成原始积累,实现工业化的要求,更是外部环境不友好压力之下,国家坚持独立自主实现现代化的要求。无所不包的"超级政府"依托两大高度行政化的设置,城市中的"单位制"和农村的人民公社,在初步建立工业体系,实现了在个别领域比如核武器和航天领域的有限突破之后,失去了势头,中华民族在近现代史上自承认落后之后制定的"赶超策略",有落空之虞。经济和科技领域距世界先进水平越来越远的现实,触发了邓小平关于中国有可能"被开除球籍"的担忧,也促使这位改革开放总设计师规划并启动了中国近现代史上"第二次长征"。

中国改革的本质与核心就是改革政府。无论"政企分开""政社分开",乃至"小政府,大社会""简政放权",目标无不对准政府,且态度不可谓不坚决。然而,现实是口号走得比行动快,来得快,去得也快,40年下来,政府不是没有变化,部门增减,职能调整,权力伸缩,所在多有,不变的是基本格局、整体态势。

政府改革不易,原因往往被简单归之于"旧体制顽固"或"利益集团顽抗"。情绪宣泄是容易的,理论演绎也不难,难就难在无法解释现实。中国40年高速发展就是在这个"顽固的旧体制"下实现的,并且到目前为止,中国经济仍在以中高速增长,除了承认这个旧体制的潜力尚未完全用尽之外,难以自圆其说。关于中国经济发展的效率之谜,因此转化为中国政府何以能够持续主导经济发展,中国政府的效率从何而来之谜。

平心而论,既然是"摸着石头过河",中国改革走的肯定不会是直线,前后左右不同方向的试探都是正常的,只要不掉进水里去,就是成功。判断强政府的作为是否必要不能光凭理论演绎,而要循着中国发展的实际进程,找出其中的道理。中国金融不够开放,是学界诟病的重点,但几次国际金融风波,中国都因为封闭而免遭波及。以此观之,到底是严格按照经济学理论,不顾一切开放金融重要,还是不管开放不开放,确保不发生金融危机更重要?

实事求是,才能看清楚今天中国政府如何继续保持效率,实现历史成果的创造性继承。

2. 大政府:政府改革的怪圈

中国改革的实质性内容是"简政放权",行政权力自觉收缩,为市场、社会和文化的自主运行,释放制度空间,还权于民。中国改革开放走的也是这条路。但回过头来,这个本该带来政府职能缩减和权力缩小的进程,留下的轨迹并非如此。在开始一段时间的收缩之后,政府随之又表现出明显的权力扩张现象,无论"国进民退"还是"供给侧改革",都可以看到政府职能和权力扩大的迹象。政府强弱的脉动在改革中出现反复,理论上难免带来困惑,但在道理上是完全讲得通的:在市场、法治和民主都尚未健全的情况下,为了保证经济和社会转型的有序和有度,改革政府的远期目标时常不得不被加强政府的权宜策略所对冲。

为了在地区差异巨大的背景下,集中有限资源,让具有效率优势的地区率先突破,中央政府必须加强对地方政府的控制力,保证各地在改革发展中的顺序。20世纪90年代,国务院总理朱镕基推行财税体制改革,"分税"的实际效果是强干弱枝,增厚了中央财政,提高了中央政府通过转移支付,指挥和协调地方的能力。

在社会资本总量有限的情况下,根据国情,确定优先发展的方向,制定国家产业政策以引导资金、人才和其他资源向特定产业集中,争取尽早突破,所谓"集中力量办大事",为世界上许多国家羡慕的中国高铁网就是这样建成的。

为了控制对外开放和对内搞活的节奏,在以开放倒逼改革的同时,不使改革大船遭遇不可测的外部风险,中央政府加强统筹,做大国有企业,增强抗风险能力。2017年中央对汇率的管控,2018年对系统性金融风险的全面防范,深刻显示出把控金融大局的重要性。

改革开放从"让一部分人先富起来"开始,在经济活力得到释放的同时,贫富开始分化,既要摆脱计划经济时代的企业办社会的拖累,减少公共福利支出,轻装上阵,又要在个人和家庭遭遇无力应对的困难时,出手相助;既要让一部分生态脆弱地区,承担环境保护的责任,又不能牺牲当地民众生活改善,还要在经济发展起来后,"精准扶贫",建成全面小康,各种性质的转移拨款因此成为必要,这一切没有强大财力支撑,是不可能实施的。

一个社会的活力与秩序永远是一对矛盾。在原来铁板一块的户籍制度基础上,仅仅放开人员流动,还没放开户口,人口管理的难度就急剧上升,工作量大增,加强公共管理势在必行。近年来社会治理的重要性与日俱增,而政府在治理中的职能定位,却一改再改,从"政府负责"改为"政府主导",再重新改回"政府负责",非强政府无以确保社会有序的态势，一目了然。

为了实现未来的"小政府"，眼前只能接受"大政府"，因为只有"大政府"，才有能力承接转型期繁多的宏观调控和微观协调的职能，才有能力确保这些职能得到有效而且高效履行。如此"欲抑先扬"的策略可能不合经济学家的意，但至少在现阶段，中国人相信，处置任何事情都有轻重缓急，眼前让政府多负点责任，对于中国经济发展，可以起到积极作用。这既是事实，也是信念。

3. 政府竞争：经济发展的动力机制

从理论上说，政府过于强大必定带来市场活力下降和经济效率损失，但中国之谜反映的恰恰是相反的结果，因为政府高调存在，中国经济反而更有效率。原因在于，如果说企业之间的竞争因此受到一定抑制的话，地方政府之间的竞争却大大加剧了，结果是市场整体竞争程度不但没有下降，许多时候反而提高了，而只要有竞争，效率自然就在其中。

经济学家张五常提出过一个原创性概念——"县域竞争"，其具体内涵常有争议，这里无意深究，仅取其观察中国经济活力的视角，即地方政府之间的竞争关系。

在"以经济建设为中心"的基本路线指导下，各地政府都以发展经济，说得直白些，也就是GDP增长为施政首要目标，并接受上级政府的考核，此所谓GDP主义的精神实质。继承了"郡县制"历史遗产，中国地方政府体系中，具有完全的行政权责、公共资源和施政能力的最低一级政府是县政府，所以，中央按照GDP总量和增速，给省级政府排队，省级政府给地级政府排队，地级政府给县级政府排队，全国给县级政府排队的就是"百强县"榜单。

"县域竞争"视角揭示了中国政府主导经济发展的重要方法。各级政府在招商引资、人才引进等场合，通过提供各种优惠政策，如税收、土地、环境乃至监管方面的有利条件，吸引企业投资本地，以拉动经济，提高 GDP 总量和增速。

在僵硬的行政体制尚未得到根本改变、市场活跃度仍然有限的情况下，地方政府表现出为企业服务的极大诚意，放下身段，提高办事效率，千方百计地博取企业青睐。中国各地经济发展水平的高低，除去改革开放前期"特区"的先发效应之外，根本上取决于地方政府的契约意识、法治精神、服务态度和工作效能。沿海地区尤其是长三角和珠三角地区经济发展之所以走在全国前列，除了地理优势、个体勤奋等原因，地方政府开明也是不可缺少的。在这些地方，强政府的某些弊端并没有完全绝迹，但为了实现长远的经济发展，地方政府在职权范围内，主动简政放权，也是存在的。

某种程度上可以说，各级政府积极有为，确保了中国发展的效率，同时还在经济发展的过程中，实现了自身的内在成长，包括自我约束的能力和习惯养成。如果说西方政府主要受选民用手投票的约束，中国各级政府程度不同地受到企业"用脚投票"的约束。诸如"投资不过山海关"的传言，对一个有抱负的地方首长来说，绝对是一种诅咒。没有民间投资，单纯依赖国家项目，很少有地方官员能做出引起上级领导关注的业绩，因为拿到国家的钱不能视为对国家的贡献，相反是享受了国家给予的特殊待遇，如此增加的 GDP 虽可作为政绩，但含金量会打折扣。更重要的是，拿不到民间资金或国外投资，本身说明"投资环境不佳"，这在政绩考核上绝对不是一项可以拿得出手的指标。

更有意思的是,随着经济发展,国家的关注点发生了变化,与此相应,首要考核目标也在重新排序。最新的消息是GDP总量和增速等指标正在淡出,而环保、民生等指标则将凸显。这意味着,地方政府相互竞争的机制仍将发挥作用,效率仍将是各级政府的追求,只是目标从经济转向了其他方面。所以,未来中国之谜会不会是中国环境改善或民生改善的效率之谜?

4. 政治伦理:中国官员的内在动力

在中国经济发展速度最快的十几年里,官员腐败是一个饱受国内外诟病的现象。作为成因,既有个人因素,也有体制因素,更多的是体制因素。人是经不起诱惑的,当制度漏洞太多,许多人都堂而皇之自由出入时,要个人坚持操守,不是不可能,更不是不可以,但至少是十分困难的。在公款吃喝可以按照财务规定予以报销的时候,要个人不参加吃喝,是不容易的,尤其是大家都已经吃喝惯了,谁都不愿意"自绝于"领导或同事。

在改革的时代,制度漏洞是必然的。改革不是革命,不是对旧体制的彻底否定,而是在阻碍经济发展最严重的地方拆除一部分,同时保留其他部分,以确保经济运行不受过多干扰。拆除行动往往是在建设方案尚未设计好,甚至可能连设计原则都不清楚的情况下进行的,毕竟"摸着石头过河",很难有时间从容淡定地确定可操作的规则。于是,旧的拆除了,新的却没有建立,而随着拆除行动不断推进,制度漏洞越来越大,洞中进出的人也越来越多。党的十八大以后,中央雷霆万钧的反腐行动伴随着制度建设而来,就代表着改革开放以来，专注于拆除旧制度而疏于建设新制度的一页，翻过去了。

其实，类似情形在许多转型国家中都有发生，不要说非洲某些国家，就是近邻韩国，其历任总统很少有全身而退的，或者锒铛入狱，或者自杀身亡，都同这个体制因素与个人因素互为因果有关。但同许多转型不成功的国家相比，中国虽有腐败问题，毕竟经济发展及其效率是明显的，政府官员是干活的，干公家的活是出力的、有效率的。这里就涉及同政府运作和官员操守有关的一项传统政治伦理。

在中国，全社会包括官员在内普遍接受和认同"为官一任，造福一方"的信念。这一传统政治伦理有多种现代表达，从"为人民服务""当官不为民做主，不如回家卖红薯""权为民所用，利为民所谋"，到最新的"不忘初心，牢记使命"，其源头可以上溯"替天行道"的理念和"达则兼济天下"的情怀。如此观点和境界在中国称得上源远流长，绵延不绝，对官员行为产生某种类似"集体无意识"的影响，构成中国政府文化的效率智慧的一部分。

"人之初，性本善。"中国主张通过价值内化，形成自我驱动，来奉公守法，恪尽职守。强调自律的德治当然不如突出他律的法治来得立竿见影，但只要配合以必要的制度，自律所要求的管理成本较低，相对而言，性价比更高，且效果更能持久。中国在推进法治国家建设的时候，坚持"依法治国"与"以德治国"相结合的原则，一方面考虑到了文化传承，另一方面也考虑到了制度成本。精打细算，节省每一项开支，经济发展才会有效率。

外在的业绩考核和内在的伦理驱动，促使各级官员尽其所能来发展经济，由此构成了中国政府推动经济发展的微观动力和整体效率。

关于中国政府的效率,这里仅做总体介绍和重点分析,要真正搞清楚中国政府运用传统智慧,大力发展经济的道理所在,还需要深入具体经济议题,到改革开放以来中国政府坚持的若干重大策略中去探寻。

第三章
国-民关系：中国效率的历史渊源

随着全世界对中国经济的看法由负面转向正面,经济学界关于中国经济的研究也出现明显的风格切换。由于始终没有搞清楚中国发展效率哪里来,就出现了一种"押宝式研究":虽然按照主流经济学的说法,中国似乎什么都做错了,但中国经济还是实现了高速发展,并且持续那么长时间,那至少说明,中国做对了什么。

中国做对了什么?

有人认为,中国采取"渐进式改革"的路径,"摸着石头过河",避免了俄罗斯激进的"休克疗法"之弊端,所以得以成功;

有人认为,中国效仿了日韩等国"外向型经济"的路径,靠外贸打开国际市场,"挖到了第一桶金",获得了发展的动力;

有人认为,中国发展经济取得成功的原因在于及时兑现"人口红利",以低价挤占国际市场,取得了后发优势;

也有人认为,中国只是恰逢全球化带来的产业转移和资金流动,"撞上了大运";

还有人认为,这是中国特色社会主义的成就,中国坚持按照国情,选择适合自己的道路,才走了过来;

更有人认为,中国制定的"政策好",比如利用"特区"等试点先行探索,再大面积推广,减少了剧烈波动,提高了成功率。

众说纷纭,莫衷一是。

明眼人能看出来,所有这些解释都涉及中国改革开放以来的策略和举措,而且这些策略和举措基本上对中国经济发展都起了促进作用。但问题是,这些解释不是过于宏大,就是过于琐碎,不是过于理论,就是过于技术。

比如,强调中国国情和特色道路,固然不错,但这两个概念都具有宏观特征,要落实到具体的因果联系上,还有"最后一公里"需要克服,如果遇到某个国家希望中国提供可行性方案,仅仅告之以尊重"国情"和坚持"特色",肯定不能让对方满足,"到底该怎么做"的问题仍然没有解决。

至于"渐进式改革"确实也是中国的经验,但总结这样的经验还需要搞清楚,"渐进式路径"到底属于必要条件、充分条件还是充要条件? 其他国家只要"渐进"一下,就能够同样转型成功?

还有,"政策好"算是说到了重点,政府主导改革开放,如果政策不好,不可能取得如此效率,可是到底哪项政策"一抓就灵",能确保全局范围的立竿见影,并且没有副作用? 即便真有灵丹妙药,其产生药效的机理又是什么,是否适合效仿,还有待论证,不能语焉不详。

所有这些解释看似拨开了在中国发展问题上主流经济学造成的迷雾,其实什么都没有解决,似是而非只会让理解中国、发现中国道理的探索停留在半山腰。

这些解释之所以无效,根本上在于没有找到真正的经济问题。用学院派的话语来说,是"不够经济学",所关注的其实都不是纯粹学科意义上的经济问题。"纲举目张","纲"没抓住,"目"怎么会张开?

中国政府确实做对了事情,但真正做对的就是一件事,也只有一件事,而且是自古以来中国政府反复做对的那件事:处理好了经济发展中的国-民关系。

"经国济民"就是把握经济生活中的国-民关系之道!

一、国-民关系:经济研究的根本着眼点

研究经济无非研究财富的生产与分配。人类需要向自然索取生存和发展的资源,由于个人能力有限,必须集体生活。但是,集体中不是所有人都有能力参与向自然索取的活动,也不是所有人都有同样能力向自然索取。所以,取之于自然的资源不能直接归于参与者,取来多少,拿走多少,人类集体就会解体,分配和对分配结果的维护因此必不可少,而这个分配财富、维护秩序的角色就由超脱于个人之上的国家来承担。

人类社会因为集体生活而产生的这一结构性需要,构成托马斯·霍布斯的"必要的恶"和亚当·斯密的"看不见的手"的逻辑起点。区别只在于前者虚构了人类自觉建立的政治结合体——国家,而后者设想了不管人类是否意识到都必定存在的经济结合体——市场;前者注重组织体制意义上的国家,后者关注运行机制意义上的市场;前者隐喻了个人与国家存在利益冲突,因为国家的存在以个人权

利被剥夺为前提,后者相信个人与集体内在的利益一致,因为个人尽管谋求私利,市场总会带来公共福祉的增长。两者的不约而同之处则在于,个人与集体(即国家或市场)的关系是这两个分属不同学科的思想家共同的学术视野和理论焦点。这并不奇怪,因为所有关于人类社会和个人行为的研究,最终都离不开回答这个问题:作为集体生活的物种,人类如何处理个人与集体的关系?在经济研究中,这一问题被更多地限定在同财富生产和分配相关联的国家与国民关系上。

个人是财富生产的主体,国家无论多么强大,离开个人都无法生产。反过来,国家是财富分配的主体,没有国家,由个人来分配财富,只会造成比不分配更严重的不均衡。《圣经》中关于"王"的警告,揭示的是这个道理,"把权力关进制度的笼子"喻示的也是同样的道理。

就发展经济而言,生产财富是第一位的,没有生产就无从分配。分配反过来也影响生产,生产者得不到应有的报酬,就不会有生产财富的积极性。此其一。

财富需要个人来生产,但单凭个人不可能提高财富生产的效率。例如,西方小说《鲁滨逊漂流记》是在劳动分工初步成型的时代创造出来的,鲁滨逊在出发之前,已经将当时社会生产力的物质成就完整地带上了航船,所以才能于海难之后,在荒岛上维持生机。工业化意味着个体劳动者背后有着完整的制度,包括产业制度、所有权制度、社会保障制度、教育培训制度,等等。所有这些制度以看不见的形式,构成个体生产财富的制度环境。此其二。

主持分配的国家不但是一个公允的分配者,也是一个自身利益的谋求者,还是一个公共产品的提供者。然而无论哪种运作都需要消耗财富，而财富只能来自个体生产者，所以国家和国民之间存在利益的协调一致，也存在利益的此消彼长。此其三。

如果从个人生产的财富中抽取太少，国家自身难以维持，职能发挥不好，公共产品出现短缺，个人生产财富的条件趋于恶化，积极性会下降；如果国家抽取太多，个人需求得不到满足，生产财富的积极性也会受影响，进而导致国家可能获得的财富减少。特朗普税改就是希望通过减少国家向个人包括企业抽取的财富比例，来提高企业生产的积极性。此其四。

把这四个命题串联起来，就可以提炼出经济研究终极思考的两个问题：

如何调动个人积极性，争取最大生产效率，避免市场失序、强弱失衡、贫富失调而导致国家经济混乱、社会解体？

如何提高财政收入，增强国家实力，完善公共服务，但不超过个人承受能力，避免个人失去动力，损及国家财源？

维持国家与国民关系的张力，寻找两者之间的平衡点，实现个人富裕背景下的生产积极性和国力强盛条件下的公共产品增加，是经济研究的最终目标。党的十九大报告提出了"着力构建市场机制有效、微观主体有活力、宏观调控有度的经济体制"的改革目标，如果去掉中国古人不熟悉的"市场机制"概念，其核心思想不就是国家尽责和国民尽力的结合体吗？

西方经济学自由主义主张政府只是市场的"守夜人"，凯恩斯主义信奉政府积极干预，两者本质上是一根绳子上拴两个蚂蚱，各持一端，而中国经济之谜的谜底则在那根绷紧的绳子，国家与国民关系的张力上。

二、中国处理"国-民关系"的传统智慧

在人类历史上，中华民族或许称得上是在国-民关系的认识上最早熟的民族。在汉语里，"国家"一词包含了国家和个人（以家庭形态呈现）两个单位。在《周易·系辞》里就有"是以身安而国家可保也"的说法。秦汉以后，儒家强调"家国同构"，"国家"中的"家"明确指家庭或家族，从此"家""国"并提。同时"国家"又保有一国整体的含义，同"民众"对应，西汉刘向《说苑》里有"苟有可以安国家，利人民者"的说法。

尽管传统的"国家"思想中有江山社稷为皇帝所有、"国为家天下"的含义，但自孟子说破"民为贵，社稷次之，君为轻"的政治事实、荀子道出"君者，舟也；庶人者，水也。水则载舟，水则覆舟"的治国真理后，在中国文化中，国家的对内含义就固化在"民为邦本""国泰民安"等信念之中。家是国的基础，国为家的保障，后世倡导"保家卫国"，今天弘扬"家国情怀"，出处都在"国家"一词的最初形成中。

一个民族在文化初成的早期，便对国家即为"国-民关系"的实体，有着如此透彻的洞察、如此深邃的把握，在世界史上极为罕见。历史证明，这个民族在处理国家与国民的利益关系上也确实表现出独特的智慧。这种智慧概而言之就是"经国济民"：经营国家，务求强大，济成民众，必使富足，民富国强，是谓富强。

用大白话来说，以政府为支点，把国家治理好，让民众富起来，这就是经国济民！

现在的问题是,作为传统智慧,"经国济民"又是如何探索民富国强的路径,处理好了国家什么问题,国民什么问题,国家与国民关系中的什么关键问题?

1."民不加赋而国用饶":中国经济智慧的晶核

中华民族有一项特别的能耐,就是在其他文化倾向于采取非此即彼二分法的场合,会另辟蹊径,找到第三条道路。

当年西方人研究苏联因为与美国进行军备竞赛,尤其是在里根总统祭出子虚乌有的"星球大战"后,不要黄油,只要大炮,最后经济崩溃,让美国不战而胜的案例之后,提出一个问题:"中国也构建了自己的核威慑力量,开支同样巨大,且经济实力远不如苏联,为什么没有崩溃?"结果发现,苏联相信核大战的结果是非赢即输,为了保证取胜,他们必须拥有比美国更强大的核武库,便一味扩充,最后因超出自身能力而落得惨败,输掉了国家。而中国却看到在输赢两种结局之外,还存在第三种可能,既不赢也不输,所谓"立于不败之地"。虽然我打不赢你,但只要确保你不敢打我,我也同样安全。所以中国可以既要黄油,也要大炮,经济自然不会崩溃。最后的结论是:"中国文化独具慧眼,'第三种结果'确保中国占据战略主动!"

在国-民关系问题上,与西方经济学相信国家与国民要么协调共存,要么彼此冲突的观点不一样,中国文化相信,国家与国民的关系就像太极图,黑的里面有白点,白的里面有黑点,国家利益中有国民利益,国民利益之中也有国家利益,两者是一种既相一致、又存在冲突,既能同谋、又会博弈的关系。所以,要处理好国-民关系,需要另辟蹊径,设计出有效策略。

中国处理"国-民关系"的最高境界是"民不加赋而国用饶"。

"民不加赋而国用饶"的表达方式来自北宋宰相王安石,是其变法的核心思想。王安石认为,社会财富并不是一个定数,只要政策适当,可以在不增加百姓负担的情况下,实现国家财政增长。

这个观点如果拿王安石的政治对手司马光的观点做个反衬,更容易看出其中智慧。司马光认为:"天地所生,货财百物,止有此数,不在民间,则在公家。"这是典型的非此即彼观点,只要国家财政增长,国民负担必定增加,如果多留些给国民,则国家只能少拿。

"民不加赋而国用饶"这句话出自王安石之口,但这个充满智慧的经济思想并不是王安石原创。至少在春秋时期,辅佐齐桓公成就"春秋首霸"的名相管仲,在主政齐国时,就提出了这个思路:"民不益赋而天下用饶,利不用竭而民不知。"后世西汉理财能手桑弘羊完全承继了这个思想,传到王安石已不知道属于几点零版了。不过,王安石并非只是一个"知识产权使用者",而是将这一思想创造性地落实于改革中的行动者。

按照常识,特定时点上社会财富总量是有限的,归于国民的多了,归于国家的就少了,反之也一样,除非变更前提条件,比如提出"国家政策有利于发挥百姓生产积极性,增加了财富总量",但这背离了管仲、王安石们的原意,也体现不出他们的理财智慧。

究其本质,"民不加赋而国用饶"是一种财政政策的思路,要在看似走不通的地方,走出一条路来。所以,其真正的着眼之处不在生产,而在分配。管仲说得很明白:"利不用竭而民不知。"抽取百姓的收入只要不过多,百姓就不会有感觉。用今天的流行概念"获得感"做比对,所谓"民不知"就是百姓虽被拿走了收入,却不会有"被剥夺感"。但要是仅仅局限在这个范围内,今天还来讨论"民不加赋而国用饶"根本没有意义,充其量只是一种"与民争利"的策略,没有更多的现代价值。唯有视为处理"国-民关系"的一种立意和境界,并在此高度上去探究自古至今,中国政府如何在兼顾国家与国民这两大经济主体各自利益要求的情况下,制定公共政策,取得国家与国民共赢的经济效益,才算把握住了这一传统经济智慧的真谛。

2."井田制":个人生产主动性的来源

汉字时常被称为"象形文字",尽管汉字还具有表音、会意、指事等功能。可是用来象形的"井"字,让人怎么看都不像个象形的字,因为没人见过两横两竖围成的井。

其实古体的"井"字还多了一点。点在两横两竖的中间,这一点才是"井"的象形。"井"字来自对井周边地块划分的模拟,而并不是来自对井的直接象形。

相传"井田制"发轫于商朝,周代殷商之后沿袭了下来。那时候,道路和渠道纵横交错,把土地分隔成方块,形状像"井"字,因此称做"井田"。井田属周王所有,分配给庶民使用。领主不得买卖和转让井田,还要交一定的贡赋。领主强迫庶民集体耕种井田,但有分有合。

典型的"井田"分作九块,状如"九宫格",边上八块地分别由八户居民耕作,中间为公田,也是提供浇灌用水的井之所在地。每户各自打理自己的私田,共同耕种公地,以自己在公地上的出力,完成对国家或领主的税赋,九分之一的缴税比例,同古时候世界各国通行的"什一税"相差也不多。

这种土地制度是否确有其事,至今没有定论,就如神话传说的事情未必都是事实,否则女娲补天也可以采信了。但常识告诉我们,文化往往不来自真实的历史,而来自传说,只要久而久之大家信了,内化为人的"第二天性",不但相信"确有其事",还按照这件事所隐含的道理行事,文化就在其中了。

今人过端午节,只要相信是为了纪念爱国诗人屈原就够了,至于端午节是否源于屈原,屈原是否投河,是否在这一天投河,是否投在这条河里,他投河之后大家是否划船去救了,除了好钻牛角尖的历史研究者,没人关心,但对爱国者的推崇和对诗人的尊重,却在每年端午节传递给了世世代代,是为文化。

商周以降,后世提到"井田制"的大有人在,更重要的是,"井田制"中所蕴含的中国经济思考逻辑,一再出现在后世的制度和政策中,让人不能不承认,"井田制"构成了民族经济智慧的一部分。

"井田制"的核心是承认个人为自己干活时效率最高。据说在"井田制"下,于打理好公地之前,百姓不会去私田里干活,公私分明、先公后私的规矩不但存在,还得到大家的自觉遵守。"井田制"的关键不是取消了"公",而是承认了"私",把公私分开本身颇具现代感。须知不要说史料所记载的推行"井田制"的商周时期,就是后世关于"井田制"传说已然成为潮流的年代,世界上其他国家的土地制度或耕作制度,还根本没有私田一说,要么原始公社形态,集体耕作,集体享有,要么耕种主要由奴隶或农奴从事,他们连人身自由都没有,何来私产?种地再辛苦,最后产出的粮食同个人无关,生产者耕作积极性从何而来?

个人生产劳动积极性并不是一个无须讨论的问题,好像个人天生就愿意好好劳动。其实不然,劳动对人来说,并不总是愉快的,许多时候是辛苦、艰苦甚至痛苦的。遍看全世界,许多国家或民族的成员小富即安,甚至有温饱就行,余下时间宁可唱歌、跳舞或崇拜神祇,不愿意再从事劳作。中国人像蜜蜂一样辛勤劳动,无休无止,不是世界的常态。

著名的德国社会学家、世界经济史家马克斯·韦伯的传世名作《新教伦理与资本主义精神》,就是从个人在生活需求得到满足的情况下,如何继续保持生产积极性开始,探究主张多生产、少消费,有利于资本增值的"资本主义精神"是怎么来的:新教徒想发财,但发财既不是为了享受物欲满足,也不是钱多多益善,而是为了找到自己获神恩宠、得神拯救的迹象。所以,一方面遵守神的禁欲规矩,过一种有道德的生活,证明自己是一个值得神拯救的人;另一方面努力工作,用发财来证明上帝确实有意拯救自己。给现世成功赋予宗教意义,同时放大其经济效能,是新教伦理催生资本主义精神的内在机理。一旦有了"资本主义精神",开源加节流,勤奋加俭用,资本实现最有效率的增值,相关制度的建立也就水到渠成了。

如果说马克斯·韦伯论证了出世的西方人需要"新教伦理"来培养他们努力劳动,谋取超过生活必需的财富的欲望,那么中国的"井田制"哪怕只是传说,也体现了中国文化对个人为自己劳动的合法性和积极性的承认与尊重。

回过头来看看,计划经济时代,在"人民公社"体制下,中国农民毫无生产的主动性和积极性。每天大清早,生产队长准时敲钟,催着社员们上地头干活,然后自己回家睡觉。而一旦队长人影不见了,社员们就停了下来,手拄锄把,在地头无所不谈,天马行空,谁都不好好干活。结果只能是生产效率低下,亩产在低位徘徊。直到小岗村农民带头,重新回到类似原先自耕农的形式,农民才重新有了积极性,产量大幅度地增加,城市市民才最终摆脱凭票购买农副产品的尴尬局面。

中国农民只有在自己的土地上才有积极性,好好干活,或者说得再精准一些,只有让自己干的活同自己的收益直接相关,农民才有生产的积极性。这种心理和习惯不是1840年以后形成的,而是在"井田制"的现实或传说中被定型的。

往更深层次上说,"井田制"和中国农民只愿为自己干活,是互为因果的。古人发现了个人的这种心态,才会采用"井田制"方式或者编造出"井田制"传说,作为改革当时土地制度的舆论;反过来,只要存在现实的或传说的"井田制",一定会促成中国农民为自己干活的心态和习惯。

于是,马克斯·韦伯为发现资本主义起源而构想出来的学理问题,即个人努力生产,积累财富,从而形成原始资本的动力从哪里来的问题,放在中国"井田制"的背景上,变得毫无意义,不会有任何一个中国学者以此开始讨论一个严肃的话题。因为"井田制"从根本上解决了个人生产积极性问题,只要能够致富,中国人愿意劳动不止,这是"天经地义""不言而喻"的!

今天中国企业在非洲,中国职工与当地职工虽然在生产和生活中多有交集,但在劳动和财富问题上,常会出现"鸡同鸭讲"。我们看不懂他们:"为什么有钱不赚,刚发工资就不见人影了?"非洲兄弟也看不懂我们:"为什么有钱不用,只顾没完没了地挣钱?"

曾有国外媒体载文,认为中国最可怕之处不在经济发展速度,而在"13亿人口人人都想发财"!不是人人都想发财,哪来中国经济发展的澎湃动力？给每个人装上追求发财的永动机，是中国经济最显著的效率特征，也是中国最高明的经济智慧，起点就在"井田制"。

在西方，"掘地派"最早提出让个人在自己土地上劳作的信念和主张，但这个英国资产阶级革命期间代表无地和少地农民的空想共产主义派别，直到17世纪40年代，相当于中国明清更替时才出现。而在中国，据史料记载，早在秦始皇三十一年（公元前216年），国家就颁布法令："使黔首自实田。"即命令占有土地的地主和自耕农，按照当时实际占有土地的数额，向政府呈报。国家承认私有土地的合法性，并依此征收田租，以自耕农为形式的小农经济就此成为大秦国策。这样的实践模式如果实行了两千多年，还没有深入到民族成员的血液中，成为"第二天性"，那效率真太低了。

在中国，要解决经济问题，国家只需确保个人能通过自身努力获得收益，余下的事情包括经济繁荣的结果，就是自然而然的事情。新中国的历史上，"人民公社"之后，推行"包产到户"，短时间扭转国家经济上被动的局面，改革开放"让一部分人先富起来"，原来为"十年浩劫"所累，濒临崩溃的国民经济很快有了起色。这个超越时代的个人致富动力和活力及其制度化激发与维护机制，才是破解中国之谜最有价值的线索。

3."轻徭薄赋"：国力源于民利

"井田制"给了个人为自己劳作、收取效益的权利，虽有公地劳役，不过相当11%的比例，所以劳动者乐意，有积极性。但现实是，"井田制"即便不是传说，也在商鞅变法时，"废井田、开阡陌"后，不复存在。为耕作的土地缴纳税赋，承担徭役成为常例，在横征暴敛时期，税率根本不可能维持在"11%"的水平。于是，中国历史上又一再出现一个施政纲领——"轻徭薄赋"。

经过残酷的战乱或严重的灾荒之后，社会需要休养生息，这时候国家不失时机地推出适宜的赋税政策，降低税率，部分或全部免除赋税和劳役，减少国家向百姓的索取，允许个体劳动者及其家庭保留更多的生产所得。其结果不但提高了百姓生产积极性，而且留存财富的增加，提高了家庭人口抚养能力，直接促进了人口再生产，为几年后劳动人口增加、财富增加和国家财政收入增加，创造了条件。汉朝的"文景之治"、唐朝的"贞观之治"、清朝的"康雍乾盛世"等，都有国家"轻徭薄赋"的政策之功。

在当下各国刺激经济复苏的政策单子中，"轻徭薄赋"的减税措施频频现身，说明这确实是一帖验方。但如果就此认为中国只是在世界上较早而且较为明确地提出"轻徭薄赋"，那又会把问题看简单了。"轻徭薄赋"本质上同"民不加赋而国用饶"具有完全相同的思考逻辑：只有国家少拿了，百姓有富余了，经济才会复苏乃至振兴，而政府在国家和国民两个主体的利益冲突中，如何保持平衡，维护张力，才是"经国济民"的真正问题所在。

在新中国历史上，曾经有过争议，到底是"大河有水小河满"，还是"小河有水大河满"？

计划经济的拥护者主张前者，认为只要国家好了，国民生活自然也好了。所以，那个年代经济发展好的时候，国家会推出降低物价的政策，国民名义收入未必增加，但实际购买力提升，同样收到了提高生活水平的效果。

反过来,改革开放之后,国家采取"让一部分人先富起来"的政策,其实质就是"小河有水大河满",释放制度空间,让个人自己解决财富问题,而只要掌握在个人手中的财富增加了,社会财富总量增加了,国家实力也会增强,其他没有在第一波发展中富裕起来的人口,也会因为"溢出效应"而得到生活改善,所谓"先富带动后富"可以作这样的理解。所以,"轻徭薄赋"作为经济智慧,不只指向刺激个人生产财富积极性,更指向协调国家和国民关系,争取双赢的目标。

4."官山海":"利益三角"的处置

"民不益赋而天下用饶,利不用竭而民不知。"作为更早提出和实践"民不加赋而国用饶"思想的管仲,把这一政策思路的效用,表达得更清晰。撇开已经讨论过的上半句,这后半句更有深意。

一方面,民力不能用竭,民利不能尽占,否则百姓不干。这个"不干"如果只是生产积极性受到影响,还好办,如果民不聊生,恐怕就得天下大乱,"民不畏死,奈何以死惧之",横征暴敛导致民变,国家因此改朝换代的案例,不绝于史。

另一方面,在国家认为需要时,肯定要利用民利,增强国力,完成国家使命,不可能完全避免,这时候不但需要注意尺度,还需要注意国民的主观感受。国外有一个衡量国民生活质量的"痛苦指数",失业、失学、自杀、税负等都是指标体系的构成部分。税负给人的直接感觉就是剥夺,而剥夺总是痛苦的,如果能让人不觉得被剥夺,不就可以减少一点痛苦?只要不觉得痛苦,那即便税负高一点,不就能够承受,不会群起而反对了吗?"民不加赋而国用饶"之所以被后世觉得不只是幻想,还不无阴谋之嫌,就在过于露骨地炫耀"民不知":"不加赋"并非真的减少了对百姓的索取或剥夺,只是让百姓减少了对加赋的痛感,从而麻木地接受被剥夺。

中华民族是对于人的心理有着深刻洞察的民族,成语"朝三暮四"就是一个适例。在每天供应 7 颗橡实的刚性条件下,仅仅通过将早上 3 颗、晚上 4 颗的供应模式,变为早上 4 颗、晚上 3 颗,就成功地让猴子转怒为喜。没有增加任何实际支出,却收获了截然不同的心理感受和情绪反应,"获得感"大不一样。现在,既要征税,又要减轻税负带来的"痛苦感",最好的办法是"官山海"。

"官山海"就是对山里出产的铁和海里出产的盐实施官府专营制度。据记载这个办法又是管仲发明的,后经汉朝桑弘羊在《盐铁论》中做了系统论证,得以彪炳史册,历代袭用两千余年。中国取消食盐专卖不过是最近几年的事情,至今余波不断。

盐铁专卖的道理一目了然。铁是农业生产必不可少的生产资料的构成,盐是生活资料必不可少的构成,在这两项物品上实施专营,犹如打仗占据了要津,敌方守无可守,攻无可攻,只能束手就擒。

官府专营之后,只需在生产到消费的中间流通环节,加价销售,就可以神不知鬼不觉地把赋税征缴到手,还节省了征税成本,而只要市场价格维持稳定,给人盐或铁就是这个价格的印象,便不会感觉到被征税甚或被征重税的事实。"民不知"选在刚性需求的点上,利用市场交易的伪装,本已聪明绝顶,何况出现在人类那么早的年代,令人不得不叹服。

其实,如果知晓管仲曾经利用高价收购敌国的粮食或武器,导致当地市场价格暴涨,争相出口,最后弄得国内既无粮食,又无武器,然后挥师入侵,敌国毫无还手之力,就可知这位后人口中的"千古第一相",绝非浪得虚名。

说到这里,给人的感觉肯定有些怪怪的:"这到底是权术还是智慧?"

中国古人区分权术与智慧的一条重要衡量标准在于是否符合"道"。

"君子谋道不谋食。"只有在人类面临的基本问题上,体现出对"道"的把握,而不是只求得逞于一时,如此策略谋划方称得上"智慧"。如果"官山海"构想的实际效果仅仅在于国家取得暴利,百姓浑然不觉,那绝对称不上智慧,只能算权术甚至阴谋。然而中国古人"官山海"的设计中,另有深层次考虑。

只要有市场存在,供求决定价格,交易产生利润,垄断带来暴利,这是天道,没有国家,其他交易主体也会想方设法取得垄断地位,通过看似"自愿而和平的交换"榨取暴利。由于作为市场主体的商人不承担公共责任,所以其榨取暴利的贪婪将会无所约束,而其榨取所得的暴利,不会用于增进公共福祉,最后造成民不聊生的后果,却需要国家来承担。近年来各种金融创新乱象丛生,暗藏着巨大的系统性危机的导火线,就是这个道理。一旦危机降临,出来收拾残局的还是国家。与其如此,不如国家直接介入,暴利归国家,不但可以增强国力,还可以保持利润稳定,万一失衡,马上可以调整,如此做法岂不更加适宜?在这个意义上理解"民不加赋而国用饶",就讲得通了。国家也需要在权衡利弊之后,寻找与己方便的策略。

原来在国家、商人和农户的"利益三角"中,盐铁商人的利润是农户逃不过的,现在通过专卖,取消了商人这一环,利润转移给国家,于是,国家增加了税收,可以用于自身开支和公共服务,百姓没有额外支出，所以毫无感觉，"民不加赋而国用饶"的理想由此成为现实。

古代理财专家没有为"官山海"作这样的系统辩护，但这个逻辑在王安石变法时推行的"青苗法"中，则有清楚的呈现。

5. "青苗法"：无序市场中国家的保护

"青苗法"，亦称"常平新法"，是王安石变法的主要措施之一。原来国家有常平仓制度，类似今天国家收储粮食，用作宏观调控。"遇贵量减市价粜，遇贱量增市价籴"，即市场价格太高时，官仓降价出售，市场价格太低时，官仓提价收购。王安石赞同"平准"，但觉得如此做法过于简单，而且被动，作用仅限于稳定粮价，不得要领。

于是，他进行金融创新，推出"青苗法"。他把仓库储粮用作借贷资本，每年春夏之交、青黄不接时，以 20% 的利率贷给农民或城市手工业者，让他们不用再去向民间放贷者高利借贷，同时也增加政府的财政收入，不就"民不加赋而国用饶"了吗？

遗憾的是，在实施过程中，由于体制内在缺陷，出现了一系列问题。比如，朝廷有关于放贷额的考核，却没有关于放贷对象的考核，结果官吏作弊，把低利率的国家资金，放给民间高利贷者，急需的农民贷不到官府发放的资金，只能接受高利贷，最后百姓负担加重，贪墨的官员和贪婪的奸商发了财，而国家税收却没有多少增加，播下的是利国利民的"龙种"，收获的却是与民争利的"跳蚤"，怨声载道之下，变法寿终正寝。

"青苗法"被废除了，但其内含的逻辑在中国历史上却源远流长。相比西方人对国家或政府的本能警惕，中国人保留了对市场的本能恐惧。亚当·斯密相信"看不见的手",主张个人牟取私利的行为经由市场中介,可以自动带来公共福祉增长的效果,这样的观点在中国古人那里是得不到响应的。

从管仲往后,朝廷理财专家只相信"看得见的手",总希望用政府完全取代市场,所谓"与民争利"也往往就在这个关节点上。在古代中国官员的眼里,国家是由朝廷和农民组成的,商人乃至商业纯属多余环节,取而代之不但在财政上是合理的,在道义上也是合适的,所以才会公然把"民不知"说出来。

中国和西方对国家与市场完全不同的心态,是否因两者在各自文化环境中起源、生长和成熟的经历不同所致,颇可讨论。但至少历史上,中国人对政府的无限信任甚或极端迷信,虽有"萌宠"之感,最后都因为政府缺乏自我约束,更恰当地说,因为政府不可能自我约束,而宣告幻灭。到今天,政府与市场的关系仍在探索和建设中,有政府,没活力,有市场,没秩序,"一抓就死,一放就乱",仍然没有走出政府与市场形同水火的两难。

唯一奇怪的是,恰恰在这样的处境中,中国经济高速发展了那么多年,而且在今天中国采用的策略中依稀可见当年的构想,这古今效果不同的根源又在哪里?

6."以工代赈":济民就是经国

真正让"民不加赋而国用饶"取得实效,并有可能成为中国经济智慧中最经得起检验包括道德检验和财务检验的,不是坚定追求这一政策目标的理财专家,而是一个始终以"铁肩担道义"形象示人的范仲淹。

倡导"先天下之忧而忧,后天下之乐而乐"的范大人,遇到灾荒,不是简单地将朝廷下拨的钱粮发给灾民了事,而是官府带头,鼓动有钱人包括富户和寺庙,一起大兴土木,搞基础设施建设,还举办节庆赛事,理由是灾荒年间人工便宜。结果,与周边州县钱粮不敷所用、灾情持续加剧的情况相反,范大人管辖的地方早早走出灾荒,经济向好的迹象明显。

范大人的做法简单,但道理不简单。在经济意义上,人既是消费主体,又是生产主体,但人只要活着,必定消费,却未必生产。灾荒时期,维持人的存活是国家责任,地方政府绝不可懈怠。但仅仅给以钱粮,一则总量肯定不足,难以维持;二则只有消费,没有生产,缺乏造血,无法持久。促使单纯消费主体向消费主体和生产主体"一身二任"转变,让消费基金向生产基金转变,让灾民通过生产活动来自我维持,才是范大人举措的精妙之处。

更加精彩的地方是政府带头搞建设,促消费,打消了大户们灾荒年间怕露富的顾虑,乘着人工便宜,大家一起搞建设,投入大了,就业机会多了,民众收入总量增加了,进而衍生出更多的生产和消费需求,灾民维持生计、地方经济复苏、官府财政收入等难题都迎刃而解。

让"赈灾款"这笔死资金通过基础设施建设活起来,在消耗过程中产生出财富,再返回到赈灾中去,由此形成正反馈的闭环,这就是被后世称颂和继承的"以工代赈"。在这个过程中,百姓没有增加赋税,只是本来靠着政府坐吃山空,现在要通过劳动来养活自己和家庭,而只要养活灾民的目标达到了,还有必要追究用的是国家的钱还是民众的力吗?如此利国利民的设计,虽然是"民不加赋而国用饶"

的经典形态的变异,但无论就道义目标还是财政目标的实现、国家需要还是民众需要的满足而言,都要比"利不用竭而民不知"更显心态坦荡、立意高远、成效卓著!

不是让国家责任与国民努力对立起来,甚至彼此冲突,而是使之相互协同、相得益彰,这才是中国传统"经国济民"智慧的核心要义!

三、经济智慧:在国家治理的框架内

从经济的角度来理解中国处理国-民关系的传统智慧是必要的,但绝大多数情况下又是不够的,因为中国从古至今,从来没有把经济问题局限在经济领域中,中国文化从来是不细分的。就如中国的筷子,可以夹,可以搛,可以戳,可以托,除了不能喝汤,其他饭桌上需要的功能都备齐了,不像西方就餐时,必须刀、叉、勺俱备,不喝汤也有需要勺的场合。

在中国,经济领域从来只是国家管理领域的一部分,运筹经济从来只是国家运作的一部分,"社会主义市场经济"是真正具有中国文化特色的概念,思想与物质,政治与经济,国家与国民,都可以在这个概念中找到自己的地位和作用。所以,"民不加赋而国用饶"这一策略性思路,必须置于中国文化的整体思考中加以认识。

"经国济民"既是经济发展的目标,也是国家治理的目标。

1. 小农经济的"画地为牢"

在世界上,中国最早形成以自耕农为主体的社会形态,究其起源,确有经济上的考虑。自耕农因为自身努力同收成存在正相关,最有生产积极性,所以最有利于国家的强大。但更重要的是,"耕者有其田"有一个更大的好处,就是留住人口。中华民族素称"安土重迁",这个组词顺序很有讲究。人必先有足以安身之土,才会把迁徙看得很重,轻易不肯挪窝。

春秋战国时期,各国彼此觊觎对方的土地和人口,纷纷变法,目的无非想增强国力,在国与国的抗争中不致落败、甚至被吞并。在当时的生产力水平下,国力根本上体现为人口和财富,而财富也是人生产的,所以,国力就是人力。人力有两种表现:一是战士,二是农民。没有战士,只好任人宰割,而没有农民,就没有粮食,人便活不下去,战士再多,徒增尸首耳。

各国都重视"耕战",因为不懂耕战,只会讲王道、谈仁义的,最后都难逃灭亡。耕和战都重要,但重点的重点还在农耕上。在人口自由流动的情况下,削弱敌方、壮大自己的最好办法是留住本国人口,吸引别国人口。

对于农业国家来说,能够留住农民的只有两个办法:一是给农民土地,"画地为牢",从此锁在这块地上,人口就不会流失;二是让农民在土地上有利可图,否则受不了其他国家的利益诱惑,弃地而去,再多土地,给了等于没给。

中国传统经济智慧根本上是管理国家的智慧,而不是单纯的经济智慧,更不是解决市场主体个人幸福的智慧。两千多年里,中国形成的土地制度、财产制度和管理制度,根本上是同构的。在小农与土地的关系上,中国文化给出的方案极其细致深奥,从家产继承制度即可见一斑。

西方经济史家发现,同属所谓"儒家文化圈"的中国和日本,在同样与突如其来的西方文化邂逅后,同样走上现代化道路,但过程和结果却很不一样。细细比较之后,可以找到一个原因,就是中日两国的家产继承制度不同。中国给予男性后代以同等继承权,正常情况下所有儿子平分父母留下的家产,而日本的习惯是长子单独继承,同时承担维护家族财产"保值增值"、赡养年老父母等责任,弟弟们只能离家另谋出路。

西方经济学家目光犀利,看到了日本的继承制度更有利于资本积累,却没有看到中国的继承制度,更有利于把一代代的人始终拴在土地上。自古以来,国家不怕土地碎片化,只怕土地被兼并,导致农民流离失所,引发社会动荡。经济学家对经济更敏感些,而对国家治理则稍稍迟钝些,可以理解。

从这个角度看过去,改革开放以来,国家对人口的管理出现很大松动,但户籍仍在。特别有意思的是,过去只有农村户口转城市户口的限制,现在城市户口转农村户口也被限制,而且相比之下,农村户口转城市户口的难度在减小,而城市户口转农村户口的难度在增加,原因就在土地权属:城市人口有保障,没土地;农村人口有土地,而且保障也在慢慢补上来。

多年来,经济学家频频发声,批评中国现行土地制度有问题,不符合市场经济条件下土地利用的效率要求。但中国土地制度的变化极其缓慢,因为这里涉及的绝非是单纯的经济问题,更重要的是国家治理问题。每年牵动亿万人的春运大潮,其背后实质就是土地仍然是"拴住数亿农民的锚地"。

在经济景气时,城市欢迎农民来,一旦经济不振甚至恶化,城市无法接纳那么多农民时,希望农村仍然有他们回得去的空间,说到底就是那块地。其实农民工"一身二任",职业是工人,身份是农民,无论对于城乡管理、经济发展,还是个人权利维护,都有不利影响,而且中国城市化水平低于工业化水平的结构性原因也在这里:庞大的"农民工"群体的存在本来就意味着工业化快,而城市化慢。

然而,从国家治理的角度来说,这只是必要的成本,维持大局稳定,保留经济起落时必要的弹性,才是没有效率的农村小块土地得以在市场经济已经走那么远时还得以存续的真正原因。

2. 小农与国家的互赖互博

前面提到一个问题,中国传统经济智慧如此了得,为什么仍然不足以让中国避免治乱交替,甚至沦落到"落后挨打"? 回答是文化具有双刃剑效应,中国传统经济发展陷入自锁状态。这样的回答貌似有理,其实无理,因为没有给出自锁的机理。

小农经济本质上是一种极其昂贵的经济制度。没有土地私有,就没有小农经济的效率,而土地私有,意味着可以买卖,按照人类社会的"马太效应",多者肯定越来越多,少者还会继续被剥夺。何况,为维护小农经济而形成的家产平等继承制度,一定会让土地越分越细,其后果必定是小农的财务承受力越来越弱,经营风险越来越大,最后兼并不可避免发生了。

兼并的本质是消灭小农。

面对小农的消失,建立在小农基础上的王朝陷入了不安。不仅因为小农比较"诚实",弄虚作假的空间不大,赋税有保证,而大地主往往有能耐偷漏税收、逃避劳役，减少国家财政收益，惹朝廷生气；更因为在国家治理中，个人越是原子化，越是无法对抗高度组织化的国家，治理起来容易而且方便，而有能力兼并的大地主本身是组织化力量，一旦羽翼丰满，就有能力与国家分庭抗礼，从而削弱国家权力。消灭豪门大族在中国两千多年历史里从未停止过。

于是，不让小农被兼并，确保小农作为国家的主要构成单元，成为国家与小农的共谋。对此，马克思在其名作《路易·波拿巴的雾月十八日》中有生动而又深刻的描写与分析。在中国历史上，凡延续数百年的朝代在其盛衰兴亡的生命周期中，总会包含一个变法的环节，经常也能带来中兴的新气象，而其核心元素就是"反兼并"，虽然形式不一，但目的无非是把已因兼并而板结的社会结构，重新打碎，逆转土地私有不可避免的集中趋势。

国-民共谋维系小农存在的努力，一旦成为套路，必定造成两者相互依赖，"你中有我，我中有你"。这种互赖关系一旦形成，并同"民不加赋而国用饶"中内含且无法清除的国家与小农的利益冲突相结合，不可避免地转化为小农与国家的某种紧张，维持国-民关系的适度张力，因此成为传统国家治理的痛点、重点和难点。

小农需要国家，但又拒斥国家。小农需要国家是因为只有国家能保护他们不受兼并。当他们用土地作抵押，获取借款，最后失去土地之后，国家推行变法，实施"反兼并"的措施，对他们来说，形同提供无偿赎回的机会。小农拒斥国家是因为国家始终不忘向他们征税，而且有增无已，虽有"官山海"的"无痛手术"，但无法掩盖真实的切肤之痛。

国家需要小农，也害怕小农。需要小农是因为小农好对付，赋税有保证;害怕小农是因为小农一旦抱团,无序力量组织化之后,就会形成小农与国家之间的直接对抗。从陈胜、吴广、张角、黄巢、李自成到洪秀全,农民起义成为无数皇朝的梦魇,而且还频频噩梦成真。

明代崇祯朝后期国库空虚,有大臣奏议发展采矿业,解决就业,增加国税,最后未被采纳,理由是"采矿必然导致人口集中,一旦组织起来就有为乱的可能"。确实,在李自成已经坐大的形势下,不能再放任小农集群,威胁国家。

所以,小农与国家之间始终存在一种既共谋又博弈的关系,只要小农存在,这种关系及其内在张力就不可能消除。如果说这方面中国文化同样表现出足够智慧的话,那就是在维持张力、不让其超出可控的幅度。

取其利而除其弊,才有改革开放后不失时机地恢复"自耕农"形式的"家庭联产承包责任制",才有今天中国农村渐进的、顺其自然的现代化、工业化过程。从苏南模式到小城镇到特色小镇,与其说在改变农民,毋宁说在改变以小农及其家庭作为中国基础单位的历史传承。

走出小农的历史宿命是中国文化走出自锁状态的关键一环,任重道远。

3. 小农历史价值的当代兑现

作为文化基因的小农,在中国现代化过程中将被扬弃,但不是被消灭,而是在其历史价值得到兑现的同时,实现升华。在这一点上,中国不会暴殄天物、买椟还珠!

中国和俄罗斯同属转型国家,所以对两国的改革得失进行比较,一度也是学界热点，且众说纷纭，莫衷一是。俄罗斯专家提出的一种观点，让人既感意外，亦受启发。

俄罗斯专家认为，与中国相比，俄罗斯缺乏不少有利条件，比如改革开放之后，海外华人纷纷回祖国投资，但俄罗斯极少有这样的资金来源。更重要的是，中国有大量农民走出田头，闯荡市场，创业成功，给起步阶段的中国经济增添无限活力，遗憾的是俄罗斯几乎没有农民企业家，所以至今除了高科技的军工产品，就剩下能源、资源产品，同国民消费关系密切的制造业几近空白，让俄罗斯经济成为典型的"泥足巨人"。

俄罗斯专家看到了今天的现象，却没有去从历史中深挖，中国农民企业家从何而来？没有昔日的农民，会有今日的农民企业家吗？俄罗斯与中国相比，缺的绝对不是农民企业家，而是自耕农。

历史上在俄罗斯广袤大地上辛勤耕作的是农奴。他们属于贵族庄园的附属物，听命于管家安排的他们，没有权利决定种植什么、什么时候种植，所以也不需要自己费心思，承担后果，只要听话，肯出力就是，收成好不好，同他们无关。苏联推行"集体农庄"恰如其名称所显示的，只是为了加快原始资本积累而借用传统的土地形式和农民特性，也算符合国情和民情的体制。

长期以来，中国农民一直被认为过于求稳，怕担风险，其实，这类评价不说完全曲解，至少明显偏颇。中国农民有自己的土地，尽管未必具有现代意义上的所有权，但至少掌握了种植什么、什么时候种植、如何种植的决定权，在上缴皇粮、完成劳役之后，可以获得剩余产品。

有了自主性，自然需要承担相应的风险和责任。由于农业至今仍是一个"看天吃饭"的产业，巨大的风险始终像达摩克利斯之剑般悬在每个农民的头顶。自耕农是一个冒险的行当，也是一个需要拼搏甚至赌性很大的行当。每年春播时，谁都不知道一年气候会怎样，秋天又能收多少，没有一点承担损失的意志和决心，怎么会心甘情愿把嘴里省下的粮食撒向损益不定的田野？

在全球赌场上，中国人被认为是赌性最大的人种群体，如果确有事实证明的话，这也是一把双刃剑。赌博不是好的生活方式，但赌性却是投身市场必备的素质。"投资有风险，入市需谨慎"，没有赌性，何来勇气？这个勇气就来自几千年自耕农的历练。计划经济时期，盲目学习苏联的集体农庄模式，在中国推行"人民公社"，完全违背了中国国情和民情，如此不给农民承担责任的机会，无法满足其赌性的体制，在改革开放启动之时便遭彻底否弃，是唯一合理的结果。

为了加快资本原始积累而在改变农民和小块土地制度的问题上，操之过急，最后的效果只能是农民失去生产积极性，中国经济失去效率，"一大二公"的社会实验历史性失败的教训不可谓不大。

中国人即便离开田地，进了城市，仍然保存着农民的基因，同样继承了自耕农敢于冒险的心理特征。只要看看历朝历代各路商帮叱咤风云盛极一时，看看今日中国厂商、店商、网商、微商一片红火，让俄罗斯、其他转型国家甚至老牌市场经济国家，嫉妒得眼里出火，哪里有什么"重农主义"的痕迹？有的只是重商主义冒险如履平地的基因！

今日中国改革开放成就经济腾飞，实在拜"井田制"以来"经国济民"大智慧所赐良多，此说绝非虚言。

重新认识中国,必须从重新认识农民和支撑农民的土地制度开始,必须从重新认识中国处理国-民关系的传统智慧之深邃内涵、深远意义开始。

不知历史,不懂传统,不认文化,人云亦云,数典而忘祖,要看懂中国经济发展的奥秘,难!

第四章
"铁三角":中国效率的政治逻辑

中国发展效率之谜的背景是经济转型，中国发展之所以成谜是因为同样经济转型，中国表现出明显不一样的特征，具体来说，就是中国保持了改革的动力、发展的活力和维稳的定力。"三力"源自哪里？"改革、发展、稳定"这个"铁三角"如何综合发力？三者间相互有什么关联？其中的机理又是什么？值得专门探讨。

一、经济改革的政治抉择

在国际上，论及中国转型难免会与俄罗斯进行比较，其原因不仅在于中俄都是大国，具有可比性，毕竟无论在经济乃至国家治理上，中俄与玻利维亚或波兰完全不可同日而语，还在于中国的计划经济体制受苏联影响巨大，形态相近，自然更有比较价值，最重要的还在于两国采取了完全不同的改革策略，取得明显不同的效果。在实际研究中，俄罗斯采取的"休克疗法"往往被选作比较的基点。

"休克疗法"本来是一个医学术语,在 20 世纪 80 年代中期被美国经济学家杰弗里·萨克斯引入经济领域,用来"治疗"经济问题,并先后被用于玻利维亚等南美国家以及波兰、俄罗斯等欧洲国家,但疗效相差很大。"休克疗法"在玻利维亚取得巨大疗效,确立了其国际影响力,在波兰也有明显成效,因此为更多国家所接受,但在俄罗斯却遭遇滑铁卢,时任总统叶利钦正式宣布"休克疗法"失败。

20 世纪 80 年代初期,苏联经济增长持续乏力,从 1980 年到 1985 年经济增长率始终徘徊在 2%上下,时任领导人戈尔巴乔夫实施了一系列渐进式改革,希望在计划的框架内发挥市场的作用,实行"有计划的市场经济",但成效不彰。从 1988 年开始,苏联的经济形势更趋恶化。

1991 年 8 月,苏联发生政变,失败后,叶利钦上台。当年秋天,在经济学家盖达尔的主持下,采纳"休克疗法",实施经济体制改革,放开一切价格,把国有资产全面私有化,削减政府支出,实行紧缩的货币财政政策。随后,俄罗斯经历了长时间严重经济衰退,四年间经济负增长达 40%,消费品价格上涨了 1 411 倍,俄罗斯工人实际收入平均下降 50%以上。

1994 年 2 月,叶利钦宣布放弃"休克疗法",并在 1996 年承认,"过去在改革中试图抄袭西方经济的做法是错误的"。

即便以俄罗斯为例,"休克疗法"是否一无是处,至今还有争论。这很正常,因为历史不能重来,没法在原来基础上,重新设计一套转型方案,让俄罗斯再试一次。何况,今天俄罗斯的现状无论好坏,到底有多少可归因于"休克疗法",也难下定论。或许未来人工智能发展了,允许借助当年的数据,模拟不同转型方案的可能效果,能让人看得更明白些。

不过,有一点可以肯定,如果采用比较方法,人工智能在建模时,一定不会遗漏中国经济转型的数据。尽管国内外对中国渐进式改革的评价也见仁见智,但就成效而言,中国同俄罗斯相比,用"大相径庭"来形容,是没有任何争议的。

中国有句古话:"他山之石,可以攻玉。"中国人研究自己,俄罗斯改革是一个很好的参照物,"休克疗法"不只是一种经济学技术方案,也是一条经济体制改革的战略思路。叶利钦关于"休克疗法"错在"抄袭西方经济的做法"的结论,可以说从反面证明了中国经济改革取得成就的关键:

一个大国在经济转型中,必须保持高度清醒,尊重国情,尊重传统,稳妥处理国家与国民的关系,保全来之不易的国有资产,保持全局掌控力,通过有序释放制度空间,激发个人经济活力和创造能量,才能实现经济持续高速发展,防止大起大落。

二、独辟蹊径的改革之道

在中国政府的官方文件中,"改革、发展、稳定"是一套完整的话语体系,这不是空洞的官话,而是贯穿中国经济转型的方略。

站在经济学的立场上,"改革、发展、稳定"这三者的关系十分简单:发展是目的,改革是手段,稳定是保障。这是官方文件和社会公众相当一致的看法。

中国的改革是为了发展,因为旧体制制约了经济发展,必须通过改革,来为经济发展释放空间。但改革改变了原来的利益格局,发展又很难做到让所有人同等得利,新旧利益格局不重合,带来社会的不稳定,所以,维护稳定,不使利益冲突影响经济秩序、阻碍继续改革的进程,就成为"压倒一切"的硬任务。如此解释,一般情况下,能为大多数人接受,但真要说清楚其中的机理,还需要更加细致和周密的论述,让逻辑的链条环环相扣。

1. 经济改革:独进还是并进?

对于中国改革开放有一个非常传神而且到位的形容词——倒逼。最常用的场合是和机制联系在一起的,即"倒逼机制"。比如在中国申请加入WTO时,就有"用开放倒逼改革"一说。其实,从改革开放启动到现在,"倒逼"的力量始终存在,无论以"危机意识"还是现实需要的形态存在,其最终作用是保证了中国改革源源不断的动力。

改革开放启动时,中国经济发展水平相当低,以当时的人民币兑美元的汇率计算,人均GDP只有281美元,而且中国经济的所有制构成是国有占绝大部分,集体占相当部分,个人占据的比例可以忽略不计。

改革自开始就同开放联系在一起,原因十分简单,在工业化时代,经济发展需要资本。如果中国继续使用计划经济那套做法,借助工农业产品的"剪刀差",即工业产品价格高于价值,而农副产品价格低于价值的方式,来为工业化提供原始资本,则不但工业化速度永远上不去,农村提供资本的潜力也将趋于枯竭。寻找新的资本来源,改革经济体制,成为解决中国经济发展后劲不足问题的唯一可行路径。在这个意义上可以说,改革就是开放,不只是狭义的对外开放,更是广义的对所有经济主体开放,把有赢利可能的市场空间开放给非国有、非集体的市场主体,从不同方向吸引资本进入"饥渴"的中国经济。

在计划经济向市场经济转变的方向上,转型国家相互之间并没有太大的不同,转变的目标都是借引入市场来提升效率、发展经济,区别主要在于转型的幅度多大,采取什么方式,是激进如"休克疗法",还是渐进如"摸着石头过河"。其他衍生后果,就不在讨论之列了。

中国选择了社会主义市场经济的目标和渐进式变革的路径,在原有体制内,寻找易操作、震动小、成本低、收益高的地方,开始改革。在当时,首先必须考虑整体经济的有序运行。1976年后,国家在整个社会"久病未愈"的情况下,急于求成,启动用外汇直接引入国外先进技术大项目的计划,险些造成经济崩溃。改革开放只有先"扶正",再"祛邪",才能确保中国经济顺利度过困难时期。

此外,改革开放还必须考虑社会承受能力。在"企业办社会"相沿成习、"铁饭碗"牢不可破、政府财务负担沉重的情况下,开放力度过大,各方承受不了。从1996年开始的国有企业成批"关停并转"、职工大量下岗的情形,如果发生在改革初期,改革能不能继续下去都会成问题。

同时也需要考虑随着开放可能进入中国经济体的外国资本。资本越大,越强调安全,大门刚刚打开,外部世界一时半会儿还闹不明白中国"葫芦里卖什么药",不可能贸然闯入。

更重要的是,必须考虑中国经济本身的承受力。一旦外资汹涌而入,会不会导致缺乏竞争力的国有企业全面破产,中国市场被外资全部占领,新中国成立以来好不容易建立的民族工业体系被冲垮,这是不能不加以重视的一个问题。

事实上,中国有担忧,外国企业家也有担忧。德国是在中国投资最多的欧洲国家,曾有德国企业家被问道:"当年何以胆子那么大,敢去中国投资?真的是看明白中国有机会吗?"

回答十分有趣:"我看不清中国的情况,无法作出判断,但发现海外华人纷纷投资中国大陆。华人与大陆人民同宗同文,对中国国内机会肯定更有把握,他们敢去,德国人为什么不敢?"

德国人的推理同"中国做对了什么"是一个逻辑,典型的"黑箱理论":里面到底有什么,我不清楚,但只要结果不错,就错不了。

即便精明如德国企业家,大资本进入中国也是多年以后的事情。改革开放初期,第一批带着有限资本"下海"的主要是进不了国有单位、只好游荡在社会上的"边缘人"。随后是香港小商人,其投资经营模式就是现在几乎已经消失的"三来一补"。

所谓"三来一补"是指来料加工、来样加工、来件装配和补偿贸易,是改革开放初期尝试性地创立的一种企业贸易形式,最早出现于1978年。是年7月,广东东莞县第二轻工业局设在虎门境内的太平服装厂与港商合作创办了全国第一家来料加工企业——太平手袋厂。

"三来一补"金额小、资产轻,仅仅利用了内地的土地、劳动力等,原料、设计和销售都在香港投资人手里,"船小好调头",实质上是外部资本试水中国内地改革开放的"侦察兵"。这一模式存活了下来,大资本才敢跟随而来。

在各方谨慎的气氛下,中国改革开放初期的动作比较小,社会震动也比较小,发展的步子也比较小,但积累之下,"蛋糕做大"了,全社会普遍得利的效果明显,居民收入增加,市场供应改善,信心也起来了。所以,赞同改革者众,反对者寡。1984年国庆35周年游行时,大学生自发打出"小平您好"的标语,就是最好的体现。

当时社会上也有不满情绪,但明显带有"相对剥夺感"的性质,流传的是"造导弹的不如卖茶叶蛋的,拿手术刀的不如拿剃头刀的"之类说辞,问题主要是不同阶层或群体生活改善的幅度不同步而已。在这一阶段,维护社会稳定的压力不大,"铁三角"尚不明显。

随着改革的不断深入,"做加法"的增量改革和"做减法"的存量改革,双管齐下,开始越来越多地触及原有体制内的利益群体。比如,随着20世纪90年代中期国有企业改革,"关停并转"渐次推进,职工"买断工龄",名为下岗,实为失业。物价闯关,引发通货膨胀,习惯于过去"经济好了,物价会下降,人民币购买力自然上升"的国有企业职工,突然遭遇多年积累的存款急剧贬值且普通人对此没有任何有效手段可以避免的噩梦。一波波浪潮席卷而来,原有的利益格局被打破,利益受损的群体开始不安,稳定问题浮上水面,"维稳"成为一项重要工作,而大局能否稳住直接决定了改革能否继续、经济能否发展。

"铁三角"悄然成形。

2. 破旧立新:渐进还是激进?

在理论界,至今对改革到底采取渐进还是激进的方式更可取尚有争议,如果脱离具体国情,问题会显得过于空泛。讨论不妨从这里开始,对于相关国家来说,经济转型到底是一场革命还是改革?

无论是中国还是俄罗斯,从计划经济向市场经济转型的过程,本质上都不是革命过程,而是改革过程。虽然有"改革就是革命"的说法，但更多的只是一种比喻。革命与改革的根本区别是，前者要求把现有的制度首先是政治制度完全推倒，从零开始，至少短时间内的严重失序不可避免；而后者则是在制度整体中选择可行而且有效的突破点，除非它严重阻碍经济发展、市场运行，则尽可以留一留，先看看其同经济运行的新要素能否匹配，再作决定不迟。从中国改革实践来看，健全和完善社会主义制度的目的和性质十分明确，没有任何全盘推倒重来的打算。

革命的最大风险在于，即便设计得再周密，在完全否弃旧体制时，并不能确定新体制到底可不可行，合不合适，有没有成效，需要多少调整才能进入良性运转状态。西方保守主义理论派别反对革命的一条重要理由是："旧体制有多少毛病，已经清楚，但新制度可能有什么问题，无法确定，既然如此，推倒重来风险太大，所以不可取。"

这样的观点当然不能简单套用在人类任何时期的革命上，毕竟有许多时候，是否走向革命不是个人主观意愿可以决定的。但在从计划经济向市场经济转型的特殊时刻，到底采用革命还是改革的方式，历史提供了选择机会，而一旦选定改革道路，再采取180度大转弯的"休克疗法"，目标、路径与手段之间彼此失调就在所难免。

改革如同机器装配，也有"工艺流程"，循序渐进是基本要求。从能做的地方开始，步步推进，缓解旧体制的"痉挛"，释放市场空间，可以更好地为经济发展疏通道路。中国改革开放成效显著，原因常被归结为"从容易改的地方改起"，听上去有"柿子拣软的捏"、回避问题之嫌。相比之下，俄罗斯愿意"从难改的地方开始改"，显得无所畏惧，战斗个性展露无遗。面对如此重大的历史行动，决策者需要谨慎，经济发展、国力增强、生活改善，才是改革最看得见、摸得着的现实目标。

改革必定打乱秩序,但改革又不能完全没有秩序。旧制度被不断突破,新的体制、机制、规则、秩序来不及建立,各种意想不到的自发力量或者被激活或者被释放,出现各行其是、彼此串通、相互冲突的现象,都是正常的,转型发生方向性偏移随时都有可能。此时,有没有一个能掌控全局、实现宏观调控的机构或力量,始终不渝地推动改革,对于转型的顺利推进和最终成功,至关重要。

"休克疗法"为了加快推进转型,避免既得利益集团阻碍改革或者将改革引向歧路,以破釜沉舟之决心,希望毕其功于一役,如此筹划并非一无是处,但最后结果能否如愿,实际成效到底如何,其不确定性过大。历史没有假设,也不给后悔药吃,一失足成千古恨,古老国家的转型不能求一时之快。"摸着石头过河"而非架好了桥过河,就是为了每一步都可以及时调整,而不是等桥造好了,再发现设计有问题,到不了彼岸,那就错得太远了。中国独特的"特区"战略的价值就在这里。

俄罗斯实施"休克疗法"之后,国家失控,经济失序,社会失衡,最后改革失速,走不下去了。以后虽经重新整合,各方面情况稳定了下来,但最宝贵的时间过去了,经济发展的势头始终未能真正形成。将近30年下来,其综合国力同中国的距离在不断拉开,当年"老大哥"的地位,不复存在。

相反,从1840年之后,始终处在动荡之中的中国,在启动改革开放时,深刻吸取了历史和现实的教训,不搞大起大落,而是脚踏实地、认认真真地从可以做的事情做起,量力而行,在原有空间被开发完之前,不任性地闯入没有把握的领域。最重要的是,始终不放弃对全局的控制,牢牢地把改革开放、经济转型的方向、速度和节奏掌握在自己手里。这个人类历史上空前壮观的大规模社会实验,在微试微调中,稳步前行,积小胜为大胜,最终实现经济腾飞。回看邓小平"南方讲话"及其对中国改革的推动,没有一个强大而清醒的头脑,是不可能的。

自改革开放启动至今,中国经济没有出现大的波动,这种与众不同的稳定性对中国发展的最大贡献,是少走弯路,而远行者都知道,少走弯路是最大的效率!

3. 放权让利:资产还是机会?

改革的实质是调整国家与国民的关系,其方式就是国家权力收缩与国民权利扩展,无论"简政放权"还是"放权让利",核心都在于此。问题是,国家在"放权让利"的时候,放什么权,让什么利,大有讲究。"放权让利"能否促成国家与国民双赢的结果,是需要设计的。

俄罗斯采用的"休克疗法"由三大改革举措构成,即价格放开、财政货币双紧缩和大规模私有化。"价格放开"在中国被称为"价格闯关",20世纪90年代时也曾采用过。在计划经济体制下,政府实施价格管制,导致供求信号失灵,而引入市场机制,第一步就是价格放开,只有这样,市场才能发挥调节作用,经济活动效率才能得到提高。所以,为价格松绑势在必行,无论哪个转型国家都回避不了。

在财政货币政策上,俄罗斯开始采取的是财政和货币同时紧缩的措施,但最后失败,只好放水,进而触发恶性通货膨胀;而中国采取的方法是时放时收,而且放的时候多,量也大,收的时候少,量也少,广义货币M2余额从2002年的18.9万亿元,一路涨到2018年1月的172.08万亿元。除了房价暴涨之外,出现过通货膨胀,也出现过通货紧缩,但没有出现大规模恶性通货膨胀,这也是西方经济学家眼中的"中国之谜"。

同为转型国家,中国与俄罗斯在经济体制改革上最大的区别在于,俄罗斯推行了大规模私有化,以当时1.5万亿卢布的国有资产,分给1.5亿俄罗斯公民,正好每人1万卢布。中国没有进行大规模的私有化,"国有资产流失"始终是全体国民包括官员和专家共同警惕的。当然,要绝对堵住流失是不可能的,非法的有,"灰色"的更不少,这在某种程度上可以视为"摸着石头过河"中"试错"的成本。

如此进行简单比较,肯定不能让人满意,因为从中得不出任何有价值的信息。深入探讨是必须的,而切入点就在俄罗斯和中国在国有资产私有化问题上的分道扬镳。

在俄罗斯忙于私有化的时候,中国在干什么?

中国在寻找如何让国家释放的制度空间与国民生产积极性增长保持同步!

从中国传统智慧的角度来看,按照"人人有份"的原则推行私有化,是一种过于追求形式上的公平,却忽视了经济效率的举措。

平均分配国有资产的方式说起来有其好处,干净利落,从此没有了垄断的国企,所有市场主体开始平等竞争,而且每个人手上有资产,可以自主进行市场交易。可惜,理想的设计一旦进入实践,最后呈现的却未必如此。

国有资产作为存量资源,总量有限,一次分完了,后续不会再有。对个人来说,靠分得的资产维持不了多长时间的生活,要在市场上获得投资成功,享受股权的孳息更不容易。

无论经济如何转型，工业化的时代特征没有改变，资金集中不容易，分散很容易，而分散的资金要做成大事，难乎其难。1.5万亿卢布的国有资产，一项法令就给分成了1.5亿份，可再要用正常的股权投资方式集中起来，谈何容易！

社会资本越是分散，越是容易用于消费；越是集中，越是倾向于再投资。俄罗斯分给国民每人1万卢布的有价证券，在通货膨胀的逼迫下，很快被兑为现金，花出去了，最后有现金可以收购普通市民手中有价证券的人，发了大财。

即便国民手里的有价证券都能像"休克疗法"设计者所想的，用作初入市场开展交易的筹码，但撇开婴儿与老人，就是青壮年也未必个个有能力参与市场活动，除了用于商场购物之外，有价证券最后向个别有特殊背景的人物手上集中，是必然趋势。

与俄罗斯相反，中国没有走国有资产全面私有化的道路。说句大白话，当时中国的国有资产少于俄罗斯，人口规模大于俄罗斯，要按人头平均分配，每个人所得肯定大大低于俄罗斯公民，只能是"杯水车薪"，不要说用于投资或经营，连消费都买不了多少东西。况且，当时中国市场上也真没多少商品可以供应。

中国改革走的不是转让国有资产，而是开放制度空间的道路，把过去个人不能进入的经济领域逐渐开放出来。用今天社会治理的术语来说，就是赋权，用经济学的术语来说，就是给予机会。

相比平分国有资产，赋权的最大好处是在国有垄断的背景下，可供释放的权利空间几乎是无限的。40年下来，中国已进入"全面深化改革"阶段，"简政放权"作为改革的实质性内容，仍然丰富得很，清单上列出的名目还排得长长的。这里当然有部门利益作祟、拒绝改革到位的因素，但也有制度空间本身随经济发展而发展的缘故。改革开放初期，民间资金单薄，要是开放钢铁、电信、公路等领域，只有外资有能力进入。打破行政垄断的节奏必须同个人作为市场主体的成长性相匹配。

与一次性将国有资产分配完毕、国家只有一次控制权、分完就没了的做法相比，制度空间释放所留给国家的战略冗余就大多了，可以按照经济发展的实际需要，适度地、有节奏地逐步释放。

经济体制改革启动之后，中国通过"让一部分人先富起来"，开放了个人谋利的合法空间，随后推行各种形式的承包制，再往后建立股票市场，启动住房商品化改革，激活楼市，到如今鼓励创新，加快推进企业上市融资。中国改革一路走来，国民得利的主要来源不是无偿赠送的国有资产，而是政策红利。

正因为深刻感受到这一点，中国人尤其是农民经常会把自己努力的结果归于"国家政策好"，由此也给西方经济学家增加了一个谜："明明是自己劳动所得，为什么要感谢政府？"

中国农民很朴实，说的不是摄像机前的官话或客套，而是对改革现实的体认：在国家垄断几乎一切资源的原有格局下，政府任何一点放权，总会产生国民得利的机会，而只有机会的出现，才有农民最后得利。

没有采取全面而且绝对的平分国有资产的改革方式，不等于说中国改革中就没有以资产方式转移部分利益给国民。比如，在国有企业倒闭时，按照工作年限，对职工的工龄进行买断，虽然折算未必合理，但也是当时财政状况下的一种有限补偿；在改革住房制度时，将原来属于国有或集体所有的房屋，低价销售给承租房屋的市民或职工,等等。对这些做法尤其是具体操作尺度,至今仍有争议,站在不同的立场上肯定会有不同的看法。基于当时既要维护个人权益,又要保全国有资产,而政府可以拿出的财政又相当有限的现实,如此处理不说是唯一可行的做法,至少是可以接受的底线。在政治学思考范围内,能把底线拉到极限却不击穿,从而获得最大行动自由度的人,才是谋略高手,即所谓的"政治家"。

上海城市今日的靓丽,靠的是20年持续的城市改造,而在财政极其窘迫的当年,最初的启动资金就来自出售公租房,每套少则1万元左右、多则也就几万元的销售所得,集腋成裘,通过滚动开发,拉动了整个城市的改造。"巧妇难为无米之炊。"破解非常的难题,需要非常的手段。

对于国家来说,改革必须向国民"放权让利",这没有任何疑问,但如何使这个过程取得国-民共赢,而不是两败俱伤的结果,实现现代版的"民不加赋而国用饶",才是最难、也最见智慧的。无论理论家对俄罗斯改革作何评价,无论未来中国和俄罗斯会不会有不同的经济表现,至少到现在,中国在国家实力增长与国民财富增长上取得的成果,是远远超过俄罗斯的。

渐进而不是激进,清醒而不是休克,共赢而不是俱伤,才是中国改革促进经济发展的战略目标和实施效果。

三、经济发展的活力来源

如果说中国改革的动力首先来自国家,那么中国发展的活力主要来自个人,尽管在基础设施建设等领域,国家的积极性更高一些。

而个人之所以有活力,是因为中国改革蓝图里藏了一个"小目标":减少个人对政府的依赖,说得生活化些,就是"断奶"。

1. "政府依赖症"从何而来?

在中国传统社会里,个人的生产活力从来不是问题,无论在小块土地上耕作的小农,还是不甘于劳作的读书人,升官发财是入世的中国人共同的愿景。而到了当代社会,为了加快工业化所需的资金积累,中国效仿苏联,实行计划经济体制,把一切经济活动纳入计划范围,也把个人从事劳动生产的自主权给取消了。在历史上,中国农民第一次不能自己决定地里种什么,什么时候种,更不用说最后收上来的粮食怎么分配,除口粮和种子之外,全部上缴国家。工人本来就听工厂的,更不用说了。商业交易被"调拨"所取代,零星销售,比如农民拿自己养的鸡和蛋换些零花钱,也被当作"资本主义尾巴"割除。

同时,国家推行低工资下的广覆盖、低水平的社会保障,职工生老病死全部由工作单位包揽,一个人有工作就有一切,还不会轻易被解雇,除非出现重大失误或者犯罪。个人收益的增加基本上由国家决定,初始工资、津贴、加薪都由国家统一规定,经济形势好的时候,国家统一降低物价,提高居民购买力。职工相互之间,基本收入一个样,除了特殊工种另有补贴外,加薪一起加,调价一起调,干活是否出力,对收入基本没有影响,干到退休,拿一样的退休工资。"大锅饭"加"铁饭碗",彻底窒息了数千年来中国人的生产劳动积极性。

个人对自己无所作为,指望得上的只有具有行政背景的单位和单位背后的政府。"有困难找组织"是那个时代的信念,也是那个时代的现实。虽然依靠政治动员和精神鼓励,国家维护了工人和农民的生产积极性,涌现了各类劳动模范等先进人物,构成社会生活的基调,但即使在政治气氛最为浓厚的时期,思想落后的工人中也流传着对付国家的"秘诀":"政府不怕你凶,就怕你穷!"个别人做得相当极端:冬天来临时,以经济困难为由,申请补助置办棉被、棉服,到了春天,转手低价卖掉,来年冬天再申请补助。如此作为不是普遍现象,但反映出个人在制度的一切缝隙里争取个体利益的努力。一个勤劳但只有在能收获利益时才勤劳的民族,被硬生生切断了勤劳与收益的关联,生产积极性没有了,依赖政府的习惯养成了。

人世间的一切都是"双刃剑",压抑的反面是爆发。随着改革开放,国家向个人释放制度空间,中国人被压制许久的生产积极性悄悄冒出头来,确定安全之后,喷涌而出,大地回春,中国经济繁花似锦。

可以这么说,转型国家都在不同程度上向民间释放了制度空间,相比较的话,中国渐进式释放的速度和幅度未必最快最大,但中国人由此被激发出来的劳动、经营和创造的积极性是其他国家难以相比的。所谓"13亿人个个都想发财",就是外部世界对中国民众个人努力的惊讶和首肯。中国政府采用给政策的方式"放权让利",之所以能取得惊人效果,很大程度上来自千百年来文化积淀造就的中国人的个人积极性与政策的相得益彰。

中国之谜,根子在传统与现实阴差阳错的匹配之中!

2. "授渔"而非"授鱼":中国改革大方略

中国有一条传统智慧已经得到全世界接受,"授人以鱼不如授人以渔",还被联合国用作援助发展中国家的原则:给物资,不如给方法。

如果用这条智慧来比喻中俄两国对"放权让利"的不同态度和处理方式,可以说俄罗斯采取的是"授鱼",至于资产分完之后,对个人有什么效果,对国家有什么效果,对整体经济又有什么效果,即使有所考虑,至少存在判断失误。

中国改革则从"授渔"开始,"让一部分人先富起来"的口号,就是中国经济发展的冲锋号。中国领导人很清楚,与其均分有限的存量资产,不如给予个人争取自己财富的机会,增量有了,"蛋糕做大了",不但发了财的个人不必再指望存量资产的分配,其他没有发财的个人也在分享"溢出效应"时得到收益,全体国民会更多地着眼自己创造的增量财富,而不是等着瓜分国家有限的存量财富。不管从理论上说,这么做是否符合"公平原则",国民生活都得到了实际改善,这才是货真价实的改革,才是"让人民满意的改革"。

回看中国改革,一路分发的"红包"都写着"机会"两个字,无论是最初的土地承包、后来的企业承包,还是股市、楼市和公司上市,都是给国民提供创造财富的机会,而不是坐等瓜分国家资产。在这个过程中,肯定存在国家和集体资产流失的现象,但至少资产主要流向有能力经营和管理的人。资产和个人的动力、活力与能力的结合,是盘活资产的前提条件,所谓"对内搞活"无非就是这么回事。

近年来,社会上流传着一个概念——"阶层固化"。许多过来人在阶层地位尘埃落定的时候,总结人生,往往说的是同一句话:"某某人把握住了机会!"这个机会可以是最早时候的下海当商贩,可以是恢复高考后上了大学,可以是大胆承包了村办企业,可以先是在全国各地收购"国库券",后来购买"股票认购证",可以是"管理层持股",可以是借款炒楼,当下则是创业板上市,如此等等。在一个又一个机会轮换中,中国人的发财梦从"万元户"暴涨到"亿元户"乃至"百亿元户"。从"傻子瓜子"到"独角兽",多少中国人在政策释放的制度空间中发了财,国家又通过个人发财收获了多少"综合国力",这个双赢而不是俱伤的结果,才是中国改革开放的核心成就!

俄罗斯专家羡慕中国有"农民企业家",骨子里的疑问是:"在俄罗斯怎么没有那么多充满活力、能够推动经济发展的农民?"显然俄罗斯专家没想到,如果中国也给农民"授鱼"而不是"授渔",再多的农民对经济发展也无济于事,中国农民中不是没有坐享其成、不思进取的人,不给机会,有心发财的中国农民也无能为力。

开掘得再深刻些,中国改革中采取的"给政策"而不是"给资产"的策略,无非是历史上"以工代赈"智慧的新时代运用。分掉的国有资产是"死资产",从国家到国民的平分过程是资产消失过程,而"给政策"不但保全了国有资产,政策所激发的经济活力是"活资产",资产活了,才能越来越多。

"小河有水大河满。"以中国的人口规模,每个人哪怕得的只是蝇头小利,汇聚而成也是社会整体的巨大财富,是财富的巨大增量!

3. 走出政策依赖的国-民关系

通过国家政策释放制度空间,作为"放权让利"的内容和方式,在激发国民经济活力的同时,也带来了副作用。最明显的是中国股市,开盘于 1990 年 12 月 19 日,迄今已 28 年,应该长大成人了,但所有 A 股股民都知道,中国股市是一个"政策市",从对政府物资资源的依赖,变为对国家政策的依赖,历史螺旋形上升让人啼笑皆非。

不过，中国国民富有主观能动性，建设社会主义法治国家多年之后，越来越多的普通人知道了法治对政府和对个人的不同含义。对政府，法无授权不可为；对个人，法无禁止即可为。所以，先知先觉者从等着国家出政策，改为在国家尚未有明文规定之前，抢先出牌。在这方面，表现最为明显的是同互联网相关的行业。

互联网是国家与国民既相共谋又相博弈的世界。

中国最大的互联网企业，尽管在世界上都排得上号，但都不是国家投资的企业，甚至在其成长过程中，并不存在国家相关政策的支持和引导，愣是通过企业家自己游说，融得资金，逐步做大做强，最后要上市了，因其独特的股权架构，国家政策还不允许，最后只好赴美国、香港上市，丰厚的利润，国家和国民都享受不到，殊为可惜。

提起这个话题，不为吸取教训，而是为了说明，互联网时代的来临，把国家垄断一切资源的格局撕开了一个大缺口，国民不再完全依赖国家政策，而是趁着国家还来不及反应，枪声未响，抢先起跑。从电子商务、网络支付、移动社交、网约车、共享单车到暧昧不明的互联网金融，莫不如此。技术进步带来的产业发展给富有活力的中国国民创造了巨大空间，远大于传统上被国家垄断的空间，中国从未出现过的创业大潮由此掀起！

起步已经晚了，管理权限又受到法律越来越严格的限制，国家需要一个学习和适应的过程，才能熟悉依托高科技和新颖商业模式的互联网世界。利用这个时间差，中国人发挥自耕农的自主意识和冒险精神，把中国的生意做向了全世界。

"撑死胆大的，饿死胆小的。"中国国民对改革开放造就发展机会的体认，得到又一次证明。

由于互联网天然追求规模效应,而中国人口众多,接受新生事物快,在国家控制不到的领域,更会撒开腿飞奔,还拖着国家一路疾跑,竟然在短短几年内,无论以用户数、流量还是交易额而论,硬是整出了一个互联网大国。虽然从原创思想、基本概念和核心技术上说,中国暂时还称不上互联网强国,但至少2017年的第四届世界互联网大会将中国乌镇确定为永久会址!

最有意思的是,个人开始通过自主创新,着手解决国家解决不了的公共问题。从消费者征信体系到作为公共出行体系的共享单车,政府一时半会儿没有资金、技术、设备和人力来着手进行,面对企业和社会资金的踊跃,只能采取"让子弹飞一会儿"的观望态度,哪怕这些创新之作在解决问题的同时,也带来了不少新的问题,让政府在汹涌的舆论面前挠头。

近年来政府和社会都开始接受一个观念,如果一个地方没有创业企业成长为"独角兽",不但说明其经济发展的成果含金量不高,还表明这个地方投资和创新环境不佳。不是国家考核地方,而是国民考核政府,这是否预示了传统国-民关系将随着体制改革、经济发展、科技创新和产业升级而出现全新的模式?在其中将有多少传统文化因子保留下来,多少得到发扬光大,多少经历创新性改造和优化,多少将被淘汰?

时间会证明。

四、维稳:国-民关系的政治平衡

转型国家发生经济起落,很正常;发生社会动荡,很正常;甚至发生政治动乱，也不少见。"中国之谜"在很大程度上，就表现为中国整体环境的稳定有序。维稳有定力，才能容纳改革的动力，维护发展的活力。

1. 稳定：保障改革发展的"看不见的手"

2008 年世界爆发金融危机，中国政府果断提出"四万亿"投资计划，投入基础设施建设，把因受外部影响而疲态初现的国民经济拉了起来。如此决策从推出伊始到现在，饱受经济学家批评，被认为是饮鸩止渴，让中国经济的弊病越加严重。

这种批评不是一点没有道理的，但从基层来看，当时中国面临的问题，不只是经济增速断崖式下滑，更有经济下滑触发农村治理重大危机的可能。当时中国就业人口正处顶峰阶段，大量农民进城打工，如果因为失业而不得不回归乡里，以当时流出地的接纳能力和治理水平，是无法承受的。

改革开放以来，高峰阶段全国有 3.5 亿青壮年农民进城打工，在让农村空心化的同时，也深刻重塑了农村原有的利益格局和治理生态。因为家里有外出打工的，现金持续流入，大大增强了普通家庭对基层社会利益格局失衡的承受能力，"何必计较村里的那点'蝇头小利'？"现在打工者突然提前回来，带回的现金总量减少不说，如果经济不能迅速恢复，他们可能无法继续外出谋生，手上有限的积蓄，据当时一些专家测算，最多维持到当年 7 月份便将告罄。如果这个庞大的青壮年群体未来不得不待在已经不熟悉的乡村重觅生机，乡村利益格局将在短时间里再度发生重大调整。这对本已脆弱不堪的乡村社会生态乃至政治生态势必构成重大威胁。

在这种情况下，让农民工重回城市、重回工厂和工地，既是经济振兴的需要，也是维护基层稳定的需要。值此之际，"四万亿"投资计划出台了，主要投向"铁公基"，基础设施建设产业链长，拉动力大，而且主要惠及劳动密集型行业，其实际效果之一是迅速吸纳这股一时没有方向的人流。最后，经济增速实现V形反转，农民工回到熟悉的岗位，乡村有了现金流，基层利益格局保持了基本稳定。当然，有得必有失，由此留下的后遗症是包括货币放水和产能过剩等，作为确保发展、维护稳定的成本，需要好多年的消化吸收，以至后来出现一个新名词——"三期叠加"，其中一期就是"前期政策的消化期"，沿用至今。

"四万亿"投资计划的综合效应，从经济角度评估的多，而从公共管理角度探讨的少；从城市角度认识的多，而从农村角度反思的少；从物的层面论述的多，而从人的层面讨论的少；从国家角度评论的多，而从个人角度叙述的少。这极为深刻地说明为什么经济学解释不了中国发展的效率之谜，因为只看到改革开放以来中国经济迅速而持久的发展现实，却没有看见支撑这一发展的体制架构及其有效乃至高效的运作。不能充分认识"铁三角"中"维稳"一环的功能及其行使方式，就难以看到中国政府在营造经济发展的非经济条件，尤其是在多方位协调国-民关系上的独特作用。

2. 资本对稳定的敏感性

资本的天性是寻求自我增值，低投入，高产出，资本增值才有效率。决定资本投入有三个重点：赢利性，即投资能否带来利润，高不高；安全性，即投资会否遭遇损失，大不大；流动性，即投入之后能否连本带利收回,难不难。投资有风险,赢利性和安全性成反比,但要是没有流动性,其他都将失去意义。

资本所要求的这三点,与稳定高度相关,没有稳定,就不会有投资,这在世界范围内每时每刻都能得到证明。

没有稳定,资本不敢投入,在社会政治风险大的地方,即使利润再高,合法资本出于安全考虑,也不会贸然进入。

即使资金进去了,缺乏安全友好的环境,投资无法实现,不能有效转化为设施、设备、原料和人员,停留在资金形式的资本被搁死,产生不了利润,投资徒有虚名。

一旦投资进入产业,回收需要时间,社会出现动荡,生产或流通不能正常进行,赢利没法保证,回报遥遥无期,资产还可能损失,赢利性和安全性成为问题。

无论投资是否成功,一旦投资人想兑现已经投入的资产,如果身处不稳定的社会环境,没人接盘,就无法变现,资产彻底失去流动性,变成"死资产",最后鸡飞蛋打。

由于投资消失,经济发展停滞,后续投资也将趋于枯竭,最初投资成为"孤岛",无法形成产业链和现金流,资本可能彻底被套牢、困死。

所以,只有解决了稳定问题,投资赢利前景足够明朗,资本尤其是大资本没有了顾虑,才会持续涌入,发展才能保持势头。而享受发展成果的群体多了,社会环境良好,才能为进一步改革释放更多的空间,创造更好的条件,进而形成"改革、发展、稳定"的良性循环。

事实上,中国改革一直采取"基层试水、高层决策"的模式,而基层政府的主要关注点始终围绕经济发展与社会稳定这两大核心运作,形成类似"椭圆形双曲线"轨迹,在不同时间点上,或者经济发展的分量重一点,或者社会稳定的分量多一点,就看上级考核时哪个指标的权重大一些。其余工作不是不具有价值,只是在 GDP 和上访率面前,屈居次席,而正因为主次分明,以投资拉动为主的中国经济才取得长足发展。

3. 稳定中的公平问题

在官方语汇中,"稳定"不是目的,而是保障。稳定为了发展,不是发展为了稳定,而且只有发展了,才能带来持续的稳定,所谓"在发展中解决稳定问题"就是这个意思。

全社会都明白,稳定成为问题的根源在于改革开放冲击了原有的利益格局,产生了明显甚至严重的不公平问题,这就是多年"维稳"经历告诉人们的。如果说公平代表了国家与国民的利益调适,那么,维稳就代表了国家与国民的利益博弈。在经济转型期间,要确保公平,谈何容易,要维持效率与公平的平衡,更是谈何容易。

在国有企业改制时,如果单纯强调公平,不妨效法"休克疗法",把工厂分了,把股权按人头给工人。但在资本极端缺乏的时期,保留资本集聚状态要远比听任资本分散,更符合经济发展的效率要求。尽量避免原有资产被打碎,从维护效率上说是合理的,但对于工龄被低价买断的国企职工来说,显然不公平。

在农村集体土地征用的过程中,给农民多留一点,也是应该的,许多农村经济发展好的地方,都在级差地租上升的过程中,给农民多留了些土地或土地增值收益,但土地开发的成本将因此上涨,旷日持久的价格谈判更会影响投资的速度和力度。中国基础设施建设如此神速,同农民的合理要求被部分牺牲是有关联的。

企业生产应该注意环境保护,这一代人发展经济、享受生活改善的成本不应该让下一代来偿还,个人获利不应该让其他人来支付成本,否则就是不公平,但在中国产品不具有竞争力、价格便宜几乎是唯一优势的情况下,如果还想获得GDP、就业、税收和中国人买得起的消费品,一定时期内把环境保护的成本转嫁给下一代又是难免的。

经济发展带来的财富增长,理应由全体国民分享,收入差距过大是不公平的,但人类财富有一个特性,就是财富越集中,其社会性越突出,而越分散,其私人性越明显。世界首富无论如何也消费不掉自己拥有的财富,而要是分散到千万人手上,很快就会化为乌有。在一个需要积累资本的社会,让财富分配向少部分人倾斜,从效率的角度来看,是合理的。

更为难的是,为了减少乃至消除不公平,必须加快经济发展,而加快经济发展本身要求一定程度的不公平。在公平实现问题上,中国深陷"先有鸡还是先有蛋"的困境,而突破这个困境的唯一出路就是为效率而暂时牺牲部分公平,以换取未来普遍的公平。

如此坐在效率一边谈公平,不管多么合理,总让人有"口惠而实不至"之感。何况,不管维稳本身有多少历史的必要性,一味维稳,不但必然带来成本的日益高涨,还会造成"维稳,维稳,越维越不稳"。基层维稳一线部门的切身体会是"维稳必先维权",没有合法权益的维护,没有基本公平的实现,眼前的稳定是靠不住的。

一线部门的体会是对的,但"效率优先,兼顾公平",在一定时期是不得不实行,要改变所缺的是时机。

经济学既研究效率,也研究公平,两者之间存在既相互依赖又彼此冲突的复杂关系。不讲公平,效率可能更高,资本家不给工人发工资,人工成本没有了,利润岂不是更多?但工人饿死了,资本增值从何而来?如果工人饿坏了,把工厂先抢了,资本连保全都做不到,何来增值?

即便劳资双方没有剑拔弩张,资本要压低人力成本,也需要一定的劳动力供应冗余,失业人口是必不可少的。美联储为什么加息要盯着失业率,就因为劳动力供应冗余度如果清零,薪酬水平必定上升,工资性收入总量增加后,通货膨胀一定如影随形而来,经济过热便会自然形成,所以需要未雨绸缪。

要保证资本的利润率,需要失业率,但失业者又不能任其自生自灭,否则失业率会下降。此时,给失业者一定的保障,确保他们可以作为潜在的就业者存在,对劳动力市场上的求职者形成竞争压力,就成为市场和资本本身的需要。更不用说,工人收入高了,企业产品才有销路,规模上去了,利润自然会更多。所以,一个正常的社会不管如何专注效率,最后一定会掉头要求公平,这是"看不见的手"促成"私利即公德"的内在机理。

在这个意义上,维稳必定内在地具有"维权"的成分,即具有促成公平的成分。但"维稳作业"最受诟病的不只是态度过于被动,还在于缺乏制度性程序和规则,往往导致"会哭的孩子有奶喝",进而造成维稳处置本身的不公平。到这个阶段,除了考虑稳定带来的经济收益和维稳所耗费的财政支出之外,就不能不考虑社会成本。在一个主要依靠自律来维护社会秩序的国家,如果无序博弈成为"文化",其对国家权威的侵蚀将是深远而且难以预测的,绝不能听之任之。

近年来，中国一再强调要让不同群体共享经济发展的成果，就是追求公平的表现，在中央文件中频频出现的字眼"获得感"也与此有关。改革开放多年，旧体制破得快，新体制建得慢，两者不同步造成的制度似乎破绽百出的局面正在迅速改观，"改革、发展、稳定"的关系也呈现出全新的局面。

历史将证明，在效率与公平的关系上，中国表现出来的智慧不是自始至终既有效率又有公平，这是上帝也做不到的。中国智慧一则表现为，国家有办法也有能力保持效率与公平之间的张力，在不突破社会最大承受力的限度内，加快经济发展，成功闯过转型的激流险滩，没有因为公平不足而导致社会大乱和效率损失。二则表现为有办法也有能力在经济发展到一定水平时，及时降低不公平程度，释放社会紧张，为下一步改革和发展创造心理条件。从中等收入群体规模持续增长、有房一族"财产性收入"大幅度增加，到"全面建成小康社会"、"精准扶贫"乃至惩治官员腐败、强化金融监管，所有这些看似彼此关联不大的现实表现，其实都显露了中国经济发展追求公平的要求，区别只在于表现形式和实现程度的不同。

中国发展的效率来自对公平分寸的拿捏。这里不能没有道义心，也不能过于书生气，历史前进的动力，既来自善，也来自恶，这一点毋庸讳言。

五、"铁三角"，在历史转型中的升华

经济学解释最容易接受的地方在于简单，最不容易接受的地方也在于简单。"发展是目的，改革是手段，稳定是保障"，这样的命题

完全没有质疑的余地吗？未必。比如，改革确有为经济提供发展空间的作用，但改革就没有独立价值，没有自身成就？通过改革确立的制度架构不是最重要的国家建设成果？

所以，真要全面认识"铁三角"的功能，还必须将其置于近现代中国历史转型的大格局之中，从中华文明与时俱进、自我延续的角度来加以考察。在这个视野中，改革、发展、稳定自身意义会变化吗？三者的排序会调整吗？彼此之间的手段与目的关系会翻转吗？

一切皆有可能！

1. 改革：要市场还是要发展？

按照世界上通行的理解，从 20 世纪 80 年代开始的经济转型大潮，简单地说，就是从计划经济转向市场经济，中国也不例外。但中国很清楚，转型何去何从，不能被一个经济学概念框住，中国的未来必须掌握在自己的手里。无论怎么改革，最后的检验是成效，而非某种先定的理念或概念。所谓"不争论"，所谓"初级阶段"，都是为了从已有的理论预设中解放自己。于是，从改革开放伊始，中国只留下最基本的原则作为刚性约束，其他都允许探索或"先行先试"。

不设预定目标，以开放心态，允许一切可能性，不搞为市场的市场，不追求纯而又纯的市场经济，避免重蹈过去急切于"跑步进入共产主义"、追求"纯而又纯"的社会主义、因而失去发展和效率的覆辙。

固然，市场经济是中国改革的方向，但这个方向只具有方法或手段的价值。中国是为了发展经济才采纳市场经济体制，而不是为了市场经济体制而去发展经济。既然如此，是否采纳市场经济体制，在何种程度上采纳市场经济体制，就得看市场经济体制在促进中国经济发展上能取得什么样的效果。

在采纳市场经济体制的世界各国中，其市场化程度有所不同，体制机制也存在差异。打个比方，市场经济本身不是一个固定值，而是一个量值区间，借用天文学概念，即允许不同国情下存在"人差"。为了发展经济，中国可以选择区间内某个量值作为中国市场经济的定位。

中国从完善计划经济体制、承认市场体制、提出社会主义市场经济体制，到要求让市场在资源配置上发挥基础性作用，再到十八大提出"让市场在资源配置上发挥决定性作用"，其实就是一个通过实践，逐步逼近那个适合中国采纳的精确值。如果在中国官方表达的市场体制与现实采纳的市场体制之间存在差距，那也可以看作认识与实践的不同步，或者更准确地说，理论值经过实践"修正"后所形成的有效值。这才是"摸着石头过河"的完整含义：没有预设，只有不断修正，逐渐逼近，而且永远在过程中。

社会主义市场经济的提法源自中国传统思维方式，在二元对立中找到了第三种选择，中国的市场经济只是对经济学意义上的市场经济的某种近似。这个理论设计的主要效用在于：一则明确中国同世界上许多国家一样，也在市场经济的区间内；二则明确中国不一定同其他国家取同样的值，同中有异，异中有同；三则明确拒绝由市场经济而导出的政治学推论，经济未必与政治存在天然联系，采纳市场经济未必导向选举政治。福山教授提出的"历史终结论"原本类似于数学猜想，却被未经验证地确认为生活逻辑，结果遭到历史的终结。

中国很难成为验证西方社会科学理论的适例，因为西方理论在形成过程中，与中国经验甚少交集，就像欧美人广泛使用的"体香露"，在中国乏人问津，因为中国人很少为腋下异味所累。

人类具有共同的生物基因，各民族的历史进程和文化形成也必定存在某种共同性，而经济这个最具物性的领域，应该最能表现人类文化的共同性，毕竟"人类不能自由选择生产力"。但至今没有人认真梳理，整个经济学理论体系中哪部分最能体现这种共同性。任何文化群体都有理性算计，都有投入产出、成本利润和目标手段等概念，否则其智商水平将低于许多物种。可在现实的经济生活中，面对相同的"经验实在"，不同文化会有不同的"约定实在"，同样的理性算计会带来大相径庭的实际成效和理论表述。

　　事实上，西方经济学无法解释中国经济发展效率何来的问题，一定程度上等同于宣布人类文化的共同性或曰"通译性"问题尚未解决，所以才有退回到"中国做对了什么"的推测和对推测的试错性论证。就此而论，承认西方经济学之"靴"不合中国经济生活之"脚"，要远比责备中国经济体制之"脚"不合西方经济学之"靴"，更说得过去。经济学要体现出作为"最接近自然科学的社会科学"的科学性，能够自我反思是基本要求。

2. 发展：要单项还是要全能？

　　在"铁三角"的闭环内，经济发展被不言而喻地置于目的地位，改革和稳定都是为发展服务的。承认经济发展是目标，不等于就把经济发展设定为目的。自1840年以来的历史性转型中，中国确实有比经济发展更高的目的。

　　比如，在救亡图存的民族危难之际，仁人志士们提出了教育救国、科技救国、实业救国等口号，其中只有实业救国带有明显的经济属性。这说明发展经济只是救国的一条途径、一种方式，而不管哪种途径或方式，都不能代替救国这个更高目的。事实上，最后通过历史选择的是采取军事斗争形式的政治救国路径。这一路径选择及其带来的路径依赖，在新中国建立之后相当长一段时间里，保持了惯性，带来了正反皆有的复杂效应，最后在改革开放的浪潮中，被彻底取代和置换了。"以经济建设为中心"的路线被确定，意味着经济救国成为时代主流，邓小平严肃思考"开除球籍"这个事关中华民族命运的大问题时，脑海中翻涌的仍是尚未完成的"救国大业"，只是下定决心，走经济发展的道路而已。

经济发展被置于中心地位之后，也逐步形成了路径依赖，其典型症状就是"GDP主义"，其极端表现是为了完成经济指标，可以不计一切地消耗人口红利，不考虑未来地损害自然生态环境，不关心社会财富总量是否增加，为GDP增量而不惜拆除建成不久的大体量建筑，为"保护投资环境"而对假冒伪劣生产者网开一面，甚至官员贪腐也有了可以被容忍的理由，因为"腐败是经济发展的润滑剂"。如此发展即便成功，"中国往何处去"的问题也会旧话重提。

事实上，中国在突出"以经济建设为中心"的同时，始终不忘记经济发展本身只是手段，服务其他更高的价值目标，才是经济发展的出发点和落脚处。

邓小平提出"让一部分人先富起来"，但没忘记"先富带动后富"，最后实现共同富裕。正是共同富裕而不是一部分人的富裕，才让经济发展具有道义价值，才可以构成中国追求的价值目标。

中国重视经济发展，根本上是因为没有经济基础，各方面的发展都会受制于财力不济，国家实力难以提升，"落后就要挨打"的局面也可能再度出现。这里无须讨论"落后是否一定会挨打"的问题：一则不符合中华民族的文化个性,中国不追求成为文明的中央,但绝不甘于沦为文明的边缘;二则不符合国际社会至今奉行的"大国原则",大国小国在世界舞台上的"存在感"是不一样的,光讲"仁义""王道",在春秋战国时行不通,在当今世界同样行不通;三则不符合今天中国和世界的现实,随心所欲地替历史作安排,结果多半会被历史抛弃。

中国要发展经济,但中国不能只有经济发展。从"物质文明与精神文明要两手抓,两手都要硬",到"三个代表"重要思想聚焦"建设一个什么样的党,如何建设党","科学发展观"聚焦"建设一个什么样的社会,如何建设社会",习近平治国理政思想聚焦"建设一个什么样的国家,如何建设国家",在经济发展之上,中国始终有一个更高的目标,一个经济发展为之服务的目标。

"取法乎上,仅得其中;取法乎中,仅得其下。"只有高于经济发展的目的的存在,才能确保经济发展的基本方向和终极成效。

3. 稳定:要一时还是要长远?

面对中国独特的经济发展之路及其成就,西方一些学者开始跳出经济学范式和西方发展模式,重新审视中国发展的内在逻辑。相对较新的一种观点主张,中国的发展既不是跟随西方国家的发展过程,亦步亦趋,也不是按照西方经济学范式,依样画葫芦,甚至同1840年以后一系列外部挑战也没有太大关系,不能归入"挑战—应对"模式,而是沿着数千年的历史脉络,遵循华夏文明的内在逻辑,中华民族的自我实现。言下之意是把中国当代发展视为历史形成的"超稳定结构"在全球化时代的再现。其中什么变了,什么没变,可以讨论,但世界确实影响了中国,中国也确实坚持了自我,这两个"确实"中可能隐藏着解开中国之谜的线索。

学者的观点能否成立，对学者观点所做解读是否合乎其本意，尽可商榷，值得重视的是从中可以引出的一个新问题：中国政府在处理稳定问题时，是否也触及许多稳定了几千年的要素？这些要素能否继续稳定地存在下去？被国内外批评较多的"维稳"体制是否包含某种与经济市场化进行对冲，以保证传统文化要素得以继续存在的功能？这一思考如果方向不错的话，那将自然导向有关中国文化通过自我更新以寻求自为存在的重大理论问题。

习近平在提出"道路自信、理论自信、制度自信"之后，特别强调"文化自信，是更基础、更广泛、更深厚的自信"。如此突出文化自信的地位是因为无论道路、理论还是制度，只有源自民族文化，才值得自信，才能确立自信！

相反，如果经历了数千年历史考验的中华文明特质，在全球化、现代化、市场化的浪潮中，最后因为"趋同"而消失，那么为发展经济而采纳市场经济体制，为了确保经济体制改革顺利推进而维护社会稳定的"铁三角"就失去了意义。

"稳定压倒一切"不能仅仅视为对稳定的工具价值的肯定，更要看到其背后某种目的价值的存在。在全球化时代，挑战是不可避免的，但应对不能盲目，保持定力，不在融入世界的进程中迷失自己，是古老文明自我保存的终极智慧。

稳定什么、为什么稳定，不是一个无须讨论的问题！

研究维稳工作的人都知道"上访悖论"。引发上访的问题最终还得回到引发上访的责任部门去解决。

于是，问题出现了。

如果责任部门有能力解决，为什么不在公民上访之前就解决？如果责任部门此前没有能力解决，问题到信访部门走一遭后，就有能力解决了？除了确实属于部门不作为或乱作为的问题，可以通过加强监管和督促，让部门负起责任来加以解决之外，实际上有许多问题不但责任部门无法解决，协调之后，政府也无法解决，这时信访部门又能发挥什么作用呢？

只有把维稳概念从具体作业目标，比如确保某项工程如期完成等要求中剥离出来，才能看到维稳背后某种超历史的目标。维稳不只是维持某个事件不至于失控，更在于维护同事件有关的体制不至于失效。

引发上访的原因中，同国有企业改制和土地征用包括农村征地和城市动拆迁有关的不在少数。孤立地看待这些上访事件，可以认为只是经济利益冲突，属于可以"用人民币来解决的人民内部矛盾"。但从维护国有资产包括土地的完整性角度考虑，却不难看到政府宁可付出超经济成本，也不对国有资产和相关制度加以改变的决心。这足以说明，这里真正的问题不是利益，而是制度，更准确地说，最大的利益是维护长远的制度，而不是维护一时的秩序，更不是与民争夺那点"蝇头小利"。

只要中国社会以国有为主的结构性特征不变，许多具体制度的内在属性就难以改变，所谓"改革进入深水区"，其实就是触及制度的核心，确保"承重墙"不崩塌成为维稳的重中之重。当然，随着改革深入，有些"承重墙"也会被拆除，但至少不能提前崩塌。维持制度大框架不变，为在后续改革和发展中进行鉴别，相机采取措施留出必要的时间和空间，这是维稳工作最大的战略价值。

中华民族的幸运在于历史传承下来的制度和建立在这一架构上的社会结构，恰恰在中国当代经济转型中发挥了意想不到的作用。西方经济学家无论主张"中国发展只是一种意外"，还是主张"中国没有模仿其他国家，只是顺应了自己固有的逻辑"，其含义是一样的：拜文化所赐，中国才有今日的发展效率！

中国的发展效率已经成为道路自信、理论自信和制度自信的源泉，也足以成为文化自信的源泉！

砥柱中流，始终掌控"变与不变"的主动权，才是"铁三角"的价值所在，也是中国之谜的奥秘所在！

第五章
"铁公基":中国效率的生活道理

举凡谈到中国经济发展，首先被提及的肯定是中国GDP总量、每年增速和40年里持续增长，这都是客观事实。但如果进一步考察GDP增长的实质和中国GDP增速的结构，会发现投资尤其是投向铁路、公路和其他基础设施即"铁公基"的资金，构成相当大也相当重要的一部分。事实上，世界各国对中国经济发展最直观的感受，就是中国日新月异的基础设施。中国之新，新在基础设施，中国之谜，也谜在基础设施：一个"最大的发展中国家"，2017年人均GDP在世界181个国家里排名还在第70位的国家，怎么在短短40年不到的时间里，从一个只有破败的公路、蜗行的铁路的落后国家，一跃而成为高速公路四通八达、高铁成网风驰电掣的基础设施强国，其投入产出的财务平衡是怎么实现的？

基础设施建设是观察中国发展的最好窗口，窥一斑而见全豹。

一、40年经济发展：一个"三驾马车"的故事

中国经济发展故事由一个基本情节推动，投资、消费、出口构成其中三个环节，首尾相衔，彼此牵连，催动经济一波波发展。

1. 三匹马构成的一个闭环

要生产，必须有生产能力。在人类社会早期，体力是主要生产能力，采集或狩猎，有人就行。发明工具、驯化动植物、垦殖土地和开发水利，让人类生产能力大有增长，土地成为最重要的产能。中国人特别喜欢开荒，整成水浇地，粮食产量高，也就是土地产能大。计划经济时代"大寨"的梯田和穿越太行山的"红旗渠"是利用土地和水利的典型例子。

工业化时代来临，新的能力来源被发掘出来，机器成为最主要的生产能力。土地从主要用于耕种或放牧，变为安顿机器的场所，让人有地方可以更有效率地生产人类需要的产品。而土地用途的变化需要资本注入，没有资金，厂房建不起来，机器买不回来，生产无从谈起。

投资作为拉动经济发展的火车头，驶出了历史的隧道。

作为比较各国国力的首要指标——GDP，即国内生产总值，指的是"一个国家或者地区所有常驻单位在一定时期内生产的所有最终产品和劳务的市场价值"。换一个角度，也就是在特定国家或地区内得到实现的生产能力。

GDP是从生产结果来看产能，而产能就像人的能力，或许"怀才

不遇"，有能力却没有使出来，失业就是例子。只有产品和服务释放出来，按照市场价格计算，产能才有资格进入 GDP 计数。所谓"过剩产能"就是未得到实现的产能，不计入 GDP。

于是，作为中国之谜最鲜明表征的 GDP 持续高速增长之谜，一定程度上也就是投资持续高速增长之谜。在中国尚未进入主要靠提升产品或服务的附加值、提高 GDP 质量，从而增加 GDP 总量的阶段，这样的说法是成立的。

投资形成产能，而产能的实现有赖于产品或服务被购买。从生产到消费的过程，也是资本从货币形式经过物化后重新回到货币形式的过程，而增加的那部分货币，就是资本的增殖，而被固化在产品中的资本可以理解为这个生产过程最后产出的财富。

货币本身不是财富，尤其是像最近南美某国发行的货币，但没有货币人类已经不能生产财富。不同于历史上使用的金币、银币或铜币，当下通行的纸币无非纸上写几个数字，加上国家背书，就可以拿来买东西。

如今满世界都是货币，既有国家容易产生冲动，所谓"货币超发"的原因，也有人类生产总规模越来越大，贵金属不够用，只能在纸上加"0"，以增加流动性，满足交易需要的缘故。在转型国家，价格冲关往往伴随通货膨胀，因为通货膨胀意味着买进来的东西，卖出去时一定会赚钱，不是价格上涨，而是货币贬值，所以投资者乐意，生产者高兴，消费者则忙于抢购，经济就活跃了。

由投资形成的产能所生产的财富中，一部分被消费掉，一部分则被留下来，可以用于投资，形成更多的产能。

为了增加投资，加快产能的形成，压缩消费，减少财富消耗，是最有效也最便捷的方法。早在计划经济时代，中国便确立了"先生产，后生活"的经济发展模式。在这一点上，中国之谜就是中国的投资之谜，延续如此长时间、保持如此高强度的投资，在人类经济史上，罕见其匹。

多投资，少消费，最后必定导致生产出来的东西消费不了，无法转化为货币，库存增加，价格下跌，生产减少，已有的产能得不到实现，新的投资没有去向，而没有新的投资，产能无法增加，GDP增速自然会下降。

于是，出口走上了第一线。

工业化时代就是国际贸易时代，"羊吃人"以后的英国，开启了以国家力量推动外贸的先河。后起的市场经济国家在起步阶段基本上走的都是这条路——"外向型经济"，区别只在于走多久，投资、消费、出口三者的比例是多少。

中国人口多，尤其是青壮年多，不能就业，就成了只吃饭、不劳动的纯消费人口。"人口红利"兑现不了，国家养不起，个人也没有好日子过。所以，投资必须更多，出口比重必须更高，而消费只能尽量压低。少消费也比没有消费能力好。

于是，产品出口，产能得到实现，企业可以持续生产，而货币实现了轮回，投资再次启动，产能继续增加，产品得到实现，GDP增速也上去了。

一切井然有序。

2. "三驾马车"卡住了

中国经济在加入WTO后，GDP增速能一路高歌，关键在于出口通道打开，新增加的财富可以更多地用于投资，只要其他国家进口增加，中国就可以增加投资，扩大产能。在技术不足、没有营销渠道、也缺乏品牌的情况下，中国通过巨大劳动力供应、出口退税、转移环境和社会成本等办法，压低商品价格，从而在国际市场的竞争中赢得一席之地，不断扩大市场份额，直至再次遇到经济发展的"自锁现象"。只是不同于"九宫格"里传统小农经济的自锁，这次是面临进口国无力购买的瓶颈。

20世纪80年代，《参考消息》上刊登了一篇国外文章，预测中国经济发展的前景，文章提出一个观点，认为中国经济不可能达到美国的人均水平。因为以中国的人口规模，如果达到美国的生产效率，那么全世界其他国家都不用生产，仅仅消费中国的产品，恐怕还消化不了。而如果全体中国人像美国人那样消费，地球受不了，没有那么多资源和能源，当时美国人均年消耗石油1吨。

今天，这样的观点看不见了，但思考中国问题的类似思路仍在。比如，有一种更形象的说法，认为如果中国人都像发达国家那样消费，人类至少需要六个地球。

在人类找到第二个地球之前，生产瓶颈先出现了。

出口从一端看过去，是产品出口，从另一端看过去，是就业进口。所谓"逆差"既是进口产品多了，也是出口岗位多了。反之，"顺差"则既是出口产品多了，也是进口岗位多了。国与国之间发生贸易摩擦，主要不是为进口的商品多了，而是为出口的岗位多了。特朗普上台之后，提出的口号是"雇美国人，用美国货"，合在一起，意思就是不要再进口商品、出口工作岗位了。

作为中国最大贸易伙伴，美国同时也是中国最大顺差来源国。

以 2017 年为例，从美国获得顺差占中国外贸全部顺差的 103%，也就是说，去掉中美贸易，中国与世界其他国家贸易的总和是逆差。这一方面证明中国没有在对外贸易中刻意追求顺差，另一方面中国也确实取得了很大顺差。

更严重的是，一个国家进口外国商品多了，本国就业岗位的减少也将更多，没有就业，就没有收入，国民收入下降，国家财税减少，最后即便国家不加干预，国民没有钱购买商品，大量进口也会难以为继。

为了突破生产瓶颈，中国把向美国出口商品获得的大量货币，转过来购买美国国债。钱多了，闲置下来，就成为死钱，购买国债还能获得利息。再说借钱给美国，等于为其继续进口中国商品提供资金。如此盘算对中国当然如意，但对美国而言，则利弊都有，短期是利，长期是弊。

生产减少，负债增加，还要支付利息，进口国最后出现债务问题，引发金融危机，无法继续举债。2008 年美国发生金融危机，根本上源自其国内的政治体制和经济政策，其中包括长期外贸逆差导致债务累积的作用。为此，金融危机过后不久，时任总统奥巴马痛下决心："不能再借中国人的钱，以免子孙后代都得偿还中国人的债务！"

贸易对象国进口能力和意愿下降，导致中国出口增速下降，而产能增加的惯性仍在，在消费被压抑、外贸不振的情况下，产能过剩现象出现，GDP 增速下降了。这就是中国经济受这一轮金融危机影响的原因所在。相对美国的过度消费，中国是过度投资，拉动内需因此成为中国继续发展的必然选择。

3. 一个尚未完成的结尾

于是，抱有"要致富，先修路"理念的中国政府，加大投资建设基础设施的力度，"铁公基"带动了相关产业，中国经济重新开始一轮迅猛增长。

基础设施的健全和完善，带来生产和生活的便利，提高了国家运行和企业生产的效率，中国的国力变得更强大。通过高速收费、铁路调价、航班收取机场建设费等政策，还可以带来现金回报，因此同样具有产能的属性，只是回报周期较长、亏损的可能性不小。自2008年世界金融危机以来，基础设施建设成为中国经济发展的强大动力，原因就在这里。

随着基础设施逐渐完善，可以带来现金回报的基础设施项目越来越少，基础设施建设的相关产业如钢铁、水泥等也遭遇生产的天花板，大面积的产能过剩来临了。因为投在基础设施上的资金无法回收，资金只有消耗而没有增加，GDP有了，但利润没有，投资难以为继，债务不断堆积。为拉动基础设施投资而超额投放的货币连同连年顺差带来的巨额外汇占款一起，让整个国家流动性泛滥，在金融创新的名义下，系统性金融风险开始酝酿。"黑天鹅""灰犀牛"甚至"明斯基时刻"等经济学不祥之物，即便没有在生活中降临，至少在官员谈话或文件中已经降临。"新常态"和"供给侧改革"走上前台。如果在压缩产能的同时，还有产能和产品、劳务的输出，就更加理想了。于是，"一带一路"倡议走出国门，作为金融支撑，"亚洲基础设施投资银行"成立了，为沿线国家贷款修路筹措资金，中国出口出现新形态。

以投资基础设施来拉动中国经济，"三驾马车"能走多远，成为一个形成中的中国之谜。

二、"铁公基"：中国改革开放的华章

改革开放以来，中国基础设施建设始终得到高度重视，投入巨大，但究其轨迹，从出发点和做法上，仍可以看出种种不同，呈现为几个阶段。

1. 偿还历史欠账阶段

计划经济时代的中国处于极大外部压力之下，相信战争不可避免，认为"晚打不如早打，小打不如大打"，因而把大量资源配置在战备上。"大小三线建设"占用了民用基础设施建设的资金，修造城市防空洞占用了住房建设的资金，在扭曲经济的同时也扭曲了基础设施的布局。到改革开放启动时，发达国家早已经高速公路成网，而中国没有一公里高速公路，直到 10 年后的 1988 年，中国大陆才出现第一条高速公路——上海沪嘉高速公路，修建这条长 16 公里的道路用了 4 年时间，因为"大姑娘坐花轿——头一回"。

中国铁路长期只有单轨，为避让对向来车，只能开开停停，到改革开放 15 年后的 1993 年，全国客车平均时速只有 48.1 公里。从 1997 年到 2001 年，经过四次铁路大提速，全国客车平均时速仍然只有 61.6 公里。2004 年第五次提速之后，中国铁路才走上快速道，2008 年京津城际铁路投入运行，中国终于有了时速超过 250 公里的高速铁路。

中国第一条地铁于 1969 年出现在北京，第二条地铁却直到

1995年才出现在上海。其实早在1967年7月,上海就在锦江饭店附近建成第一个地铁站和600米区间的两条隧道,但由于种种原因被搁置了接近30年。其他如港口、机场、发电厂等对国计民生作用巨大的基础设施,不是陈旧老化,就是严重缺乏。利用改革开放以后逐渐增强的国家财力和引进的外资,中国才进入持续的基础设施建设阶段。

葛洲坝发电站从1971年启动施工,1972年停工,1974年复工,直到1988年才建成,总共用了17年时间,总库容才15.8亿立方米,装机容量271.5万千瓦。而规模较之大得多的三峡水库,总库容393亿立方米,装机总量2 250万千瓦,从1994年正式开工,到2009年正式竣工,才花了15年。当年为了三峡工程900亿元的造价,国家踌躇再三,从水库建成之后的综合效益出发,毅然决然拍板放行,才让孙中山提出的规划得以从蓝图进入施工。当然,工程的科学性还有待历史的最后检验。

这一时期中国基础设施建设明显具有同发展制造业"抢资金"的性质,因为不搞基础设施将严重拖累中国经济发展,制造业投入再多,遇到电力不足,产能照样白白浪费。所以,压缩其他投资,用于必不可少的基础设施建设,是这一阶段的基本特征。

2. "要致富,先修路"阶段

中国人对基础设施重要性的体会,最生动地表达在"要致富,先修路"的俗谚之中。这句话的内涵太丰富了,实际上包含了中国人破解"先有鸡,还是先有蛋"问题的智慧。

"要致富"说明富裕还只是愿望,手上并没有余钱,而修路所需资金巨大，到底是把钱投入见效快的产业，还是投向一时半会儿没有效益、但建成后却可以长期发挥效益的基础设施？"先修路"的回答是，省吃俭用也要把基础设施搞上去。中华民族是一个以千年万年为计时单位的民族，懂得时间之宝贵，但更知道不要为了眼前利益而放弃长远安排，所谓"人无远虑，必有近忧"，"要致富，先修路"确保了中国经济发展冲过远虑近忧的种种难关。

从1988年才有第一条仅长16公里的高速公路，到2012年全国高速公路通车里程已达9.6万公里，超越了美国的9.2万公里，居世界第一。到2017年末，中国已建成高速公路13.6万公里。普通公路从县县通到乡乡通，现在已经实现村村通。在上海农村，农民关心的是门前有没有水泥路，因为私家车要上路。

2008年，中国才有了第一条动车线路，而在2018年新春，"全省境内只有一条高铁"成为山东省领导带领全省官员反思发展不力的代表性指标。由于客流量过大，运能不足，2011年7月1日通车的京沪高铁，其同向的兄弟线路规划已经制作完成。如此发展速度怎么不让世界瞠目结舌？

随着经济发展和综合国力的提升，中国"先修路"的进程明显加快，基础设施建筑技术不断提高，成果频频惊艳世界。2017年，上海洋山港建成第一个智能港口，码头上港机忙碌起吊，集装箱卡车穿梭往来，却不见人影。山东济南建成国内首条"会发电的公路"，这段公路长约2公里，采用"承载式光伏路面技术"，可以将收集到的太阳能转化为电能，电动汽车行驶在这条道路上，可以从太阳能发电中获得源源不断的能源供给。

从主要服务于经济到追求自身发展，中国基础设施建设的方向、目标和功能，都在发生深刻变化，传统建设智慧获得了新的时代内涵。

3. 地铁：经济增速的"保温器"

2009年，作为应对世界金融危机的重大举措，中国政府果断拿出"四万亿"财政，并调动十几万亿元的银行贷款，重点投向基础设施建设，硬生生把悬崖式下滑的中国经济增速，拉出一个V形反转，由此也开启了中国基础设施建设的一个新阶段：不是为经济发展服务，而是为经济发展速度服务。这一功能性变化的最明显例子是在全国一时风行的地铁建设。

众所周知，市内轨道交通尤其是地铁建设成本高昂，运行还需持续投入，至今世界上只有东京和香港两个城市的地铁营运能在财务上整体持平，前者靠的是"地铁上盖"的商业设施的盈利补贴，后者靠不承担前期投入的债务本息，所有售票收入全部用于营运支出。所以，仅仅用于解决日常交通拥堵，地铁并不实惠。在财政吃紧的情况下，发展地铁属于"奢靡"之举。事实上，不少国家建设地铁是因为看到地铁的军事功能，才下定决心，不计成本，启动建设。当年苏联在希特勒德国的"闪击"下，损失惨重，为了鼓舞士气，斯大林在红场阅兵，部队通过红场后直接奔赴前线，而在城内调动参阅部队的运输工具，就是以每个车站各有特色而享誉世界的莫斯科地铁。须知当时莫斯科处于德国轰炸机航程之内，大规模集中部队风险巨大，只有隐藏在最深达地面100米之下的地铁才能保证部队的暴露时间最短。

北京地铁建成后，中国长时间里没有再建地铁，实在是因为没有足够财力，上海只尝试了一下，就中止了，而且一搁就是20多年，原因也在于此。

改革开放之后，国家和地方财力持续增长，但长时期里，建造地铁仍然只是北京和上海两座特大型城市的特权，而且即便在这两个城市，必须送交国家发改委批准的地铁项目，还借助了北京举办奥运会、上海举办世博会的重大契机。在中国，举办大型国际赛事和会展可以拉动地方经济发展尤其是基础设施建设的奥秘就在这里。

2008年世界金融危机之后，国家在大力兴建高铁的同时，放行各地地铁项目，一些人口有限的三线城市也通过了国家立项。一时间，全国各地到处是地铁工地，地方政府通过举债等手段，筹措资金，确保项目进展。但在后续运营中，除了通勤时间段，地铁车厢内空空如也，是不少城市的一景，让人担心的不是一次性的建设投入，而是日常运营成本的不可控。毕竟繁忙如上海的地铁线路也不是每一条都能用票价收入来抵消运营成本的，更不用说偿还建设投入的本金和利息。

2017年底传来了内蒙古包头市地铁立项被叫停的消息。这个消息被财经评论员评价为，地铁作为拉动GDP增速的手段走到了尽头。2018年新年刚过，又有传闻称，作为地铁立项的门槛，地方财政收入的指标将提高3倍。

基础设施建设作为经济增速的"保温器"，根本上具有权宜性，暂时用一下可以，因为GDP单纯计算产品和服务的市场价格，不考虑社会财富的积累，但长期使用必然带来资金链问题。凯恩斯在鼓吹政府利用扩张的财政政策，通过公共工程，人为刺激就业时说过，就是雇人来挖个坑，再填上也好，因为工人找到工作，有了收入，就可以消费，企业产品卖掉了，就可以恢复生产，随之产业链重新启动，经济走出萧条。问题是挖坑填土作为经济活动，没有创造任何财富，相反还会消耗工具等原有的积累，所以本质上是拿已有财富去推动生产—消费—再生产的经济活动之链。如果后续经济活动生产出来的财富增量没有超过被消耗的财富存量，最后挖坑填土作业将像钟摆一样，虽然受第一次推动影响而左右摇摆，但在克服空气阻力的动能消耗完后，总会归于静止。

基础设施建设可以刺激经济，也确实刺激了经济，2008年"四万亿"之后，中国保持了大约两年的经济高增速，随后再次下滑，2012年之后，虽然再次刺激，但效果是递减的。毕竟，仅仅依靠财政和货币政策，经济难以维持高增速，相反，由于基础设施建设周期长、产出低，尤其是能带来"致富"效果的项目逐渐枯竭之后，回报将无限期推迟，甚至没有回报，还需要不断再投入，就像全国各地城市建成的地铁线。债务链延长而且绷紧的结果是，随着全球货币环境的收紧，中国有利于基础设施建设的财政货币政策，也到了转变的时候。虽然通过"供给侧"改革的"去产能"，上游的原材料行业利润增加，偿债能力增强，通过房地产"去库存"，房地产企业和地方政府部分债务转移至居民部门，但下游的制造业在产品严重过剩的情况下，无法将价格上涨的压力转嫁给消费者，而购房贷款的增加，也让居民的即时消费意愿和能力受到更大压制，消费增速进一步下降的压力，开始向上游逆向传导。而且上游大宗商品涨价，反过来导致基础设施投入的成本增加。随着债务风险逐渐暴露，为防止系统性金融风险的监管手段开始登场，资金宽松的态势彻底改变，伴随中国改革开放40年、立下汗马功劳的基础设施建设面临何去何从的现实选择。

三、国民生活方式与基础设施建设的正反馈

中国基础设施建设的成就举世瞩目,但同基础设施有关的中国之谜,却不只是新建成的基础设施夺人眼目,仅仅视觉感受或加上乘坐高铁时稳定舒适的体感,不足以同迪拜这个凭空建造的梦幻之城相媲美。但迪拜不是谜,因为背后就是石油,地底下引来的自然财富,而中国基础设施建设来源于中国国民创造的人间财富,40年里凝结在"铁公基"中的巨量财富是如何实现的?这个无法为外人理解的财务平衡是怎么达成的?这才是中国基础设施建设之谜的核心。

1."先生产,后生活":国-民同构的用钱逻辑

中华民族自古喜欢兴建基础设施包括水利工程和防御工事,这是灌溉农业的产业形态和抵御游牧民族入侵的军事态势所决定的。统一六国、创建中国历史上第一个中央集权国家的秦国,对基础设施建设情有独钟。中国留存至今最有名的水利工程中,有三大水渠是秦国建设的,今天都成为世界遗产,分别是地处关中由郑国主持修建的郑国渠、地处广西由郑国的学生史禄主持修建的灵渠和地处四川由李冰父子主持修建的都江堰。中国古人的技艺,在后人那里没有荒废。

据《史记》记载,秦国老是欺负邻国,韩国想让秦国多把心思用在国内,不要再来侵犯,就派了水利专家郑国,去游说秦国开挖水渠,以此消耗秦国国力。水渠挖到一半,阴谋暴露,秦王大怒,要杀掉郑国,却被郑国一番话说动了:"我的确是间谍,但水渠挖成之后,秦国富强

可期。"秦王信了他,继续施工,最后水渠建成了。从此,关中 4 万公顷的土地得到灌溉,秦国粮食产量大幅提高,国力大为增强。秦王一高兴,把水渠命名为"郑国渠",后世称为"天下第一渠"。

基础设施建设事关国力,是国家建设的一部分,做好了,可收事半功倍之效。在采取灌溉方式进行农耕的中国,水利工程的作用是放大人力的经济价值,提高经济活动效率,古代中国愿意做这种投入大、产出效率也高的事情。

基础设施建设能收利国利民的双重效果,但工程浩大,眼前的财政压力不小,如何处理当下与长远的关系,需要襟怀、立意、眼光和谋划,也需要勒紧裤带的决心。这是中国古代最重要的知识,流传至今,成为中国人的生活常识。

改革开放以来中国以其他国家无法想象的力度,开展基础设施建设,实有历史渊源,许多思路和做法古今相似,经国济民的道理一脉相承。尽管中国当代的基础设施建设在目的、性质、功能和技术上,同秦国以及秦以后的历朝历代,多有不同,但其中蕴含的战略思维是相同的。雄视千古的秦朝在政府行政管理体制、"书同文、车同轨"等方面,留给了后世中国人一项重要经验:国家建设离不开基础设施建设。

国家是由国民组成的,国家有什么习惯,国民也有什么习惯,反之也一样。决策国家行为的官员也是民族一员,传统文化总会以神不知鬼不觉的方式,悄悄地进入国家决策,最后形成的历史轨迹总是同普通个人——在中国就是传统小农,高度相似。

千百年里,一户普通中国农民,无论处于温饱还是小康,无论种自家的地,还是租种别人家的地,都会努力耕耘,养家糊口,争取"连年有余"。但凡地里有些产出,一定会选最好的拿来卖钱,而不是放开肚子吃。积攒的钱差不多了,做的第一件事,一定是买地,因为有了地,就可以有更多的收成。

地多了,一家人种不过来,就买牛,减轻劳动强度,提高土地产出,在精耕细作的农业生产方式中,犁地是一件十分累人的活。

"三亩地,一头牛,老婆孩子热炕头。"地多了,钱多了,就盖房子,娶媳妇,人丁兴旺。如果还有钱,就存下来,背债务,不好,有余钱,才好。因为气候无常,世事多变,未雨绸缪,有备无患。

等一代人老了,过世之后,财富就在儿子们中间分配,至于是否出现"孔融让梨",那要看家教如何,但财富被打碎,总是避免不了的。

于是,买地、买牛、生儿、盖房的过程再次启动,生命的循环伴随着财富生产和积累的循环,变的是人物角色,不变的是生产和消费习惯,其中最根深蒂固的习惯是留住劳动所得,最好固化为搬不走的土地和房屋。安土重迁的中国人愿意面对扎根土地、看得见、搬不走的财富,心里踏实。

现如今,富裕起来的中国人,时兴出国旅游,购物十分起劲,人均消费金额全球第一,但舍不得住好的酒店,坐公务舱,进餐馆吃饭,坐出租车,理发美容,更不愿意付小费。表面上看,是因为国外物品价格低,服务价格高,但深层次上则是因为哪怕在出国旅游这种非刚性需求的满足上,中国人仍然遵循着古老的习惯,尽可能保留"值钱的东西",减少会让财富即时消失的服务消费。

从中华人民共和国建立至今,中国实际采取的发展战略始终是"先生产,后生活",不同历史时期的区别主要在于一个是谁生产,另一个是生活怎么样。

在计划经济时代，生产是在国家组织下进行的，个人只是按照国家计划，让生产什么就生产什么，让生产多少就生产多少。由此导致的一个结果，当然是国家给分配多少就拿多少。这生产出来的财富扣除分配给居民的财富，就可以用于各种公共需要，包括投资建设基础设施。

改革开放之后，国家放开了许多经济活动领域，个人可以作为市场主体进入其中，从事经营活动。从总体上说，开放的领域越来越多。同时，在"让一部分人先富起来"的发展战略下，国家给个人保留了一部分收益，个人在上缴税费之后，可以有相当的收入。这个比例其实一直处于变化之中，而且由于改革先破后立的特点，在特定时期的特定领域中，比例还有明显甚至巨大的不同。但有一点是肯定的，国家政策决定了全社会新创造财富的基本分配格局。这既反映在每年新创造的 GDP 在政府、企业和居民三个部门的分配比例，也反映在更可触摸的税收政策以及相应的优惠上。

相比其他国家，无论是发达国家还是发展中国家，中国国民财富分配上，居民所得长期处于较低水平，而政府所得中用于同民生有关的开支，也长期居于较低水平，这是事实。原因很简单，钱就这么多，用在这里就不能用在那里。在中国，国民喜欢把钱用在可以保留价值的地方，政府也喜欢把钱用在可以保留价值的地方，基础设施就是国家与国民都觉得不错的放钱的地方。

在城市里，居民对公共设施缺乏反响强烈，尤其是在公共交通上，如果车辆不够，设备陈旧，道路拥堵，肯定怨声载道。只要政府宣布改扩建道路或者建设高架道路，哪怕一时堵得更厉害，居民也不会吭一声。如果为了修建地铁而要求封路或交通改道，市民不但不会有任何怨言,还为此倍感有面子。城市公共设施更新不只是城市的脸面,也是所有居民的体面。

中华人民共和国建立以来,先是初步建立了工业体系,改革开放之后,又在健全和完善工业体系的同时,建立了完整的公共设施体系,并形成网络效应。这个过程如果只有国家的积极性,没有国民认同和支持,是不可能实现的。

2. 国-民不分:公共产品市场化的道理

中国的以投资拉动经济增长的模式,明显具有国家主导的特点,在基础设施建设领域,这一特征表现得更加明显。以中国享誉世界的高铁网络建设来说,原本属于铁道部的职能,后来铁道部"政企分开",行政管理职能落实在国家铁路局,归交通部管,为副部级机构,业务则归新成立的中国铁路总公司,国有性质明确,行政级别为正部级,比主管部门国家铁路局还高半级。高铁建设的主要资金来源包括中央预算内投资、铁路建设基金、铁路建设债券以及专项建设基金,还有银行融资、地方政府出资等,另有部分社会投资。到 2017 年 9 月,中国铁路总公司带息债务达 4.1 万亿元。资金来源虽然多样,国资是主要属性。其他许多基础设施也在不同程度上具有类似的所有制特征。

以国家投入为主,首先当然是因为基础设施本来具有公共产品的属性,国家有责任为全社会的生产生活提供交通、运输、水利、能源等方面的便利。

同时,事关国计民生的重大项目也难以完全按照市场规则来运作,无论从建设周期、资金回收还是从价格标准等方面考虑,国家在其中承担公共责任是必须的。2018年春节期间,海南岛大雾锁海,轮渡不畅,航班吃紧,一张飞往东北的头等舱机票被抬高到2万元左右,最后还是靠国家调度航班资源,才缓解了空运能力不足造成的交通紧张。

况且,在基础设施建设上,国家有长远利益考虑,即使一时不能产生明显的经济效应,但布局成功之后,可以发挥重大的战略作用。无论青藏高原开通铁路,还是新疆广袤大地建成机场、开通支线,都有国家战略需要在,早做晚做都是做,只要财力能承担,又有助于维持经济增速不致过快下滑,该做还得做。

经济学家看不懂的,不是中国怎么能以这么大力度推进基础设施建设,而是大量资金投入基础设施建设领域后一时很难收回,后续资金保障也可能出现问题,在此情况下,中国为什么不但没有出现问题,还能持之以恒?

这里有一个奥秘,那就是中国政府并没有绝对区分公共部门与私人部门,没有墨守成规,被"铁公基"属于公共产品、不能按市场方式来运行等观念所束缚,而是根据中国实际情况,灵活处理公共产品的市场定价问题。

反过来,要是政府严格按照公共产品的属性来建设基础设施,开放给居民无偿使用,那就只有等到公共财政积累到一定程度,有足够资金来建设基础设施时,才能启动相关项目。这样一来,基础设施薄弱这个发展中国家的通病,势必严重拖累中国经济发展的步伐。在公共财政不足时,引入外资或民资修建公路,建成后企业可以收取通行费,政府靠贷款修建的基础设施投入运行后,一样可以采取收费方式,让社会分担部分建设及运营费用,以加快资金周转,争取更多基础设施立项,进而带动经济发展。

中国的基础设施使用者心里也非常清楚,如果使用高速公路可以节省时间和油钱,即便交了一些通行费,还是比在破旧公路上颠簸拥堵来得划算。至于道路是谁修的,使用者并不太关心,修了路是否带来实效,收费的性价比如何,才是真问题。

不死守书本上的现成结论,坚持从实际成效出发,让中国基础设施建设实现了自身发展,也促进了国民经济的整体发展。这也可以视为传统智慧"民不加赋而国用饶"的现代版:路上加油的钱省出来了,付完通行费还有余,就感觉不到交费的痛苦了。

3. 高储蓄率:出奇友好的投资环境

在中国人的生活方式中,同中国经济发展模式关联度最高的,也最为西方经济学家难以理解的是普通家庭的储蓄癖好。国家为了加快经济增长,实施"先生产,后生活"或"重投资,轻消费"的发展战略,有其道理。但如此政策取向,必定影响普通居民的经济收入。按理说,中国家庭应把本已不多的收入,及时拿来改善生活,然而事实恰恰相反,绝大多数家庭省吃俭用,把有限的资金存进银行。而且明知道每年通货膨胀率高于存款利率,仍然无怨无悔,存钱不止。于是,存款利率低,贷款利率也低,居民存入银行大量资金,且以定期为主,为国家提供了额外的低利率资金,间接支持了基础设施建设。中国经济发展高速而持续,不但因为国家在特定时期的政策得当,更因为国民生活方式在国家发展特定时期发挥了意想不到的正面作用。

在商品匮乏尚未完全解除的 20 世纪 90 年代上半期,政府常常为了居民存款这只"笼子里的老虎"什么时候会冲出来,造成恶性通货膨胀而担忧,价格闯关需要极大的勇气和风险承受力。当时中国改革进入攻坚阶段,随着一波波通货膨胀,居民抢购现象不时爆发,让主政官员始终捏着一把汗。在通货膨胀高峰期,政府不得不推出"保值储蓄",超高利率的作用就是把"存款老虎"留在笼子里。

改革释放经济活力,生产上去了,供应充沛之后,需求却跟不上了。匮乏已过,过剩初现,这时候政府十分希望"笼子里"的这只"老虎"出来溜达溜达,却怎么也弄不出来。

1999 年,为了拉动经济、减轻就业压力,国家决定扩大高等院校招生,同时提高学费标准。政府本来预想大量学生进大学,无论学费、书杂费还是生活费、交通费,都是支出,这下可以改变中国家庭的存钱癖好,把真金白银拿出来用于消费。但事实是,有孩子进大学的家庭确实支出增加了,但更多孩子还小的家庭却有了更具说服力的存钱理由。即便扩招当年,大学生入学人数剧增 42%,也不过 153 万人,而高中以下所有学龄儿童甚至学龄前儿童的家长,只要还存有念想的,都开始加紧存款,为将来孩子上大学未雨绸缪。这样算下来,扩招之后,银行存款有增无减。

国家与国民在储蓄问题上难解难分的局面,直到住房制度改革之后才得到彻底改观。经过一波又一波房地产价格上涨的引诱,中国居民存款这只"老虎"终于冲出"笼子",此为后话。

各国政治家都会说"取之于民,用之于民",唯有在中国,不用政府来取,家庭喜好储蓄的习惯,成倍增加了政府可用的资金,提升了政府投资拉动经济增长的能力和效果,基础设施建设,一往无前。

4. 集群消费：国民行为的规模效应

中国高铁开通不久，相比原有线路，票价有很大提高，一时间专家批评声、民众抱怨声不断。农民工辛苦一年收入不多，高铁虽然能明显缩短路途时间，但性价比太低，票价涨幅远远超过农民工省下的时间工资。有专家预言，高铁将因乏人问津而亏损累累，"高铁发展早了"成为压倒性声音。

到今天，春运期间高铁一票难求，原来指望票价能起到对需求的某种抑制作用，现在看来，完全落空。原因很简单，中国人尤其是农民工对于回家过年，有着不可抑制的需求。曾经的票价压力相比购票压力，根本不成其为压力。一旦心理障碍克服，票价到底高不高就不是大问题。中国高铁建设如此顺利，同国民的票价承受力有着很大关系。

中国人无论在生产还是生活中，都有高度从众的倾向，从农民的你种什么、我也种什么，到市民的你有、我也要有，彼此效仿，相互攀比，成为所有国民的乐趣，也成为大家的压力。"别人家的孩子"是所有家长永远的羡慕，也是所有孩子永远的痛！

这种心态、观念和行为方式根本上来自中国传统社会结构。中国是古代世界最平等的国家，中国社会存在等级，至今没有完全消失，但没有世界曾经普遍存在的等级壁垒，因为个人可以通过制度化的渠道，比如科举制，改变自己的社会地位或等级身份。"朝为田舍郎，暮登天子堂"，"落难相公中状元，私订终身后花园"，既是戏文，也是现实。

社会身份的改变可以同自己比较，前后不同，也可以同旁人比，彼此不同。唯有在计划经济时代，中国人基本不作相互比较，因为实在没得比。只要同一年进单位，工资一样，津贴一样，拿什么比？改革开放之后，先富起来的只是一部分人，攀比逐渐进入常态，且愈演愈烈。由于内在素质难以直接观察，个人"身外之物"获得了特殊的符号价值，从第一批下海经商者脖子上戴的粗得不成比例的金项链，到恢复高考的首批大学生别了校徽而特别挺起的胸脯，从第一代手机被命名为"大哥大"，到奢侈品牌制造商为满足中国消费者炫耀心态而在原本低调才奢华的包包上特意加装闪亮配件，一个人人希望证明"我不比你差"的社会氛围，为中国制造商创造了在其他任何国家都不可能获得的大规模出货机会。互联网、手机、电子支付、共享单车等莫不如此。只要支付能力允许，中国人的消费不动则已，一动就成规模效应。规模成为巨量投入最可靠的财务保证。在这样的社会消费模式流行的当口，如果政府再借助强有力的管制和导向，还有哪个行业不可以一夜红遍天下？

当过年成为人人都应该回家的时节，当高铁成为人人都应该乘坐的回家交通工具，当私家车出游成为人人都应该有的休闲方式，对"铁公基"的需求必定迎来消费高潮。公路收费、高铁票价和机场建设费乃至机票的随行就市都不成问题。中国基础设施建设回报有望，债务偿还有望，再建不难！

5."国定长假"：让利国民培养消费习惯

同高铁相关联，但又不局限于高铁的"长假现象"，也是一个可以用来分析中国人整齐划一的消费行为之典型案例，而且其中更容易发现国家迎合国民消费方式以拉动经济的谋略。

本意是为了刺激国内旅游而由国家特意设置的春节和国庆节"长假",并没有给国民带来假期的增加,共计七天的假期,只有三天国定假日,另外四天需要靠集中两周的双休日才得以凑成。在国家已经制定"带薪休假"政策的情况下,为什么国民仍然不嫌集中度假带来的一系列问题,而执意前往旅游景点观赏"人山人海"呢?原因无非有两点:一是带薪假期难以全面执行,企业不放行,职工没办法;二是中国人喜欢携家人一起出行,即便带薪假期可用,家庭成员的假期未必都能凑到一起来。现在政府规定"长假"统一放假,企业没了不准假的理由,商业伙伴都放假了,自己不放又待如何?而全国一起放假,家庭成员自然不用费心凑假期,开着自驾车逍遥去吧。

　　旅游本身就有平衡不同地区经济发展的宏观功能,通常风景如画的地方往往是欠发达地区,游客的流向就是现金的流向;而且旅游可以拉动内需,却不需要消耗太多资源,相对环保。过去砍树,越砍越少,现在看树,越看越多。游客多了,还能带动景区及所在地区基本建设,提升接待能力离不开道路和宾馆建设。最后,旅游还有培养旅游者使用新建造的高速公路和高铁的习惯的价值。

　　"长假模式"虽然给游客带来的感受不佳,但对景区及所在地区来说,经济效益往往翻倍。无论景区景点、宾馆住宿、饭店菜肴还是航班机票,价格上涨幅度可观,相关产业赚得盆满钵满。如此国-民共赢的假期安排,反映出中国政府不但在调控经济,而且在促进地区平衡方面极为精明,堪称经营有方。这才有了假期高速公路免收通行费的规定。

　　国定假期高速公路免收通行费本是一项毁誉参半的政策,但坚持多年,已成常态。中国高速公路收费饱受诟病,全世界总共 14 万公里的收费公路中，中国占了 10 万公里以上，随着中国高速公路建设速度大大高于其他任何国家，这个比例有增无减。这么多的高速公路中有许多国家投入，作为公共产品理当免费，中国之外，全世界只有 4 万公里收费公路的现实，就说明了这一点。但相信"要致富，先修路"的中国人，硬是在财力不够的情况下，使用银行贷款建成一条又一条高速公路，从改革开放开始时全国没有一条高速公路到 2017 年全国已建成通车的高速公路总里程达 13.6 万公里。建设速度如此之快，收费自然难以全免了。西方经济学强调的私人物品和公共物品的分野，在中国高速公路范围内，不具有实际意义，中国政府相信实效，不拘泥于概念。

然而，平时不免费，到了长假期间，7 座以下（含 7 座）的载客汽车都可以在各类收费公路包括机场高速路上免费通行。这对靠收取通行费来还贷和赢利的路桥企业显然是不公平的。长假期间商店商品不免费，游乐场不免费，航班机场费也不免费，何以独独规定高速公路免费？而且仅对家用客车免费，货车和大客车都不能享受同等待遇，这一碗水确实没有端平。

从免费政策多年的运行效果看，免收通行费对于普及私家车、鼓励全家出行、拉动整体旅游消费，起到了积极作用，免费期间高速公路堵成了停车场，就是证明。市场营销专家有研究，国民消费能力与使用的交通工具有关，开私家车的要远比步行、骑自行车、坐大巴的消费者，支出更多。至于由此造成的交通堵塞、景区爆满等问题，就全看游客自己怎么看待和处理了。只要喜欢从众，愿意随大流，热衷于凑热闹，那么遭遇不方便就纯属"咎由自取"。

其实，政府对私家车网开一面，除了拉动旅游之外，更多的关注点是自驾游可以将现金流引向更广大地区,尤其是旅行社不到的地方,这样更多尚未开发或不便于开发的地区居民也能分享发达地区经济发展成果的溢出效应。"端不平一碗水"或许不是水平问题,而是有意向哪方面倾斜的问题。

"经国济民"总要让国家和国民两边得利。

四、中国高强度建设基础设施的前景

国内有经济学家坚信,中国经济应该坚持投资拉动,因为GDP来自产能,产能来自投资,所以,GDP要增长,只有持续不断地投资。消费不可能拉动经济,因为被消费掉的财富无法再投资成为产能,"GDP不是吃出来的"。

1. 饮食文化有贡献于中国GDP

如此小看"吃货"对中国经济的贡献,理所当然受到全社会包括经济学同行的质疑。确实,相比投资,吃下肚子的东西不能用于投资产生GDP,但要是不吃,GDP中会缺少很大一块。

近年来,受电子商务挤压,线下零售业普遍经营不佳,店堂里营业员多于顾客已成常态。唯有餐饮业一枝独秀,才没有让中国雨后春笋般耸立的大楼大厦门庭冷落而致关门大吉。支撑中国餐饮业的不但有宏大的"饮食文化",还有80、90后生活方式的急剧改变。外卖已成习惯,双休日早餐最好由小哥直送床头,即便陋室也胜过五星级宾馆。

反过来,如果中国也像中亚某些国家那样食谱简单,主要由面包、蛋糕、奶制品、烤肉、黄瓜、西红柿所构成,那中国从饲料、肥料、养殖、种植、运输、加工、制作、销售,直到最后的餐饮和外卖,那漫长产业链上星罗棋布的企业和难以计数的就业岗位,到哪里去找?"民以食为天。"光吃当然不行,但不吃更是万万不行。中国人爱吃和能吃是经济发展重要的推动力量。君不见,现如今电视台从中央台、地方卫视台和不上星的地面频道,各种"味道"节目占了半壁江山,不吃,恐怕连电视台都难以维持。

何况,GDP 增长如果不局限于外延式增长,而采取内涵式发展的路径,通过提升附加值不也能实现吗?毕竟计算 GDP 的方式是"按产品和服务的市场价格",而不是单纯的按件计数。同样中国产的包包贴上一个国外奢侈品大牌的标签,当下身价成倍甚至成百倍增长。既然想提高 GDP 增速,为什么只考虑增加包包的数量,不考虑提高包包的品牌含金量?当然,提高含金量需要使用更加精良的制作设备,但今天中国包包制造业缺的不是好设备,而是好创意。不让人充分满足物质生活需要,不让人吃好,不让人过上体面生活,很难有好创意。

倘若中国真以那位经济学家预测的"每年增长 8%,连续 20 年"的速度,作外延式增长,到时中国 GDP 总量将占世界多少比重?各国还剩下多少就业岗位?现在中国与世界不少国家包括美国、巴西、新西兰的贸易要靠中国进口食品来平衡,如果只投资、不吃,贸易平衡问题怎么解决?失衡太严重,别人失业了,拿什么来换中国生产的越来越多的产品?

经济发展的目的是为了人可以过上好日子,吃到好东西,吃太胖了可以减肥,不能为经济而经济,人反而成为经济发展的工具。

特别让许多刚刚吃饱、还没吃好的人不忿的是，经济学家们基本上都已经过上幸福日子，凭什么就不让别人过好日子，一味要求省吃俭用去搞投资拉动？

所有这些批评，经济学家都得听着，毕竟中国到了"人民日益增长的美好生活需要和不平衡不充分的发展之间的矛盾"成为社会主要矛盾的阶段，美好生活不是单纯投资能够创造出来的，尤其是如果投资拉动生产出来的商品主要供出口，而自己连吃都不能吃个痛快的话。

2. 中国人增加消费让世界喜忧参半

然而，批评投资拉动经济的观点再振振有词，也不能自动让消费拉动经济的观点站住脚，因为消费从哪里来，如何实现，同样也有问题。

撇开就GDP论GDP的极端观点，正常情况下，投资能带来社会财富的增长，消费是对社会财富的消耗，这是生活常识，几千年来，中国农民就本着这个朴素想法，劳动不止。

现在中国虽然GDP跃居世界第二，但人均GDP在世界181个国家中还只排第70名。今天中国的钢铁产能远远超过美国，达到世界第一，但在全社会保有的钢铁总量上，中国仍然大大低于美国和日本。据推定，美国钢铁积蓄量约60亿吨，日本约为25亿吨，中国约85亿吨。以美国3.2亿人，日本1.3亿人，中国13.5亿人计，人均钢铁积蓄量为美国18.75吨，日本19.23吨，而中国仅6.3吨。如果中国继续改进所生产的钢铁结构，增加高附加值的钢材比例，人均钢铁积蓄量还有很大增长空间。基础设施建设是增加社会钢铁积蓄量的重要途径。

中国人口基数庞大，任何事情只要乘以14亿，小事情也会成为大问题。中国人喜欢温哥华的龙虾，当地龙虾价格就涨了几倍；中国人喜欢樱桃，色黑果大为好，智利生产者就让樱桃长成黑红大果；中国人喜食猪爪，结果在不爱此物的英国，猪爪价格猛涨；中国饮食文化增加了各国许多贸易机会，同时也给其国民带来生活成本压力。

处于人口红利期的中国曾带着巨量的劳动人口进入世界市场，通过出口产品、进口岗位，拉低了全世界劳动力成本。初步富裕起来的中国人通过农副产品进口、农业岗位出口，解决了相关国家的就业问题，在抬高工人工资的同时，也抬高了产地价格。

世界是"能量守恒"的，中国需要的食品得从土地或工厂里生产出来，一旦中国靠消费拉动经济的发展模式确立，中国对世界食品需求的不断增长，如果不能通过开垦耕地来解决，就只能通过其他国家民众少吃一点来解决。就像中国北方决定冬天用天然气来取代燃煤供暖，国际天然气市场价格就剧烈波动。只要看看中国超市货架上已经铺上多少进口食品，就不难想象中国采纳消费拉动的经济发展模式，可能对国际市场和各国消费结构带来什么影响。

单纯站在中国立场上的消费者，或许考虑不到对世界的影响，但在全球化已经不可逆转的情况下，中国对世界的影响最终一定会反过来影响中国自身。

3. 基础设施建设作为消费新形态

在国内生产已不足以满足居民消费需求、而国外进口也会极大影响世界的情况下,无论用投资拉动还是消费拉动,如果只此一招的话肯定不行,"三匹马"只有走齐了,经济才不至于失衡。当投资已难以为继,消费又存在瓶颈的时候,找到投资与消费合二为一的结合点,是一个值得认真考虑的方向。

基础设施建设一直被看作投资领域,而不是消费领域。其实基础设施同时具有投资和消费的双重属性。基础设施建设本身需要消耗大量资金和物资,众多制造行业的产能依靠基础设施建设来实现,这是"铁公基"拉动经济增速的根本原因。

同时,基础设施建成之后,也给国民消费提供了新的需求及其满足机会。没有宽带网络的建成,不会有移动通信、网上社交、手机游戏;没有高铁成网,国民不会对出行速度那么敏感,对出行舒适度要求那么高。现在动车一等座卖得比二等座好,G字头和D字头耗时差不多,票价差不少,但对旅客购票的影响已经不明显,发车时间才是考虑的首要因素。中国中等阶层迅速扩容将推动消费从数量向质量,从物性向人性,从价格向价值,从价值向意义的升华!

高铁和飞机压缩了时间成本,催生出同城效应,引导中国人口进行地理分布的大调整。目前中国人口-地域的静态分布继续强化着向大城市集中的趋势,而动态分布则已渐成"逆城市化"潮流。人口越来越少的乡村和小镇,随着资金流入,闲置资源利用率得到提高,在不加剧环境压力的情况下,增加GDP产出,助益中国经济增长。

近年来,中国旅游正在转型,"走马观花"逐渐被深度体验所替代,连锁酒店在侵蚀了高端酒店之后,越来越感觉到来自民宿的压迫,而高端"农家乐"的兴起,让农副产品附加值大为提高,也让农村富余的中老年劳动力得到实现。老伯伯用传统方式种植的蔬菜和老奶奶用传统方法腌制的酱菜、咸肉,价格不菲。不可买卖的农村宅基地上人去楼空的老旧破屋,获得投资客青睐,建筑师的创意建构出城市小白领的时尚。一套不知渊源的礼仪,一个无法考证的故事,让普通茶水卖出"龙井茶叶虎跑水"的价格。"休闲文化"大行其道。

旅游业的升级版同基础设施的功能型转变存在高度关联。没有高速公路或高铁带来的近便,不可能有城里人兴之所至,下乡"一日游"。如果说,基础设施同消费的关系就像食物与冷藏车,个人或家庭在消费食物的同时,也在消费冷藏车,食品价格中包括了冷藏车的折旧费用,那么,公路和私家车出行不也是同样的关系?除了公路比冷藏车投资额更大,投资回收期更长,而且更加耐用,其他区别并不大。

所以,即便在基础设施投入巨大,积累的债务几达天文数字的当下,国家仍然坚持不歇,不只是因为维持基础设施建设强度,才能实现上游的产能,确保产能向GDP转化,而且下游有许多且越来越多的产业在催促着基础设施的继续完善。基础设施建设正成为全社会整体内需的一部分,成为国家与国民共同需要的"消费品"。

何况,随着中国人口红利趋于消失,低端产业开始向国外转移,这时候,发达便捷的高速公路和铁路系统成为留住企业的重要因素。劳动力成本比中国低的国家,基础设施一般都比中国差,运输成本高昂不说,交货期没有保证,企业因此宁可承担较高的人工成本,也不愿意承担运输成本和违约风险。

"铁公基"的功能是综合的,账要算,但不能只算财务账。

4. 高强度基础设施建设资金链承受巨大压力

投资巨大的基础设施建设之所以能长期持续,主要因为中国建立了多样化的融资渠道。

国家和各级政府在基础设施建设中的投入从来相当可观,资金来源也相当多样化,有财政拨款、各种基金、政府担保的银行贷款或融资,还有第六章将探讨的"土地转让金"所得。随着地方政府债务问题日趋严重,这方面的资金将出现困难,呼和浩特地铁项目被叫停就是一个信号。

最大的问题可能来自中国金融形势的新变化。随着全球货币环境的改变,流动性收缩已是大势所趋,中国无论发行债券、货币超发还是加杠杆,都受到了限制。而随着居民部门加杠杆结束,国家坚持"住房是用来住的,不是用来炒的"的房地产市场定位,严厉调控之下,房价上涨停滞,政府土地出让金收入也将随之减少,如此,则地方配套建设资金来源不容乐观。对开发商和居民来说,银行贷款成本上升,难度加大。而且除了央行银根收紧之外,居民存款速度本身在下降,这里不但有住房贷款过快消耗居民存款的原因,还有中国社会进入深度老龄化且速度不断加快的原因,老龄化的一个后果就是变存钱为用钱。中国居民存款速度正在飞快下降,事实上存款增速低于贷款增速的情况已经出现,个别地方甚至出现存款额增加低于贷款额增加的现象。中国如果进入因为老龄化而整体被动消费的阶段,且不再回头的话,高储蓄率的奇迹也将终结,基础设施建设的资金链趋于绷紧,恐将成为现实。

5. 基础设施建设作为中国走向世界的先遣

以"一带一路"倡议为标志,中国经济走出去渐成潮流,虽然眼下因为国家控制外汇流失,暂时收紧了对外投资,但人口红利期已过,资金严重过剩的局面下,资本出海是必然的。

在各项经济指标中,中国用得最多的是GDP(国内生产总值),这本身没有问题,世界各国普遍如此,尽管大家都知道这个指标不是没有缺陷。不过还有一个指标也同样有用,在特定场合下,可能比GDP更能说明问题,那就是GNP(国民生产总值)。

按照定义,GNP指一个国家(或地区)所有国民在一定时期内新生产的产品和服务价值的总和。GNP按国民原则核算,只要是本国(或地区)居民,无论是否在本国境内(或地区内)居住,其生产和经营活动新创造的增加值都应该计算在内。

简单地说,在中国境内由外国企业和外国人新创造的产品和服务的增加值可以计入中国的GDP,但不能计入中国的GNP。同样,中国企业和个人在境外创造的新增加值,不能计入中国的GDP,但应该计入中国的GNP。中国GNP等于中国GDP减外国企业和个人在中国新创造的GDP加中国企业和个人在境外新创造的GDP。

日本经济常被人描写为"失去的20年",但日本接受的外来投资少,对外投资多,目前在海外的资产有3万亿美元之多。所以,日本经济有两个部分:一个是日本经济,在国内;另一个是日本人经济,在国外。日本的GNP大于GDP。

在中国大陆,这一点浙江省做得最好,也被认为有两个部分:一个叫浙江经济,即省内GDP;一个叫浙江人经济,即包括国内省外和国外的浙江资本生产出来的 GDP。浙江省的 GDP 在国内名列前茅，如果计算 GNP，排位还能前移。

GNP 的实际意义并不在于计算一个国家或地区有多少产能。如果说，GDP 指实现了的产能或有效的就业岗位，则 GNP 更接近这些产能或岗位所创造的新财富。所谓境外的 GDP 实质上就是一个国家或地区的资本借境外的其他生产要素如土地、劳动力、环境等而实现的增殖。所谓"外资"无论用于中国在海外的资金还是外国在中国的资金，都意味着产能留给所在国，财富回到所属国。自工业化以来，先进国家无一不热衷于资本出海，根本上都是为了获得其他国家或地区劳动者所创造的财富。

改革开放以来，中国经历了一个从为了形成产能、获得更多岗位、实现人口红利而接受外来资本，逐步转变为追求盈利而出口资本，从其他国家获得利润的过程。这是中国经济发展的必然结果，也是中国在全球经济结构中地位上升的表现。

近年来，一些外资企业因为各种原因撤出中国，引发争议。其实，从中国自身发展要求来说，外资退出一定程度上是合理的，因为这将带来中国 GNP 与 GDP 之比的良性调整，加上中资出海继续增加的话，中国的 GNP 增速将来可能超过 GDP 增速。这个过程会随着"一带一路"倡议得到落实，而进一步加快。

最后的问题出现了，中国资金出海的形式将会是怎么样的？是像某些激进的民营企业那样，收购国外足球俱乐部、房地产、娱乐公司，还是像国家推进"一带一路"倡议那样主要通过基础设施项目和配套的产能转移，或者像福耀玻璃、吉利汽车那样通过制造业产能转移来实现？单纯的财务投资如果精准的话，也能实现盈利，但从造就中国在国际经济体系中的强国地位,让中国国民多年克勤克俭所形成的宝贵产能继续发挥为中华民族创造财富的作用出发,"脱虚向实"应该是更好的战略选择。

现在,世界各国包括个别发达国家和更多发展中国家,对中国投资尤其是基础设施投资和相关产能输出持欢迎态度,只是希望能有利率优惠的资金供给同行。为此,中国发起建立了亚洲基础设施投资银行,并成为最大的出资国,在增加资金来源的同时,也减轻了中国的风险。

剩下的问题是,以今天中国的国力和能力来说,不存在不可克服的技术困难,但以国内的资金状况、新创立的国际融资体制和中国能够提供的其他保障机制而论,对中国基础设施和相关产能大规模出海的综合支持是否可行、可靠并且可持续,正等待证明。

第六章
房地产：中国效率的国-民共振

在中国各个行业中，论发展效率，房地产即便不能独占鳌头，也肯定名列前茅；论中国之谜，房地产也肯定超过其他行业而处于核心位置。不只因为房地产行业发展的效率令人难以置信，还因为房地产行业本身充满神秘感。其他不说，就看业内各种数据，要么不全，要么水分偏大，要么不同渠道发布的数据大相径庭、相互打架，让人无从取舍。靠公开数据研究房地产容易给人不靠谱的印象。

然而，不管怎么说，不讨论房地产，就无法揭晓中国效率之谜，因为太多的线索共同指向这个特殊行业，指向这个行业背后的文化奥秘，指向这个行业爆发式增长中潜藏的国-民关系模式。

一、住房制度与房地产功能演变

在中国，通过房地产行业可以看出城市发展的历史轨迹，而且不只是城市形态变化的轨迹，还有经济社会制度变化的轨迹。

中华人民共和国建立以来,中国房地产行业的发展演变大致为如下两个阶段,中间存在一个不确定的过渡阶段,有点像上海以前"新式里弄"的"亭子间"。

1. 第一个阶段:长期停滞的 30 年

从房地产的角度,对这个阶段一言足以蔽之,几乎就是既没有房产地产市场,也没有房地产行业。1956 年社会主义工商业改造之后,原有的私人房产,逐步转变为国家或集体所有,只留下为数有限的"私房",即含有地权的房屋,其中有许多面积有限,居住条件不佳,至今仍是城市动拆迁中最难啃的骨头。绝大多数居民以向政府或国有企事业单位租赁的形式,居住在公有房屋之中。

在长期的"控制城市规模""先生产,后生活"和"备战备荒为人民"的口号下,城市住房建设基本上局限在五个方向上:

第一,在新兴工业城市中,作为工业发展的配套,用于安顿新增的工业人口,简单地说,也就是职工及其家属,还有衍生的服务人员(在"企业办社会"的体制下,这些服务人员往往也具有企业职工的编制)。一个大型企业在地方上就是一块"飞地",从行政、财政、市政、路政到民政,都自成体系。即便如此,职工要有房可住,往往也要先经过一段简易房屋的过渡,在大庆是垒土为墙的"干打垒",在新疆建设兵团是半在地上、半在地下的"地窝子"。当年体现奋斗精神的建筑,遗存犹在,但经岁月侵蚀,已经不多了。

第二,对居住条件极端低劣、社会治安严重不良的棚户区进行改造,在原有地块上建立仿照苏联风格的集中居住小区,其中最著名的是上海闸北的"番瓜弄"。"番瓜弄"改造前,所谓的房屋是典型的"滚地龙",即用捡来的旧砖、破瓦加油毛毡搭建而成的低矮建筑,人进出必须低头弯腰,拆除后造起工人新村。"棚户区改造"至今仍在全国各地进行中,区别在于同一个概念下,现如今已远没有当年那样条件恶劣、治安不佳。

第三,带有奖励性质的、主要由政府为有特殊贡献的人物建造的"新村",如上海的"曹杨新村",第一批入住者是当时的市级劳动模范。入住之日领导到场,媒体全面报道,具有强烈的"工人阶级当家做主"的政治意味,属于标志性住宅。

第四,带有福利性质的、同大型国有企事业单位相配套的"工人新村"或"大学新村",符合条件的职工或教师才能分配到一套独门独户、配置了卫生间和厨房的住宅,这对于长期处于"七十二家房客"、已经培养出"螺蛳壳里做道场"能耐的都市人来说,是一种全新体验。

第五,作为工业发展或市政建设的配套,为安置原住民而专门建造的新村。目的单一,功能同样单一,环境原始,设施缺乏,交通不便,长期困扰入住居民。上海曾经流传的"宁要浦西一张床,不要浦东一套房",其实说的不是住房质量不行,而是公共设施配套简陋。于今早已时过境迁。

1949—1979年,国家总共投入374亿元建设住房,虽然那个年代的钱比现在金贵,但平均每年12亿元多一点,以1979年全国城市总户数1 700多万户计,平均每年每户只有60多元。如此投入力度,自然无法满足城镇职工居民的居住需求。1978年,全国城镇居民人均居住面积仅3.6平方米,缺房户达869万户,占城市总户数的47.5%。

由于国家在住房建设方面欠账太多,随着改革开放启动,如何通过住房制度改革,来解决市民居住困难成为一个紧迫问题,虽然国家百废待兴,住房制度改革也被第一时间纳入了议事日程。

2. 过渡阶段:不上不下的 20 年

从 1978—1998 年,整整 20 年,各种改革方案相继登台,除了不断探索在福利分房背景下,如何调动国家、单位和个人的积极性,各自承担一部分,继续在"公有制""福利性"范畴内踯躅之外,对存量房的改革基本上就是以减轻政府背负的福利包袱为目的,在"提高租金"和"出售公有住房"两个方向上来回打转。提租需要货币环境,出售需要住房市场,条件一时难以具备,所以,两头都没有走通。

其实,真正的关键是,提租还是出售,涉及两个不同群体的利益。对于无房或有房但面积狭小的住户来说,希望提租,让占据超标或多套住房的居民,可以知难而退,把多余的房屋还给政府或单位,无房户可以获得房屋,面积不足的居民可以改善居住条件。而占据超标或多套房子的居民,则希望采取出售方案,因为售价不高的话,买下之后转手就可以获得暴利。

由于"有房阶级"往往也是有权阶级,在改革路径的选择上,更有话语权,所以,出售房屋的方案更容易得到采纳。但由于贪图多得,房屋售价往往被定得太低,在一些地方甚至低至每平方米六十多元,明显而且严重的国有资产流失,让这条路径自动关闭了。住房制度改革困在了"不上不下"的"亭子间"。

尽管如此,正是这个过渡阶段为后续房地产市场的中国特色创造了重要条件,其效应综合而且深刻。

第一，住宅总量增加。改革开放之后，企业得到了激活，住房制度改革的方向性探索并不影响原来"实物分配制"的运行，所以单位有了自主权之后，在自身财力的限度内，开始利用自有土地，建房分给职工。如果有土地，但资金不足，单位内集资建房也得到允许，"八仙过海，各显神通"，解决了部分职工居住困难。这20年里社会住房存量有很大增长，城镇居民人均住房面积从1978年的人均6.7平方米，到1994年已达15.6平方米，这为后来公房出售准备好了物质基础。

第二，有房者比例较高。绝大多数国有或集体所有单位的老员工有了居住的地方，为日后购买所租公房成为房主奠定了基础。当下统计，中国有房族比例高达80%—90%，居世界最高之列，与其说同房地产市场有关，毋宁说同公房出售的体制演变有关。

第三，奠定家庭财产性收入基础。体制内就业者尤其是年资较高的员工几乎都获得单位分配的租赁房，购买之后有了第一套房，不管后来是否买房，只要没有出售给他人，其财产性收入就有了基础，在随后连续十多年的房价上涨中，其家庭财产跟着水涨船高，成为受益者之一。

第四，改善型购房群体形成。通过购买公房而成为房主的居民，以已有房产为本钱，加上家庭现金积蓄，有能力购买更大的住房，改善居住条件，这就为日后住房市场提供了一个重要的购房群体，即所谓的"改善型购房者"的原型，只要财力允许，家庭会不断寻求改善，这为房地产市场持续发展提供了不竭的动力。

第五，对社保制度的意外影响。有房族比例居高不下，意外地促成了中国社会保障的一个明显特色，在总体水平不高的情况下，有房产者也可以享受低保,而在其他市场经济国家,往往对享受低保者设置财产门槛,在个人财力没有用完之前,不能享用纳税人的钱。但在中国,因为由公房出售而获得的这套房子是生活必需品,在全面商品化之前,一个家庭如果把房子卖了,将无房可住,即便租到房屋,出售房子所得也覆盖不了几年的房租。原来尚能成立的生活逻辑,随着后来房价的暴涨而被粗暴地扭曲,社会保障制度因此变形。

第六,收益面不均衡。体制内的人有房住,体制外的人只能自己买房;中老年人有房住,青年人必须自己买房。在随后房价暴涨的过程中,买得越早,获利越多。在决策因素之外,年龄或年资等对个人房产的有无多寡,产生很大影响,而非个人可控因素所产生的区别性效果就是通常所说的"社会不公平",房地产市场因此成为天然倾向市场的年轻人最不满意的市场。

3. 第二阶段:住房商品化

1998年7月,国务院发布《关于进一步深化城镇住房制度改革加快住房建设的通知》,宣布从同年下半年开始全面停止住房实物分配,实行住房分配货币化,首次提出建立和完善以经济适用住房为主的多层次城镇住房供应体系,并在当时的条件下给出了尽可能具有操作性的要求。

第一,调整住房投资结构,重点发展经济适用住房,加快解决城镇住房困难居民的住房问题。经济适用住房实行政府指导价,按保本微利原则出售,其成本包括征地和拆迁补偿费、勘察设计和前期工程费、建安工程费、住宅小区基础设施建设费、企业管理费、贷款利息和税金等多项因素，加上2%的企业管理费、3%的开发利润，保证中低收入家庭能够承受。

第二，对不同收入家庭实行不同住房供应政策。对最低收入家庭，由政府或单位提供廉租住房，以发放租赁补贴为主、实物配租和租金核减为辅。租金由政府按维修费、管理费两项因素定价。中低收入家庭购买经济适用住房等普通商品住房。对高收入家庭购买、租赁的商品住房实行市场调节价。

第三，发放住房补贴。如果房价收入比在4倍以上，政府和单位可以对无房和住房面积未达到规定标准的职工实行住房补贴。

至1998年底，全国全面停止实物分房，但在执行住房货币化改革的过程中，住房补贴的发放和群众对住房需求满足的程度并不令人满意，住房不公平现象进一步扩大，经济适用房也没有成为供应主渠道。2003年以后，中央继续推进住房制度改革，提出在高度重视稳定住房价格工作、稳定住房价格的同时，加快建立和完善适合我国国情的住房保障制度。

这场明确以面向广大中低收入居民的经济适用房为目标的改革，后来被冠以"住房商品化"的名称，实际走的是商品房独大、金融特性不断强化的路径。这才有了20年之后的2017年，国家再次明确"房子是用来住的，不是用来炒的"，共有产权房和长租房等品种的推出，表明住房制度改革，经过一个完整的螺旋后，回到了原点，但却提高了一个层次，无论在观念上、制度上还是住房属性上。

回顾1998年到2018年中国房地产市场的发展，可以清晰地看到这个市场定位的诡异漂移，看似不符逻辑的轨迹中分明有着生活的道理。

二、中国住房商品化之路

福利分房取消后,中国房地产业主要是住房走上了市场化的道路。但这条路到底怎么走,不是一上来就清楚的。"摸着石头过河。"房地产业今天的态势就同中国整体发展一样,是在前进中逐渐演变而成的。

1. 经济适用房:住房制度改革的起步

住房制度改革的本意是为了加快解决城镇居民居住困难,采取的方法是"货币化分配"。也就是说,尽管以后单位不再给职工分配住房,但购买房屋的费用,应该来自个人收入,而且在面积适当的情况下,应该保持在双职工家庭年收入4倍的水平上。这是20年来一直有人用"个人工资所得多少年才能买一套不失体面的住房"来衡量房价正常与否的道理。城市最低收入是否包含房价,不指住房售价,而指住房租金,是衡量这个"最低"标准合理与否的标志。

在开始时,政府确实往这个方向努力。在提供建房土地时,采取了划拨或协议转让的方式,表明政府无意以地生财、获得额外收益。

促成这种状况的一个现实原因是,当时中国居民手中普遍缺乏现金,银行也没有给居民提供消费贷款的观念和资金。所以,那段时间房价不可能完全包含真实地价,否则就会超过居民的承受力。何况,土地市场本身还不存在,无从知晓土地的真实价格。主要由动拆迁成本决定的土地价格,为后来房价持续暴涨,创造了一个最好的条件,就是基数低,涨价效应明显,诱导作用强大。

让政府对土地采取较为温和态度的,还有一个政府自身考虑。在城市建设欠账累累、市容市貌疲态毕现的当时,改变城市形象,健全基础设施,跟上经济发展的节奏,成为许多城市,尤其是北上广三个"一线城市"的政府目标。经过重新规划之后,新的城市形态需要作出较大的调整,原有的交通布局、居住形态至少需要局部推倒重来,如果在地价问题上陷入缠斗,难免影响城市改造的进度。事实上,对日后房地产业发展影响最大的,是城市道路进入立体时代——市内高架道路和地铁。

建设高架道路必须拓宽原来的路面,拆除沿线住房成为无可选择的选择,上海仅为建设南北高架而拆迁的住房就涉及 10 万余户居民。给动拆迁居民以新的住房是必须的,而建房的综合成本远高于建设道路的费用,高架道路沿线又不是居民眼中的理想地段,所以在这个方向上,政府倾向于少拆房子,宁可道路适当窄一点,以节省财务成本,避免社会动荡。上海内环线只建了双向各两车道,建成之时就被时任中央领导戏称为"裤腰带"。建造高架道路固然缺钱,而拆除沿线住房后重建更缺钱。由于市政拆迁具有公益性,所以政府与居民之间没有太多的谈判空间,也不存在货币化安置等办法。不过,居民尽量拖延,以获得较多补偿,也是有的。

城市改造中的资金困难,迫使政府另外寻找破解方法。地铁通车后的房价变动,给了政府启示。

2. 住房投资属性显现

相比高架道路,地铁不占用土地,却能直接给沿线居民带来交通便利,毕竟高架道路再通畅,没有私家车,居民就无法使用这份便利,而轿车进入家庭并形成势头，已是 2005 年以后的事了。况且，相比高架道路带来的双倍环境污染，上下两层汽车排放废气加上柏油路面和橡胶轮胎摩擦产生的粉尘，让住户紧闭窗户都难以完全隔绝，地铁对居住没有任何影响，还高大上得很。一时间，地铁通到哪里，哪里房价就上涨，市场上因此出现了一个区别于传统地段的新概念——"地铁房"，就像后来的"学区房"。

地铁房的出现暴露了城市住房的金融属性。原来住房不只是一个"分配标的"概念，还是一个投资概念，房价会因为基础设施改善而自动上涨。这个在成熟的市场经济国家属于常识的发现，让地方政府着实兴奋起来。其实正常的房价中必然包含周边环境因素的影响，所谓市区内"级差地租"就是这么来的。中国农民都知道"丑妻近地家中宝"的道理。老婆长得不漂亮，就不会像潘金莲那样招蜂惹蝶，安安静静地过日子，多好！家里有土地，不远，省去行走、运输和负重的成本，不就相当于收入的增加？当然，今天开发商说地段是房产的最大价值所在，大家没意见，对太太还是如此要求，难逃歧视女性之嫌。

发现级差地租的秘密之后，政府官员的第一个念头就是："建了地铁，房价会上涨，那不等于把建地铁的钱送给了房主？要是先建地铁，后出让土地，不就可以从地价和房价的上涨中，把建造地铁的钱要回来了？"政府官员精明而且敬业，是中国发展重要的基础条件。

这个道理一点不错，基础设施建设用的是纳税人的钱，凭什么白白送给部分市民？地铁房居民因为地铁而在交通上受益，没问题，要获得财产收益，就应该出资购买。

于是，政府开始调整思路，改变城市建设的顺序，从先建住房、再配套地铁，转为先建地铁、再建住房，即使一时半会儿没钱，也提前公布建造地铁的规划，形成稳定期待，让地价"先飞一会"，就能长出一大块地铁建设费用出来，何乐而不为？

既然住房的投资属性被发现了，那土地的金融属性就不能再放过，原来的"协议转让"被废除了，因为容易出现"利益输送，滋生腐败"。土地出让确实容易出现腐败，近年来纪委查处的大案中有不少现成例子。通过"招拍挂"，借助市场手段切断利益输送，从此城市土地走上了一条"高价者得"的商业化道路。

面粉贵了，面包自然也水涨船高，变得越来越贵。

3. 金融属性：从住房到土地

人心是永远不会满足的。从最初光想收回基础设施建设的成本，到把基础设施建设也视为经营性投资，同样要求回报，只有一步之遥。既然高速公路可以收取通行费，不但覆盖建设成本，还产生利润，比如中国大陆第一条高速公路自1988年建成通车后，收取通行费长达24年，到2012年才最后取消，收取的通行费超过10亿元，是建设成本的数倍，那为什么地铁不能有投资收益？当然，地铁的特殊性使之很难盈利，世界上至今只有东京和香港两个城市因为采用特殊财政政策，才取得财务平衡。但地铁不能盈利，不等于不能通过新建地铁而从沿线地块上获得收益。

思想一解放，办法就来了。既然土地市场已经确立，供求关系也已形成，那按照供求决定价格的经济学常识，只要控制供应节奏，就可以让土地卖出好价钱。于是，在国家确保18亿亩粮田的宏观调控下，地方政府控制下的土地市场，供应永远是短缺的，对于饥渴如传统小农、喜欢房子且多多益善的市民，永远是满足不了的。

面粉不断涨价，面包只能越来越贵，而买涨不买跌的中国老百姓，追逐房产的热情日益高涨，助推中国房地产进入轮番上涨的阶段。

4. 超发货币的"蓄水池"

就在加大住房制度改革的当口，中国成功加入WTO，扫清了中国产品出口的最后障碍，对外贸易的巨大顺差，给中国带来了大量外汇，在企业强制结汇的体制下，所有顺差最后都以央行外汇占款的形式，转化为国内基础货币，加上"乘数效应"，流通中的货币总量越来越可观。

现在，不是面粉和面包贵了，而是钱多了。同样按照供求决定价格的原理，钱多了，也会不值钱。从2002年起，中国货币供应量M2基本上保持超过GDP增速1倍的速率上升，直到防范系统性金融风险成为主要任务的2017年刚刚降至十位数以下，流动性过剩的局面不可避免地出现了。现在面粉涨价已经难以区分原因，到底是面粉涨价了，还是钱贬值了。M2从2002年的18.9万亿元一路涨到2017年的172.08万亿元，如果加上各类金融机构的"资管计划"等影子银行里的资金，显然这个数字是打不住的。须知仅仅余额宝中积存的资金就达1.58万亿元，超过中国银行的存款总量。钱那么多，面粉价格不涨，是不可能的。

然而，中国之谜恰恰就在面粉价格没有涨那么多。尽管中国物价水平整体是上涨的，但没有像M2增速下，人们可以想象的那么涨，因为央行发现,随着存量房越来越多,价格越来越高,存量越来越大,中国房地产市场可以用作超发货币的"蓄水池"。根据国家统计局2018年1月18日发布的数据,2017年,内地商品房销售面积16.940 8亿万平方米,销售额为13.370 1万亿元,而全年国内生产总值为82.712 2万亿元。

从2009年的"四万亿"开始,中国进入为了保增长、不断给经济体系注入流动性的循环过程,外汇占款、政府举债、商业银行"乘数效应"等因素的叠加,让流动性过剩越来越严重,房地产市场作为蓄水池的作用越来越突出,库容量也越来越大。2017年前后迎来了最后一波入库洪水,全国房地产市场成功"去库存"之后,池子满了。

5. 房地产何去何从?

"去库存"的实质是债务转移,从开发商和地方政府那里,把卖不掉的房子通过居民部门加杠杆,转为个人或家庭持有。房子还是那些房子,债务还是那些债务,只是换了手。

问题是中国居民积蓄有限,负债能力也有限,如此巨量的高价产品要完全靠居民来承接,难度可想而知。据称,经过两年"去库存"之后,2017年底,全国商品房待售面积5.892 3亿平方米,如果加上在建和待建的面积,高达68亿平方米。而据央行公布的数据,到2017年底,中国居民存款只有62.6万亿元,扣除贷款总额36.4万亿元,净存款只有26.4万亿元。有消息说,个别城市已出现居民存款增加值首次低于贷款增加值,居民部门新增负债能力接近枯竭。央行行长说"相对政府和企业,居民部门还有加杠杆的空间"言犹在耳,两年未到,就改口称"居民部门也需要降杠杆"。

中国因为人口规模巨大,所以容易给人印象,需求总量一定同样巨大。外资企业屡屡看错中国市场,就因为不知道中国市场如同一个巨大的池子,水面虽然辽阔,深度却有限,稍微下一场大雨,池子便满了,像极了上海边上的太湖。居民的存款不但同样如此,更严重的是存款在不同阶层居民中的分布很不均衡,因此中低收入居民加杠杆的比例和倍数更大。

由此一个新的中国之谜诞生了:吸饱了资金之水的中国房地产海绵,什么时候会把水挤出来?要是不主动挤水,会不会破裂?什么时候破裂?

谜底决定于中国政府和国民的共同智慧!

三、房价暴涨的结构性原因

中国房价超越居民财务能力,持续暴涨,往往被归之于政府与民争利。要说这个因素不存在,难以服众,毕竟住房制度启动时,说好的经济适用房为主的多层次住房体系,至今没有形成,而不作为主流的商品房却几乎一统房地产天下,地方政府历年卖地所得加在一起,堪称天文数字,房价上涨怎么会没有政府利益在其中?真要控制房价,世界各国富有成效的办法多得是,非不能也,是不学也。

但反过来,把房价上涨全部归之于政府,显然又是过于简单的思维,在中国实行渐进式改革、而不是"休克疗法"的大背景下,必须看到有许多结构性因素共同影响着房价。

1. 永恒魅力：房地产业的文化基因

承载了自耕农基因的中国国民，无论生活在城市还是农村，都对土地抱有永恒的眷恋，只要有点钱，就购买土地，没有土地，就购买房子。拿海外华人来说，自有住房的比例也高于其他族裔群体，宁可压缩日常消费，也要买下自己的房子，是中国文化基因在全世界华人行为中的表征。

当下，国内不少无房族一边抱怨房价高、一边仍然积极准备购房，若被问及"为什么明知道住房租售比（即同等物业的市场售价与每月租金之比）远远超过200，甚至高达800，还要买房，不去租房"时，给出的答案几无例外："住在自己的房子里，踏实。"

踏实是确实的，但踏实在何处，则不一定。首先，在房价持续上涨的时期，每个月付按揭，最后房子归自己；每个月付房租，最后留给自己的只有收据，没有房子。其次，房价涨了，好处归自己，房租涨了，好处归房东。最后，租房难免遇到恶房东，一年一签，年年涨价，让你租也不是，不租也不是。

但反过来，因为是自己的房子，无论职业怎么变换，上班地点变得多远，都不能轻易改变，每个月的交通费和时间支出，与租金上涨同样难受，为什么还能忍受？因为踏实。所谓踏实无非一个"家"，屋顶之下有心灵归宿，如果屋顶不是自己的，心灵又寄宿何处？

中国人因眷恋土地而衍生的眷恋房子，是无限的，所以，无论在购房者比例、购房需求升级还是空置房比例上，其他民族既无法相比，更难以理解。

中国房地产之谜首先是文化之谜。

2. 经营城市：房地产业的综合功能

伴随着城市房价上涨的是一个官方口号："经营城市"，虽然逐渐听不到了，因为经营得如此成功，已经不需要再提任何口号。在日常生活中，人们习惯于企业经营，但在中国，政府确实以经营的心态和理念来治理城市。既称经营，必须精心设计、巧为实施。在财政有限、城市建设任务无限的情况下，以建设养建设，成为中国地方政府的谋略。

改革开放40年来，中国大陆城市建设的速度在世界上无可匹敌。以工业化为先导，城市化大步跟进，高楼大厦到处耸立、宽阔大道四通八达、成片绿地随处可见、文体场馆气势夺人，更不用说商业设施美轮美奂，中国所谓的"中小城市"，不用精挑细选，拿一个出来，就盖过好多国家的城市。当然，这里比的是新，而不是旧。

正因为新，所以特别需要钱。但不要说中西部，就是沿海发达地区，城市面貌变化的速度，也不是地方正常财政收入所能支撑的。尤其在基建承担拉动经济增速的重大任务面前，城市建设只能加速，不能减速，举债之外，只有卖地，而银行愿意借贷给政府，也因为政府有土地可以作为抵押。

为了筹措资金，政府在尽可能增加土地出让的同时，还尽可能抬高土地的售价，而要做到这两点，需要房价持续上涨，只有手中资产不断增值，居民才有购房动力。为此，一线城市在世纪初启动的"旧城改造"运动，在"棚户区改造"的名称下，得到全国范围的推进，"货币化安置"方案得到中央财政的支持。既改变了城市面貌、改善了居民的居住条件，又创造出购房的刚性需求，促进新增住房的消化,拉动 GDP 增速,还不会让地方财政压力过大,真正做到了各得其所。

政府主导的中国经济发展何以不同于市场导向的国家经济发展,根本上就在于中国各级政府就像传统自耕农那样,在治理国家、经营城市中精耕细作,不厌其烦。改革开放以来,中国内地各级政府最愿意学习的政府榜样是新加坡和香港,不仅因为这一个国家、这一个地区都属于同宗同文的中华文明,更因为这两个城市都经营有方,成效卓著,还有这两个地方的房价都很高。

经营城市,房地产包括土地市场不是充分必要条件,但至少在中国这 20 年的发展中,是须臾不可或缺的必要而且重要条件。

3. 学区房:户籍制度的含金量

在中国房价上涨中,冲得最高的是学区房,只要允许入户口,不能住人的过道也能卖出天价。这类住房的价值不在房屋的建筑质量,不在平时说的地段,更不在因年份久远,具有文化意义,而纯粹在与名校相邻,有这些房子的户籍,孩子可以进名校。这就是说,房子卖的不是本身价值,而是附着于房子之上的公共资源价值。

同地铁房不一样,学区房的本质是具有公共资源的排他性。注意,这里存在明显的词语矛盾。公共资源不能具有排他性,人人都可享用才是公共的本质含义。地铁房之金贵,只因为走到地铁站的距离比较近,而不是只有买了地铁站附近的房子,才能使用地铁。而学区房恰恰具有某种悖谬的特性:没有这个区位的户籍,孩子就不能上这所名校,所以价格才高得离谱。这意味着,以学区房为中介,公共资源主要是公办教育的优质资源,具有了市场价格。

这种情况很让教育部门憋屈,为什么优质教育资源仅仅因为具有公共性就不能采取"价高者得"的方式,比如把一所好小学的全部学位拿出来公开拍卖,收入用于这所学校的办学或者用于增加其他薄弱学校的办学经费,而市民个人却可以在房地产市场上,将附着于住房上的优质公共资源用几近拍卖的方式变现呢?公共教育资源的市场价值不能用于公共用途,是非常不合理的。

这就涉及中国的户籍制度,这是比住房制度远为古老、远为重要的制度。自从中国实现国有土地背景下的"小块土地所有制",通过"画地为牢",把自耕农牢牢拴在土地上之后,个人的身份就同一定地域空间形成不可切割的联系。在现代城市里,这块土地就是住房所在的区域范围。

《宪法》规定,中华人民共和国公民有自由迁徙的权利,这是真实的。但人可以迁徙,户籍不能随便迁移,这也是真实的。今天在同一个城市里,个人可以户籍在A区、居住在B区,在A区管理者看来,这就叫"空挂户头",大大增加了城市公共管理的难度。在各地之间,流动人员可以户籍在农村,工作在城市,职业生涯一点不受影响。要把这些人员管理起来也颇为困难。为了适应市场经济所要求的生产要素自由流动,中国已尽可能松开户籍管理所要求的地理空间的刚性约束,但许多公共产品和公共服务的使用权,还没有完全同户籍相剥离,从而导致出现"学区房"这种极其诡异的住房类型。不是任何家庭购买学区房之后,子女都可以进入理想学校的。只有房子的物权,没有这个地方的户籍,仍然没有资格进入这个学区的学校。而且为了控制学区房买卖导致的学区学龄儿童人数暴涨,各地教育部门还自行推出政策,比如只有户口已经迁入该地三年以上的适龄儿童,才有资格报名。再比如,同一个地址下,每隔五年或六年才能有一个入学名额。两种限制最后都是为了避免出现"买房—入学—卖房—再买房—再入学"的无限循环。

房产和户籍的捆绑在制造出高价学区房的同时,也一定程度上缓解了中国一线城市房价上涨的势头。因为一线城市在公共资源尤其是优质教育资源配置上,远远超过其他地区,全国只有北京、上海两座城市能自行决定基础教育的教材、高考科目和试卷,还有更多的大学录取名额。不拥有这两座城市的户籍,即便买了房子,仍然不能参加这里的高考。如此规定虽然不尽公平,但对这两座城市实现既要保有公共资源的优势、吸引人才,又不能人满为患的目标,起了重要作用。

说得再远一点,中国自改革开放以来,采取了一项重要的战略举措,就是集中力量,实现重点突破,无论"特区",还是"一线城市",都承担着中国经济发展先遣队的使命。国家把紧缺的资源优先供应这些地方,就是希望城市管理者拿出最有效率的方案,成为拉动中国经济社会发展的火车头。由此形成的不同地区之间的落差,只能采取非常的制度手段来对冲。比如:长时期以来,深圳的常住人口中,户籍居民人数远远少于非户籍人口,而两者享受的市民待遇有很大区别。如果有人好奇于为什么实行区别待遇,那还不如转问一个问题:为什么在这样的体制下,深圳保持了如此了得的创造力,没有因为区别对待而受拖累?享有制度优势的城市,借助更好的市民待遇,或者说更好的公共服务,无形中设置了一条人才选拔的门槛,能证明自身能力或能量者,请进,否则,自便。

这不尽公平,但确有效率。

4. 小产权房：土地制度的尴尬

在中国房地产市场上，身份最尴尬的产品莫过于"小产权房"。

"小产权房"系相对"大产权房"而言。简言之，"大产权房"就是得到国家认可的住房形式，开发商通过诸如"招拍挂"等程序中标，给国家预付"土地出让金"后，获得了70年使用权，居民通过购买含有"土地出让金"的住房，实际支付了这笔资金，从而获得国家颁发的正规房产证，俗称"大产权证"。国家只要拍卖成功，获得土地出让金，就大功告成，余下的风险交给开发商，而风险与利润同在，只要以达到或超过预期的价格，成功售出住房，开发商就能获得收益甚至暴利。

"小产权房"来自农村集体所有的土地，未经过国家批准，村里自然不可能向国家支付土地出让金，所以，市民购房价格中也不会包含土地出让金，甚至因为这是未经国家许可的涉及土地的交易行为，连正常税费都没有缴纳，如此一来，国家怎么会允许其合法存在？不给产权证实属理所当然。但因为不曾缴纳这些费用，房价也低得让人充满遐想，居民尤其是低收入居民踊跃购买，指望将来一旦获得"赦免"，只需补交相关费用，就可以转为正规住房，而"十补九不足"，很有可能捡个大便宜。问题是，国家既然不曾同意，正规的"大产权证"肯定拿不到，村里为了证明存在交易关系，就自行给了一个非正规的"小产权证"：作为一份完整的大产权的一部分，自然只能以"小"相称，意思就是不构成一份独立而完整的产权。

如果要对"小产权房"进行深入探讨，就不能不涉及中国的土地制度。

中国自有历史记载以来，土地制度总体保持稳定，其代表性特点就是在"普天之下莫非王土"的国有性质下，农民具有耕种小块土地的经营权，但土地买卖要受到各种限制。一旦发生严重的兼并现象，国家还会使用强制力量，重新分配土地，以确保自耕小农作为社会主体阶层的存在。在不同历史时期，农民手上的小块土地有不同称呼，但中国土地制度的所有制结构基本稳定。

对于中国历史来说，重要的不只是土地制度，更有建立在土地制度基础上的社会结构和管理体制。中国社会能够经历王朝更替和北方民族入主中原的冲击，应对近现代史上列强入侵带来的挑战，这一"超稳定结构"起到了重要的支撑作用。中华人民共和国建立之后，曾试图用"人民公社"来取而代之，在"三级所有，队为基础"的土地所有制下，取消农民个人拥有的经营权。事实证明，中国土地制度就像中国的文化特性和结构特点一样富有生命力。改革开放之后，最先恢复的制度性设置之一就是"家庭联产责任承包制"，经营权重新回到农民手里。至今虽然因为缺乏效率而屡遭诟病，中国"小块土地"制度之拒绝改变，几乎是其他任何制度都无法比拟的。除了批评相关部门顽固之外，只有换个角度，想想这个不变背后的生活逻辑。

今天，农民手中那块土地的权属构成之复杂，足以让人挠头。既有所有权，又有承包权，还有经营权。所有权名义上是集体的，实质上是国家的，因为一旦国家需要征用，不必按市场供求定价，具有行政背景的村委会会顾全大局。

承包权归于农户，而且只有这块地所属的集体之成员，才有资格取得承包权，只要国家没有征用，土地就归农户支配，不能买卖，但可以流转。

所谓流转，就是不包含所有权，也不包含承包权的人地关系转移。经营权是实实在在的土地由谁使用、产出归谁所有的经济权属所在，"流进流出"的只是经营权，不是承包权，更不是所有权。在这三种权属关系中，经营权是最脆弱、风险最大的。

简单描绘一下，土地实质上是国家的，村里的土地名义上是村里的，承包地名义上是村里某个拥有户籍的村民的，经营权可以是任何人的，只要其经营合乎国家法律或合同条款。2018年新春，国家有关部门特地重申，城里人不能下乡流转土地用于盖别墅，但允许用于开发农家乐。说到底，土地的最后权属包括但不限于所有权都归于国家。

国家设计这么复杂的土地制度，是对千百年历史积淀的土地制度创造性继承，首先考虑的不是市场逻辑，而是国家逻辑，即国家什么时候要用都能用的发展逻辑，也是确保农民在经济不景气时期，不至于流离失所的保障逻辑。一旦因为征地、动拆迁等原因发生三种权属相互冲突并酿成社会事件时，维稳机制就开始运作，但最后解决的只是个案，而不是土地制度本身。

对这一土地制度的功过利弊，无论世人作何评价，但要想解开中国发展效率之谜，都不能不承认其在中国经济社会发展中发挥了无可替代的作用。没有土地国有，中国经济发展的重要动力，从厂房到基础设施建设就无法神速推进，中国引以为傲的高铁网络就只能停留在规划图上。没有土地承包，亿万农民工就会失去最后的保障，真正成为城里不留、乡里难留的流动人口，中国的城市病会更趋恶化，人口红利会被人口本身所吞噬。没有土地出让金，中国大量基础设施的资金来源就会成问题，城市化也不可能推进得那么快。

说到底，中国今天的优势和问题都同千百年形成的以小农为主体的社会结构有关，而所谓"城乡二元结构"的核心就是建立在具有国家、集体和个人复杂关系基础上的土地制度和小农体系。

现在的问题是，当房地产业发展得如火如荼之际，看着被国家征用的土地拍出了高价，而集体土地所有者所得有限。经过两千年历练的中国农民，不甘心放弃手上利益，违反国家规定，借集体所有的名义，自作主张开发土地，推向市场，成为合乎理性的最优选择。既然国家不发给凭证，只能自己来一张"小产权证"：相比国家之大，村里当然是小了。

自"小产权房"出现以来，国家三令五申不予承认，但没有进一步的行动。中国农民是精明的，不看表态，看行动，只要国家没有采取行动，最好装作没听见。村集体怕的不是国家，而是城里下来的购房者，没人来，建得再好，只会套牢农民自己，而购房的人多了，"法不责众"，面对那么多购房者的利益损失，国家如何下得去手？说到底，违法的小产权房不受法律保护，买卖小产权房同样不受法律保护，国家真的整肃"小产权房"之时，最后受损者不是村集体，而是购房者。

于是，在一年又一年国家表态中，小产权房存量迅速攀升，俨然成为中国房地产市场的一个肿瘤，到底属于良性还是恶性，就等国家终极定性。最大的可能是随着国家对农村集体土地包括宅基地的权属和用途有了更明确的考虑，中国土地制度的深层次改革浮出水面之后，"小产权房"的症结得到化解，问题才能最后解决。当然，阵痛是难免的，烈度有可能不同。

四、房地产发展中的国-民共振

改革开放以来,两个市场是最受舆论诟病的:一是股市,一是楼市。股市被公众批评是应该的,至今为止,给股民的收益远远少于拿走股民的钱财,一次次暴跌中有多少股民遭受没顶之灾。有句话说:"中国股民笑的时候少,哭的时候多。"楼市则完全不同。

至今为止,涉足楼市的居民几乎全部发财了,区别只在于发财的多少。而且许多没有主动参与房产投资,因为有房子,财富也实现了被动增长。如此市场还要被骂,实在有点说不过去。说句扎心的话,批评楼市的,基本上属于没有挤上这班车的路人。至于专家为什么也要批评楼市,在符合学术伦理的前提下,往往是因为采用了长时距看楼市的策略,所以更容易发现其中不合理之处。问题是,经济学有一种说法,"从长远的角度来看,我们都已死了"。

中国房地产发展之谜是中国之谜的翻版,中国经济存在那么多问题,但依然高速发展,中国房地产存在那么多问题,至今没有崩溃。揭开房地产发展之谜,也就是揭开中国发展之谜的预演。

中国房地产业发展的根本奥秘在于国-民共振的机制,20 年来,"民不加赋而国用饶"的传统智慧在哪里都没有在房地产市场上表现得那么恰如其分、酣畅淋漓!

1."天赐良机"效应

中国改革开放的进程是一个不断释放制度空间的过程,还权于民就是让利于民,而还权让利的结果是经济社会生活中出现各种各样的机会。对于老的机会,国民不但熟知,而且有所准备,所以竞争激烈,血流成河,故称为"红海"。相比之下,新出现的机会往往不为人知,唯有先知先觉,才能抢占先机,过去称为"处女地",现在改称"蓝海",取其没有竞争,可以自由往来、任性驰骋之意。

从高考恢复、个体经营开放、企业承包、投资股票等,一路走来,中国人能否"先富起来"首先取决于发现和把握机会的能力。虽然家庭背景让部分人捷足先登,但对于绝大多数人来说,只要抓住机会,完全可以获得人生成功包括财务自由。

而在所有机会中,拜中国经济发展自身逻辑展开所赐,有一个机会显得尤为珍贵,那就是资金获得。中国是从资本严重缺乏状态中发展起来的,曾几何时,只要能通过渠道获得资金,就可以在市场上占得先手,赢取暴利。细查改革开放以来"财富榜"上榜者的"第一桶金"不少是因为最早获得外部资金支持而取得的。

工业化是大资金的天下,资本是第一生产要素。在大家没有完成资本原始积累的情况下,谁有能耐筹得资金,等于先人一步完成原始积累,可以做别人做不了的生意。除了价格双轨制时期、有能耐拿到批文出门便可兑换成真金白银之外,就数能搞到银行贷款为神通广大。在相当长时间内,对普通国民来说,获得银行贷款是做梦也想不到的,存款而不是贷款才是市民同银行的正常关系。

贷款买房恰恰成为银行与市民关系的转折点。从开始时银行的极度谨慎甚至多疑,逐渐习以为常,拉动经济增速时执行优惠利率,开始讨好居民,到"去库存"阶段,主动提供优惠利率不算,还联手中介机构,用"消费贷款"等不合规手段,帮助购房者解决首付资金,从而埋下金融风险的种子。现在,不是存款,而是贷款包括购买消费品的分期付款,才是银行从市民那里获得收益的首要方式。

银行如此热心,购房者开始还不领情,因为中国人不喜欢负债,相当一段时间里,普通购房者的典型反应是全款购买,或尽量少贷款,即使有贷款也尽早还贷,"无债一身轻",毕竟利息也是负担,刚跨出"温饱"阶段的中国市民特别计较实物之外的任何开销。

殊不知,中国房价上涨周期也就是央行货币超发周期,实际通货膨胀率大大高于贷款利率,更不用说存款利率了。认识这一点花费了购房者许多时间。终于,市民开始明白,抢跑的是机敏过人的温州人,炒房由他们开始,逐渐席卷全国,而房产泡沫最早破裂的地方也是温州,"出来混的,总是要还的"。

在这一轮机会涌现中,谁贷款最多,谁就是最能抓住机会的,但能量守恒,先知先觉者发财之后,盲目跟进的后知后觉者将成为最后的买单者。

等浪潮退去,看谁在裸泳。

2. "第四个馒头"效应

消费者是需要教育的,消费习惯是需要培养的。中国市民在离开土地、进入城市那么多年,尤其是经过计划经济长期熏陶后,对于购置不能流动的房产,心生警惕,如果不是害怕的话。特别是 20 世纪 90 年代末,先是南方房产泡沫破灭留下一地鸡毛,紧跟着东南亚经济危机爆发,香港房地产暴跌 70%,这些负面例子加重了内地购房者的心理负担。

但不管怎么样,在居住拥挤的压力和经济收入的激励下,从 2001

年开始,越来越多的居民开始接受商品房。搬迁的风光令人艳羡,加入购房队伍的人迅速增加,推动国内房地产第一轮大规模而且大幅度上涨。

海南房地产泡沫的记忆尚未远去,国家对金融过热保持着警惕,专家也对房地产热加以反思,2006年之后,房地产出现降温。没想到2008年美国爆发由房地产泡沫破灭所引发的金融危机,却在太平洋这一边催生了新一轮房地产暴涨。2008年末,中国"四万亿"投资项目出台,加上此前央行连续降准降息,商业银行加大放贷力度,中国房地产价格一路上扬,到2012年稍息。紧跟着2015年股灾发生,一直延续到2016年上半年。股市熄火楼市上,"去库存"的连台本戏上演,全民投资房地产达到新的水平和高度。

在房地产一波波轮番上涨的过程中,国家不是没有调控楼市的政策宣示和象征性动作,但几乎每一次都以"空调"结束。"政府无意打压房地产"成为公开秘密,本来在贷款压力下,如惊弓之鸟的购房者,胆子越来越大,反倒是过于警觉、害怕"狼来了"而不敢出手的人,最后成为笑柄。

于是,到了"房住不炒"被一遍遍宣示,各种空前严厉的限价、限购、限售的措施相继出台的当下,表面宁静之下,购房需求仍然暗潮涌动,等待着稍有放开,就卷土重来。

如此局面的形成中明显存在一种心理机制,即所谓"第四个馒头"效应。一个饿极了的人,吃第一个馒头,不饱,吃第二个馒头,不饱,吃了第三个馒头,还是不饱,由此得出一个结论,馒头是吃不饱的。殊不知,很可能第四个馒头吃下去,就会撑得难受。

国家一轮轮宏观调控最多只是让房价暂时蛰伏,随之涨得更加疯狂的事实,导致社会舆论中充斥着中国房价不会跌,尤其像北京上海这样的"一线城市",绝对不会跌,因为土地有限,而愿意去北京上海的国人几乎无限。经过生活经验的反复论证,楼市成为中国最安全的投资市场,"房价不会下降"成为21世纪中国消费者的世俗信仰。购房者有恃无恐,"一线城市"的示范效应从二线依次蔓延至三、四、五线乃至N线城市,中国房地产涨势如潮,蔚为壮观!

谁都不相信馒头是会吃饱的。

3."政府迷信"效应

助长购房者信心的还有一个信仰:"政府不会让房价下跌。"这是一种类似"大到不能倒"一样的经验之谈。

2008年美国"次贷危机"爆发,大型金融机构相继陷入困境,如果听任一个个倒闭,后果不堪设想。当美国政府尚在犹豫之中,百年老店"雷曼兄弟"已等不到政府出手相救,轰然倒塌,触发多米诺骨牌,引发巨大的后续效应,美国政府不得不用纳税人的钱给几家举足轻重的金融机构提供流动性支持,才制止了连锁反应的继续扩大。中国2015年股灾高峰时,也靠国家队入场,甚至动用强制力,制止做空A股的企图,才让连续"熔断"的股市暂时稳定下来。在重大金融危机发生时,政府不会袖手旁观,而只要政府出手,一定能化险为夷,这是人们的信念,也是中国的生活现实。

在中国经济生活中,国民对政府的信心更足,因为国家在经济发展中承担的责任更大,卷入市场的程度也更深,只要有办法,政府不会让市场崩溃。

在房地产市场上,政府作用被无限放大,因为政府本身是最大的获利者,土地出让金事实上成为许多地方政府的"活命钱",过去讲"吃饭财政",现在有"土地财政",而且同样关系到吃饭,没有这笔钱,有些地方政府当下就得问中央政府要钱,否则公务员的工资都会成问题。

何况,政府为了拉动GDP,超越地方财力推进地铁等基础设施建设的资金来源于举债,债务背后不只是政府信用,还有土地抵押,一旦楼市崩盘,政府资金链断裂,必定殃及银行。

最重要的是,历年积累下来的居民按揭贷款总额已经达到天文数字,房价下跌,居民断供,银行坏账剧增,系统性金融风险爆发,中国经济可能陷入全面衰退。如此局面岂是政府愿意面对的?所以,购房的风险再大,由政府托着,一切没事。君不见,这么多年来,一次次楼市调控,到最后还不是为拉动经济,重新把价格刺激起来?房地产后面有一条长达30多个行业的产业链,不是说没就可以没有的。中国政府能让中国经济发展成为当代奇迹,也一定能让中国房地产业发展成为当代奇迹。这是中国购房者的坚定信念。

在主张房地产是国民经济的支柱因而不可替代的专家们一再引导下,居民思维一旦形成定势,再要改变,就困难了,对政府和政府能力的无限迷信,成为中国楼市不顾一切地上涨的最大推动力,也成为房地产风险的最大来源。世界上没有一个国家的政府希望房地产崩盘,也没有一个国家的房地产在暴涨之后,依靠政府力量而避免最后崩盘。只有中国人相信,只要政府不希望,中国楼市就不会崩盘。房价因此仍在酝酿更大的上涨中。

4."贵也便宜"效应

如果说"政府不会让房价下跌"反过来只是高位购房者给自己壮

胆,就像夜行旷野时吹口哨可以让悬着的心稍稍安定些,那么生活给所有准备买房者的教训,就是一些专家的口头语:"只要需要,无论什么时候买房子都是对的。"

确实,在将近 20 年连续涨价的背景下,所有买了房子的人几无例外都赚到了,普遍成功构成房价上涨最有力的理由:"买房子哪怕眼前买贵了,但长远来看,都是便宜的。"这就是为什么许多购房者在求亲告友凑齐了首付、欠下巨额债务、好不容易买下房子后,不但毫无怨言,还感觉心里踏实的最重要原因:看着每隔一段时间,自己账面财富又增长了,哪怕眼前日子艰难,心里也高兴。

在一波波购房者账面财富的增加中,后续购房者只要手上有余钱,多半会尽其所能,投入房地产。到这个时候,房地产成为某种"无风险投资",专家所谓"无论什么时候买都是对的",还有"投资房地产最大的风险就是不买房子",等等,成为地地道道的"预言自动实现"。盲从的民众因为相信预言而做出同预测方向一致的行为,从而导致预言自然成为现实。至此,房价上涨进入具有正反馈性质的自我循环,越涨越买,越买越涨。所有买家在这个过程中,没有痛感,只有快感。

古代理财家追求的"民不益赋而天下用饶,利不用竭而民不知"的理想境界,在哪个行业里都没有像在房地产行业中那么接近达成!高房价里包含的土地出让金、税费、开发商利润和银行利息,都在房价上涨中,化为了无形。中国智慧的神奇之处在于看似不可能的想象,在一定条件下,却可以成为现实。中国飞快上涨的房价成功地证明了这一点。余下的对于购房者来说,就是如何保持这个已经长出来的价值空间永远存在。

5. "被动发财"效应

自改革开放以来,中国居民收入经过了两个阶段:一个是以工资性收入为主的阶段,所谓"劳动致富";另一个是财产性收入占据比重越来越大的阶段。两个阶段的收入性质有很大不同,但时间分界线很难精确划定,因为这是一个渐变的过程。大致可以说,从收购"国库券"开始,到股市正式建立,可以看作量变最终导致质变的转折完成过程。

所谓"财产性收入",说得透彻些就是资本利得,不是通过活劳动,而是通过死劳动即已经固化在资本中的活劳动,与活劳动结合,产生新的财富,然后分享其中一部分。从银行存款利息、股票增值和分红、房价上涨和租金收入、收藏品增值以及将个人财物用作"共享"而获得的收益,都属于"财产性收入"。有闲置物品包括余钱和空置房屋等,是财产性收入的前提,而这一切对于绝大多数中国家庭来说都是改革开放后才拥有的。所以,"财产性收入"概念本身就是中国经济发展成果的理论表达。

在所有财产性收入中,私人物业的增值是最有意思的一件事,其最大的与众不同之处是绝对的被动性。不像其他投资行为,财产性收入获得者多少需要有所决策和行动,才能取得预期收益。哪怕简单如存款取息,还需要决定是否把钱存进银行,是存定期还是活期,是存款还是理财,如此等等。房价整体上涨则让有房一族不需要作出任何举动,便可坐享其成,看着财富不停增长。

上海俗称高档地区的静安区和过去被称为"下只角"的闸北区合并,让老闸北工人新村的房主在消息公布前后身价相差上百万元甚至更多。他们什么事情都不需要做，财富自天而降，远远超过他们一辈子辛勤劳动所得。

就此而论，"民不加赋而国用饶"必须与时俱进，改作"国不施财而民益富"。房价上涨是真正的造福于民，造福于这个无法依靠自己努力来实现巨大财富增长的居民群体。在某种程度上，这就是"先富带动后富"的现实案例。中国房地产业有再多的问题，这个纯属意外的财富效应，是必须肯定的。问题只在于这笔凭空而降的财富来自何方，能否真正得到兑现？

6. "急流勇退"效应

任何一个希望通过拥有的物业获得财产性收入的房主，要兑现增加的财富，必须让投入房子的货币回到货币形态，收回的货币超过投入货币的部分，再扣除通货膨胀的部分，才是最终实现的财富增长。如果只有一套房子，那涨也好，跌也好，过的还是同样的生活，晚上做的梦也不会有任何区别，所谓"财富增长"不过是镜中花、水中月，纸上富贵罢了。许多专家不承认房价上涨对没有购置多余房产的居民有任何实际利益，持有的往往是这样的思路和逻辑，看上去还完全符合生活现实，许多住在号称价值数百万元的老旧房子里的低收入居民，确实没见到、更没有享受到这数百万财富带来的任何生活改善。

但是，只要转换一个思路，想象一下，一对明智的老夫妻，果断将住房卖掉，拿着到手的数百万元现金，出去旅游，坐飞机，住宾馆，享美食，还买了商业医疗保险，让晚年生活过得极有质量。或者将上海的房子卖了，到周边环境好、生活方便、医疗靠谱的地区，买一套或租一套房子,不就可以实实在在地享受"财产性收入"增长带来的好处?

所以,问题不是房价涨了没用,而是会不会利用潜在的收益。但人的观念不是那么容易改变的,生活方式不是那么容易改变的,做父母的总要传承些财物给子女儿孙的文化指令,不是那么容易违背的。纵然机会存在,能否善加利用,仍然需要个人的决策和行动。但不能因为个人没有兑现机会的行动,就否认机会本身的存在,否认房价上涨造福困难群体的实际效果的存在。

在中国老龄化乃至高龄化加速、全社会养老金缺口越来越大的背景下,如果更多老人兑现了房价上涨的收益,岂不是为他们自己加厚了老年生活的安全垫,也为社会减轻了统筹养老金的压力,何乐而不为?

于是,问题又转化为,如果老人想通了,真的开始兑现财产性收入,谁是接盘人?谁有能力接下这个盘?

股市上涨,前面的人赚了后面人的钱,总市值增加了,看似所有参与者的财富都增加了,但只要大家都想兑现赚来的钱,争相抛售,必然带来大跌,最后总市值减少的金额就是前面所有参与者包括个人投资者、券商等中介机构、印花税、新股发行、上市公司配股融资等支取掉的资金总和。

楼市同样如此。上一代人因为机缘凑巧而获得乘坐自动扶梯一样的房产增值机会,最后兑现对象是后来者,也就是年轻人。如果他们能承接,买房的钱一部分就成为卖房人的收益,这没问题,只要房价继续涨,买房者仍会"痛并快乐着"。如果买房者没有能力买下越抛越多的房子,楼市崩溃的钟声就敲响了。仍然拿着房子的困难群体再没机会兑现自己的"账面财富",只能眼睁睁地看着财产性收入缩水,权当坐在电梯里上上下下了一回。

在中国房地产发展的 40 年里,确实有人曾经想借房价涨跌做波段,有成功的,也有卖了以后,踏错节奏,再也没有找补回来的。于是,中国房地产对国民来说,呈现了最后一个效应:谁能急流勇退,在顶点兑现全部的财产性收入?

五、中国房地产未来走向

如果把房地产发展视为观察中国经济的窗口,就会发现,中国发展之谜某种程度上就集中于中国房地产能否保持不涨不跌这一点上。

在把防范系统性金融风险置于突出地位,把防范房地产泡沫破灭置于其中重点的当下,考虑下经过多年暴涨,几个中国一线城市房地产总值已足以买下好多国家房地产的中国房地产未来,绝对是有意义的,其影响不限于个人,不限于经济,不限于中国本身。

中国房地产还能不能继续以现有的方式走下去?这个行业在中国经济整体发展中将扮演什么角色?要搞清楚这些问题,不能不从国-民关系的角度作进一步思考。

1. 不涨不跌:国家面临两难选择

改革开放以来,政府卷入经济的程度整体上是降低的,否则就谈不上改革。但在各个行业中,没有哪个行业像房地产业那样,政府卷入如此之深。房地产开发并没有为政府所垄断,但政府确实通过垄断土地、征收税费,客观上成为房地产行业发展和房价上涨的最大得利者。国家围绕房地产业颁发的政策和文件,无论在数量还是频率上,超过其他任何一个行业,仅凭这一点,就可以让人明白,如果说房价暴跌在购房居民那里属于财务风险,那么在国家层面就足以构成金融甚至政治风险。因为市民在无惧高价购买房产时,自觉不自觉地认为,这个行业得到了政府的背书,"房价不会跌"等同于政府不会失信。

国民对国家如此信任,本身是宝贵的政治资源,但在市场经济背景下,形同A股市场上股民根据国家政策炒股,自然会在遇到暴跌时要求国家救市,而无论国家救还是不救,最后应该由股民自己承担的市场投资风险,客观上转化为国家政治风险。好在股市经常波动,股民屡受教育之后,已经有了基本常识,怪罪国家的越来越少,即便新股民少不更事,也会有老股民给予教导。

但在中国住房市场上,除了海南、广西那场大起大落的波动之外,购房者还没有经过像样的房价波动洗礼,20多年前的一幕也早被投资者遗忘,被投机者无视了。一旦大规模风波来袭,购房者打砸售楼处的情形难免在更大范围上演。相比之下,即便2015年股灾、2016年开年股市连续"熔断",也没有发生股民任何打砸行为,股民比购房者成熟,是不言而喻的。

正是考虑到这一点,国家借各种场合一再宣示,确保房地产业平稳发展,防止房价大起大落。如此表态在稳定社会心态、降低炒房热度、缓解购房者焦虑上,起到积极作用。但反过来,也难免产生某种副作用,就是强化了政府对房价维稳的道义责任。

问题在于,真要维持房价不跌,国家也会遇到一系列问题。众所周知,中国房地产发展的顶峰基本上与中国其他两个顶峰相重合:一个是货币超发顶峰,前面已经谈过,不再赘述;另一个是人口规模顶峰,这里可能蕴含更大风险。

随着年轻人尤其是婚龄人口的下降,今天表现为"库存房",以后表现为空置房,这是一个方面。更大问题是将会出现一个靠出租房屋获取收益的食利者阶层。这个阶层无须生产劳动,也不用经营管理,更没有创造力,却可以通过收取房租,从有活力、能创造社会价值、却没有自己的住房、也买不起住房的年轻人身上获利。在年轻人数量下降已经影响社会活力和科技创造力的情况下,这个食利者群体及其与有创造力的群体的合法却不合理的关系,将会加剧人口问题的消极影响,甚至带来社会冲突。

在蜜蜂的世界里,存在着社会分工,蜂后产卵,工蜂生产食物、建筑蜂巢、抚育幼蜂,雄蜂负责同蜂后交配。蜂后在交配前就能产卵,但只能孵化出雄蜂,必须等交配后,才能产出可以孵化出雌蜂的卵,包括因为喝了足够蜂王浆而得以性成熟、有生育能力的蜂后和喝蜂王浆时间太短、一辈子没有性成熟、不能生育、只能拼命工作的工蜂。雄蜂不是没有功能,只是蜂后一生只需要交配一次,在蜂群中,只有一只雄蜂有一次交配的机会,其他的雄蜂和这只幸运的雄蜂在余下的时间里全部都是多余的,寄生在工蜂的劳动成果上。等到冬天食物不够时,雄蜂就被全部赶出蜂巢,自求多福。

此乃天道。

2. 即使不跌:国民等待财务状况改善

受国家反复宣示不使房价大起大落的承诺影响,国民目前对楼市的宏观趋势并不担心，但其财务状况包括财富结构，在未来可能出现问题。

第一，家庭财富结构不尽合理。据统计，目前许多城市家庭的财富构成中，不动产所占比重明显偏高，大量国民财富被凝结在钢筋水泥之中，而不会流动的财富就是"死财富"，既无法产生新的财富，在迫切需要的时候，也难以兑现。

第二，高储蓄率趋于下降。在过去数十年时间里，居民高储蓄率对中国经济发展尤其是投资活跃，起到了重要支持作用。随着大量存量房得到消化，居民存款增速明显下降，这意味着，对整个社会来说，可以用于继续投资的资金在减少，加上老龄化加剧，用钱的场合增多，高储蓄率成为历史的步伐将会加快，而随着家庭自有养老金储备的减少，社会统筹的养老金缺口将更趋扩大。

第三，家庭抗风险能力下降。购房越晚的居民，财务负担越沉重，月供金额及其占家庭收入的比重过高，在家庭积蓄包括双方父母用于养老的积蓄也被用于购房之后，三个家庭的整体抗突发事件的能力极为脆弱，相互之间容易引发"火烧连营"的反应，而一旦不动产变现能力下降，家庭负担更容易遭遇雪上加霜。

第四，透支家庭未来消费能力。巨额购房按揭贷款，加上通过消费贷、现金贷、亲友私人借款等方式借贷的款项，造成家庭每个月固定的高额还本付息，极大透支了个人和家庭的未来消费，对于中国经济发展模式的转变，形成明显牵制。

如果说在房价上涨的过程中，国家与国民形成了正面的共振，那么，由于中国购房家庭总数巨大，即便不考虑房价下跌，仅仅国民个体遭遇的财务困难一旦频繁发生，形成规模效应，也会构成国家的治理难题。这意味着，中国社会对经济波动的整体承受力，可能趋于弱化。

可以期待的是，用时间换空间，在房价保持稳定期间，居民收入增长明显，带来家庭财务优化的结果，逐步走出债务过于沉重的阶段，也给中国经济重新注入活力。

3. 长效机制：中国经济如何走出房地产瓶颈

在房地产业突飞猛进的20年里，国家调控时一贯使用保障民生的话语，自去年以来在"房住不炒"原则指导下的长效机制，比如"长租公寓""棚户区改造""经济适用房"等，着眼的还是住房对于民众的居住需求，其中隐含的预设是经过20年住房建设，今日中国仍然处于单纯的数量不足，而不是其他。这就涉及一个问题：当下中国房地产问题的核心症结到底是什么？数量不足还是性质变异？如果是数量不足，那么哪里来的这么多存量房？

现在需要的是重新认识房地产作为支柱产业的定位，进而重新认识中国经济发展模式。如果中国继续通过投资拉动经济发展，基础设施建设继续构成投资的主要方向，土地出让金继续成为基础设施建设的资金来源，房地产尤其是房价上涨继续作为土地出让金保持高位的手段，那么房价是不可能保持不涨不跌的，因为只要不涨，整个链条就无法维持下去。现在许多专家关心房产税，不乏以此作为土地出让金替代的想法，如果可行，或许能有所助益，但其中仍有很大的不确定性。税率低了，税基窄了，所得有限，不足以替代；税率高了，税基宽了，则必定动摇房主继续持有的信心，把握分寸难度不小，必须慎而又慎。

房地产业对中国经济发展居功至伟，但其带来的负面效应越来越明显，其自身发展的瓶颈也越来越清晰。这个行业未来如何处置，涨或者跌或者不涨不跌，都有赖国家决策，只有放到全面深化改革的大框架内，房地产业才能找到自己的未来，而只有房地产业找到了合理的定位，中国经济才能实现可持续发展。

第七章
创新力：中国效率的未来提升

对于中国之谜的成因,还有一种颇具说服力的观点,认为中国经济发展奇迹源自中华民族善于学习。改革开放以来,中国人以最快速度、在最短时间,掌握了西方国家积累三百多年的重要成果,尤其是科技成就,所以才能以超出西方国家当年的发展速度,实现经济腾飞。

如此说法有没有道理?学习是否足以推动中国高速而持续的发展?学习背后还有没有深层次因素的作用?

问题好像没有那么简单。

一、文化为本,学习为用

"学习论"没有把学习当作驱动中国发展的唯一原因,所以并不存在根本性错误。可以讨论的不是中国学习了没有、是否善于学习、学习是否成功,而是中国之所以能够学习成功,是否需要有所依托?

这个世界上善于学习者多得很,许多国家学习西方的市场经济、选举政治和法律制度,远比中国像模像样,但为什么整体发展却乏善可陈?相比之下,中国学得并不怎么好,许多地方学得很不像,所以才不被承认为"市场经济国家",才成为全世界的一个谜。如果中国真学得惟妙惟肖的话,"历史终结论"恐怕就真的预言成真了。

改革开放以来,中国确实向西方国家学了许多东西,尤其在科学技术方面,不承认这一点是说不过去的。现在流行一个说法,即中国有"新四大发明":高速铁路、电子商务、移动支付和共享单车。说是发明,其实都是学来的,只是学得比较好,在学习的基础上,还有改进、完善与创新。但要同中国历史上的四大发明——指南针、火药、纸和印刷术相比,无论就原创性还是对人类文明的贡献度而论,差得不是一点点。外国媒体随口说说无伤大雅,但中国人要当真主张是自己的发明,会在知识产权法庭上输掉官司。"支付宝"三个字就是连字带音从特斯拉老板马斯克参与创办的 PayPal 翻译过来的。

今天让中国人真正扬眉吐气的是,中国没有完全照搬照抄西方发达国家,却形成了自己特有的长处,所以才取得经济发展的高效率。但由此也提出了一个更有价值的问题:中国何以能学成比"师傅"还好的招数,以至让"师傅"也看不懂?这里不妨打个比方。

农业生产中有一种传统技术——嫁接,就是将一种植物的幼芽切下来,接到另一种植物上,成活之后,就能结出比未经嫁接的同种植物更好、更大或者更抗病的果实或种子来。桃、李、苹果、梨、猕猴桃、海椒、番茄,还有瓜类、花卉类等都可以用嫁接技术繁殖。

在植物学上,接上去的枝或芽,叫作接穗,接受的植物体,叫作砧木。接穗成活后成为植物体的上部,负责开花、结果,砧木则成为植物的根系部分,负责提供水分、营养。两者合二为一,产出的结果比各自原来的更好,这就是嫁接技术的价值。

学习犹如接穗,中华民族固有文化形同砧木。要是接穗的品种或接穗本身选得不好,当然结不出好果子,但要是砧木不行,不要说接穗长不好,恐怕成活都难。在各个领域中,科学技术是最能体现中国文化作为优良砧木促进接穗生长的领域。"新四大发明"的原创固然不在中国,但能用得得心应手,也说明中国固有文化的生命力。

"学习论"只看到学习对中国发展的积极意义,却没有看到固有文化作为基础,对于学习能否学好,学好能否产生预期结果,具有决定性意义。一个来自外部世界的人,只要看看中国经济体系中外资与内资的此消彼长,看看推动中国劳动生产率提升的科技成分中模仿和自创的此消彼长,就不能不承认,中华民族不只是善于学习,更是善于通过学习,实现自身的整体提升。

当今世界上谈论的"学习",比如学习型组织、学习型社会等,不是学知识或学技术意义上的从不知到知、不会到会的过程,也不是单纯由外而内的输入过程。学习是因应外部变化而发生的自我改变、主动改变、有目的的改变。这就是说,有自主性才有学习,有学习才有改变,有改变才有更好的自己。这种被称为"第五项修炼"的学习,同中国典籍《大学》所说的"苟日新,日日新,又日新",还有"周虽旧邦,其命维新"中的自我更新,意思相当接近,只是内容稍有不同,未必局限于个人修养而已。今天,中华民族正走在这个不断自我更新的方向上。

文化为本,学习为用。"文化自信"是对"本"的自信,是中国面向未来的根本自信!

二、中国学习力的文化支撑

许多人包括中国人或华人都认为,中国的文化和体制是科学技术发展的阻碍因素。新加坡伟人李光耀说过,中文适合文学,不适合科学。近现代史上中国落后挨打的成因,往往要么被归之于封建专制制度的衰朽,要么被归之于中国文化的深层次结构,所以中国需要一场文化上的革命。

"子不嫌母丑"是因为有感情,"恨铁不成钢"也是因为有感情,这本身很正常,但人有弱点,一动感情,往往说话就容易过头。其实文化属于人的"第二天性",彻底抛弃本民族文化并不是一件容易的事。如果中国文化已被彻底抛弃,那中国人何以在世界各地仍然被人一眼看出?如果中国传统文化尽是糟粕,那么改革开放以来,中国在学习西方过程中所表现出来的独立判断和理性选择,凭借的又是什么标准?来自哪里?中国通过有效而且高效的学习,很快掌握了许多有利于中国发展的科学、技术和管理方法,并且开始自主创新,这一切又该如何解释?

没有能源源不断提供水分和营养、充满生命力的文化砧木,嫁接其上的外来文化幼芽,是不可能茁壮成长、开花结果的。所以真要认识学习外来文化对中国发展的意义,也必须找到传统文化的合理内核,否则学习难免成为无源之水、无本之木。

1. 极限拓展的思想空间

思想空间关涉一个民族思考人类问题的高度、广度和深度。思想空间及其拓展能力是一种文化禀赋,可以通过学习加以改善,但不可能凭空建构。世界上各民族具有平等地位,这是理念;不同民族表现出不同的先天禀赋,这是现实;自古以来,具有世界影响的思想家高度集中于某几个国家或民族,这是历史事实。一个民族仅仅善于学习,却没有思想空间,最终只能承担在别人原创基础上"精益求精"的任务,是有现成例子的。

全人类思想空间"大爆炸"的年代就是所谓的"轴心时代",大致为公元前800年到公元200年的时间段,当时希腊、以色列、印度和中国先后出现一批让后人高山仰止的原创思想家。他们对人与世界、个人与人类、个人与自身等人类基本问题的感悟、思考和猜想,构成了两千多年来人类的观念源头和思想空间。今天世界上最有创造力的民族中,有的在那个时代便已卓尔不群,有的则相当于接力赛选手,接过文化创造的火炬,延续了当年的"圣火"。

中华民族是为人类贡献了原创智慧的民族。

在春秋战国时期,中国涌现出一大批思想家,各自创立的学派被后世尊为"诸子百家",老子、孔子、墨子、韩非子、孙子、庄子等先哲以自己的所思所想,丈量出中华文明的思想边界,他们所提出的深邃观点,至今闪耀在人类思考的星空。

(1)"道"的界定:古人如何逼近思辨的边界。

《道德经》开篇第一句话"道可道,非常道",看似简单,其实触及了人类认识世界、语言和认知本身的极限。道是世界万物的终极来源,存在于任何一物之中,但任何实体物都不是道本身。人类可以认识道,但人类关于道的认知和表达,不是道本身。

打个通俗些的比方,水是有形状的,但人眼看到的任何一种水的形状,都不是水本身的形状;生命有存在形态,但任何一种生物都不是生命本身的形态。套用康德的句式,可以这么表述:"由道所产生的人类和人类智能对道本身的认知是可能的吗?"

《道德经》的主旨是讲"道",但通篇没有对"道"做任何内涵界定,只说了"道"不是这个,不是那个,愣是没说"道"是什么。这让注重本体论、习惯从"是什么"开始思考的西方哲学家很不满意,由此推断出"中国人不会下定义,所以不懂哲学,所以中国没有哲学"。

还好,有一位西方数学家看懂了老子的匠心。他在《道德经》第 N 个英文版(在中国所有典籍中,《道德经》的外文版最多,也是世界上以外文印刷的书籍中印数最多的之一,仅次于《圣经》)的前言中,对老子采用否定式枚举法大加赞赏,认为这是唯一符合逻辑的定义"道"的方法,因为"生万物"的"道"不能按照任何物的方式来定义。

其实,在西方也有类似思想。古罗马神秘主义哲学家普罗提诺就以"One"(译为"太一")来指称世界本源,并明确提出,"太一"是"无名之名",只是指称世界本源的一个符号,所以不能用肯定的方式,而只能用否定的方式,来定义"太一"。他的思路很清晰,只是比老子晚出生了 776 年。

哲学的主要功能之一是满足人类对世界的好奇。世界的起点在哪里,是一个绕不过去的问题,只有弄清楚世界是从哪里来的,才能探究人是从哪里来的。

西方基督教文化以"有"为起点,世界是上帝创造的。这意味着,在世界存在之前,上帝已经存在。从逻辑上说,这是偷懒行为,因为没有回答上帝是从哪里来的。

中国以"无"为起点,原来什么都没有,后来有了道,再从道生出天地万物。"道"的诞生让无转化为有,但"道"本身有名而无实,是世界从无到有的中介,"道生万物",有了万物,世界才真的有了。

既然万物都为"道"所生,"道"自然不能成为任何一物,否则,就是"物生物",而不是"道生万物"了。所以,不能用给实体物下定义的方法来给"道"下定义,而只能采用否定式枚举法,把"道"不是任何一物的性质讲清楚,让"道"不混同于任何实体的物。

"道"的这种性质同人发明的钱有相同之处。钱是一切商品的等价物,可用来购买一切物品,唯独不能购买钱。在可流通的范围内,钱与钱之间的关系只能是兑换,不是购买。一张纸币只有退出流通,不再成其为钱,方可以具有不同于票面的价值。个人可以留下某张纸币作为纪念,一旦投入流通,就只能同其他货币一样,购买等同于面值的商品。

同样道理,"道"只是一个"名",不能用物的方式来定义,拒绝被定义是"道"作为"名"的逻辑要求。所以,老子紧跟着说:"名可名,非常名。"用"名"来指称"道",好像"道"有了"名",其实,这个"名"仍然不是通常认为的那个"名",此即所谓"无名天地之始;有名万物之母"。

"无"就是一个名,即便什么都没有,也不能没有"名",否则人类就不能指称"无",以区别"有"。但不能因为给了"无"以指称,就认为"无"像其他有名的物一样,也有相对应的"物"。老子惜字如金,才12个字,就把这么深奥的道理讲出来了,听懂没有,看个人造化。

古代中国人把思辨的逻辑推进得这么深和远,直逼思考的边界,还能自洽,为中华民族后人拓展出极为宽广的思想空间。但自近代以来,中国道学思想却被认作玄学,指其有害于中国的科学发展,使中国人耽于没有结果的空想。看看元朝以前的中国发明，繁若星辰，并不曾被阻碍。再看看当下最热的量子力学有许多观点同中国古人关于"道"的思考不谋而合。刚刚去世的英国科学家霍金的宇宙观也是从无开始，并且有物理学依据。思想空间之宝贵，可见一斑！

（2）"止戈为武"：兵家如何消解战争。

在诸子百家中，能逼近人类思维边界思考的并非道家一派。孙子讲兵法，被尊称为"武圣"，《孙子兵法》在英语世界被翻译为"战争的艺术"，其实就是"战争哲学"。因为他讲的不是如何打胜仗，而是如何不打就能取胜，甚至连取胜也没有必要。把自己的事情办好了，别人不敢来打，永远立于不败之地，就不需要考虑取胜的问题。消解取胜的意义，进而从根本上消解战争的必要性，才是真正的"战争哲学"，一种跳出了关于战争的常识性认知的哲学思考。

"止戈为武"是中国文化对于"武力"的终极思考：武力的价值就在于威慑武力，最终消除武力使用的必要性。核武器出现之后，其最大效应是大国在核威慑基础上达成的"恐怖平衡"。为战争而发明的手段成为制止战争的最有效手段，这就是"止戈为武"的真谛。

（3）自由与约束：孔子和庄子如何超越。

自由是人的天性，追求自由是人类永恒的动力，对自由的看法是哲学家思想高度和深度的试金石。法国哲学家卢梭的不朽名著《社会契约论》开宗明义的第一句话是："人是生而自由的，但却无往不在枷锁之中。"孔子也说过类似的话："七十而从心所欲不逾矩。"

两位思想家都讨论了人类自由及其约束条件，但着眼之处颇不一样。卢梭承认人的自由与生俱来，但最终却不得实现，因为枷锁无处不在，人类永远挣脱不了。

孔子承认规矩对自由的约束，但面对规矩，他看到的是约束之中必定存在自由的空间，所以，规矩再严，自由永在。

人生的最高境界就是在约束中获得自由，这个命题在庄子那里表现为"庖丁解牛"的寓言，在现代美学家的体悟中被表述为"艺术就是带着镣铐跳舞"。

人类作为生物体，始终面临一个问题：我的存在有什么意义？著作等身，最后会湮灭，赚再多的钱，最后都留给他人，在肉体存在之外，还有什么更高的意义？

春秋时鲁国大夫孙叔豹的"立德、立功、立言"是人生"三不朽"，司马迁的"人固有一死，或重于泰山，或轻于鸿毛"，文天祥的"人生自古谁无死，留取丹心照汗青"，讨论的都是生死之外，还有什么可以牵挂、值得追求。

西方采纳的路径是引导个人摆脱物质性存在或日常生活而获得精神超越，所谓"彼岸"。而以庄子为代表的中国文化则推崇个人在日常生活，即"此岸"中实现直接超越：微末之人如宰牛屠夫，当技艺纯熟而至"游刃有余"之时，切肉和舞蹈浑然一体，劳作与游戏难分彼此，哪里还有物质生存与精神超越的分立与对立？

（4）反思预设：于前提上消解问题。

如果说，面对人类基本问题，西方人往往针对问题设计解决方案，其前提是承认问题的存在，那么，中国人则是从质疑问题的存在开始，通过反思预设的前提，找到消解问题的路径。一旦前提不复存在，问题自然无从立足，哪里还需要解决问题的方案？本书"前言"中提到中国人善于找到解决问题的第三条思路，其实按照消解前提的思想方法，想出第 N 种方法都如探囊取物，不在话下。

禅学来自印度，原本只是一种寻求克服个人认知与世间万物之隔阂的学说，有点康德认识论的味道。但传入中国之后，却表现为对语言和思维的超越，尤其是对思考前提的反思与消解，即所谓"破执"。无论魏晋时期的"谈机锋"，比如自己在室内赤身裸体，被人讥讽了，却说以天地为屋宇、以屋宇为衣裳，别人不该钻进自己的衣服里来，还是禅宗六祖慧能广为人知的"菩提本无树，明镜亦非台，本来无一物，何处惹尘埃"四句偈，从机理上说，都采用了通过变更或否定对话前提，从而消解对手立论的方法。

禅学最高明之处是知道不可说，就不去说它，所以学习禅学不能问"什么是禅学"的问题。禅学靠个人顿悟，不靠师傅语言传授，"公案"就是教材。在这一点上，著名哲学家维特根斯坦应当自叹不如。

伟大的英国哲学家一生提出两种相互辩驳的哲学思想，还都自成体系，被誉为20世纪最有影响力的哲学家之一。他在《逻辑哲学导论》的结尾写道："对不可说的，要保持沉默。"这句话后来被概括为"哲学是不可说的"，并因此遭到诘难：既然知道不可说的要保持沉默，那又为什么说出来？个人的观点被自己的逻辑套住，在哲学上叫作"悖论"。

禅学者没有被套牢，他们从来不说什么可说，什么不可说，既不说禅学是什么，也不说禅学不是什么。庄子写过"混沌之死"的故事，后世中国人由此懂得了一个道理：让混沌长出七窍，就会毁了混沌。

西方学者常说中国没有哲学，因为中国没有哲学概念。殊不知，如果概念得以提出的前提被消解了，哪里还有概念存在的空间？西方人看中国文化，因为自我本位而看走了眼，是常有的。

中国先哲对人类思考的预设前提极为敏感，拒绝无条件接受问题,敢于对"理所当然"的预设进行反思,由此走出"执迷不悟"的自我封闭,获得巨大的思想空间和观念生产力。

"大肚能容,虚心向学。"中国人之善学,首先因为有比所学更大的思想空间,拿得起,放得下,才能活起来。若如鼠肚鸡肠、敝帚自珍,既学不成,更用不活,学与不学没有分别,"邯郸学步"就成了宿命。

2. 具象又抽象的道理思维

有了"道"的概念,自然生出把握"道"的认知需求。既然"道"不可能把握,那就把握"道"的表征。中国人"讲道理"由此而来。

(1) 中国人的具象思维。

近现代史上,中国科学技术的落后常常被归之于思维方式有问题。相比西方的抽象思维,习惯于将事物的现象特征去除,专注于所谓的"本质",中国则最大限度地保持现象的完整性,主张现象就是本质,所以中国人的思维方式又被称为"具象思维"。中国文字具有象形的特征,是出自于此;中国成语往往出自寓言,也是这个道理。

源自先秦法家之集大成者韩非子的成语"刻舟求剑",如果用西方抽象语言来表达,应该是这样的:"求两个相向移动的坐标系,A 坐标系上的点 a_1 在 B 坐标系上的投影点 b_1"。在这个问题里,剑也好,船也好,人也好,思想方法的错误也好,都被抽取掉了,剩下的就是两个坐标系之间的量值关系。

中国人不同意。中国人不喜欢把故事抽象成知识,如果现象本身能说明问题,那为什么要取消掉?中国人相信吃什么补什么,"夜盲症"起因于肝不好,"肝开于目",那就吃一个羊肝,补一下,还真有效。为什么一定要把羊肝抽象为维生素 A？是因为药片比羊肝好吃？好吃的不吃，却吃不好吃的，这叫自讨苦吃。一个民族的具象思维相信吃啥补啥，眼睛不好就吃羊眼球，这容易想象，现在竟能把人眼晚上视物昏花同羊的肝脏联系起来，而且确实有效，谁还不服气的话，那就是不讲道理了。

中国人不搞坐标系之类的玩意儿，而保留人在船上因为剑而发生的故事，是因为故事远比两个坐标系的知识更吸引人。

吸引人干吗？听韩非子讲道理。

坐标系只能说明数学上的知识问题，中国人则希望通过成语让听众明白"道理"。"万物一理"，道理从来不局限于某个领域，不只是佩剑的坐船人需要知道，摆渡的摇船人需要知道，所有人都应该知道，因为他们在生活的其他场合也会遇到类似动与不动、变与不变的关系。至少，因为听信谗言而赐死韩非子的秦始皇，应该知道这个治理国家的道理。

秦国统一六国的前后，是中国历史上最典型的"舟剑错位"的场合。在统一六国的过程中，秦国利用夺自六国的土地作奖赏，激励将士奋勇杀敌，调动人的物质欲望达到空前水平，兵马俑中没有戴头盔的士兵，视死如归带来的是最大作战效率。整个国家就是一台追逐利益的"耕战机器"！

六国被灭之后，敌人不见了，土地没有了，封赏也搞不下去了，可已调至最大值的机器停不下来，将士追求封赏的欲望停不下来，这国家该怎么治理？商鞅制定的严刑峻法曾经管用，可以通过小错而重罚，把百姓驱赶到军队里去，现在无仗可打，再用严刑峻法又为了什么？国家目标既已完成，国民的动力和效率需要另寻宣泄渠道，才不至于人心浮动。

秦始皇采取了销毁兵器,铸造"十二铜人",把大量人口派去戍边和建造长城,再修建阿房宫、始皇陵,制作兵马俑,作为战时体制巨大的惯性刹车的策略,但由于严苛依旧,社会紧张始终得不到缓解。始皇帝死了没几年,百姓揭竿而起,军队一触即溃,强大帝国轰然崩塌。

直到汉朝文景时期推崇"黄老之学",实施"无为而治",与民休息,汉武帝"独尊儒术",以道德心制衡功利心,秦国虎狼之师的冲劲才得以收敛,中国社会才得以稳定下来。

秦朝二世而亡,错在不懂"刻舟求剑"的道理,而绝不是错在不懂两个坐标系相向运动的知识。

(2) 中国式抽象思维。

如果因为中国人善于具象思维,就认为中华民族不善于抽象思维,那又误解了。中国人不但善于抽象思维,而且能通过另外一种抽象思维,看到西方人看不见的事物。

中国人讲"阴阳"和"五行",也常被批评为玄想。甚至有人认为,"五行"即金木水火土,代表中国人对"世界本源"的看法,五种物质相互搭配共同构成现实世界。相对西方认为世界只有一个本源,不管是上帝还是物质,中国哲学难免遭遇多个本源、孰为终极本源的逻辑问题,所以不足取。如此误解乃至曲解,真不知说哪里去了。

中国文化讲的五行,本质上只是一套范畴,所有落入这套范畴的事物,并非本身具有"金木水火土"的物理属性,而是只要被置入这套范畴之中,彼此之间就存在交互影响即"相生相克"的关系。中国文化最后处理的是关系,而不是单体事物本身。"五行"是用于标记事物、建立关联的符号,不是实体概念。

因为有了这套标识体系,中国文化比如中医,才有了专注于功能关系的脏腑理论,才有了"君臣佐使"的药物配伍理论,才有了与之配套的经络穴位理论。当然,中医不只是"五行"范式,还有其他范式,如"阴阳"等。

不管采用什么范式,中国思维相比西方思维的基本特点就是,西方关注实体,实体的存在形态是现象,现象能为人的感觉器官所感知,但只是表象,不是本质,本质有赖于人通过被称为"抽象"的认知过程来把握之。

中国首先关注的不是实体,而是实体呈现的现象,但现象只被看作某种表征,无论"阴阳"还是"五行",都只是事物甚至宇宙运行的表征。在中医看来,舌苔发白是"寒"的表征,并不是说病人的体温低于37度甚至接近零度。

因为中国人思考不以实体为前提,所以西方学者无法理解,才给中国贴上不科学甚至没科学的结论。但无论是否承认中国有科学,中国发现了西方难以发现的世界,一个无法用感觉器官来直接把握的世界,这是已经得到证明的。随着量子力学的"观念依赖型实在"概念的确立,中国特有的认知方式及其成果将得到更多的证明。

在人类思维几乎被西方思维所垄断的情况下,中国的道理思维作为文化基因,将为人类保持思维的多样性,进而实现发展的多样性,提供更多选择。

3. 知行合一的认知模式

相比理论科学,中国技术层面的科学得到西方认可的程度就大多了,因为有太多的实例证明了中国人的聪明才智和创造能力。现在的问题是，中国的技术能力仅仅只是善于总结经验甚至只是"灵机一动"吗？

非也。

（1）不同于西方的中国知行观。

中国文化在实用技术层面的突出能力，有着独立的认识论来源。中国的基本认知模式是"知行合一"。

西方文化在对理论与实践关系的认识上，强调理论来自实践，理论用于指导实践，这本身没有错，但里面隐含着理论与实践是两个彼此区隔的阶段，存在一个相互进入的机理，关注的是"如何指导"和"如何提炼"的问题。

中国的认知模式主张，知与行存在于同一个过程之中，行就是知的过程，知也只有行动时才能形成。"纸上得来终觉浅，绝知此事需躬行。"没有经过行，没有通过实际行动证明"行得通"，所谓的"知"不过是纸上谈兵。如果一定要从理论上区分知与行，毕竟知与行是用两个字分别来指称的，那就不妨借用中国的太极图，知与行就像那黑白两条鱼，既是此消彼长，又是"你中有我，我中有你"。

某种程度上，知与行的关系犹如思想与表达的关系。人不是想好了再说，而是说的时候才进入真正的思想，最后说出来的话，许多时候事先根本没有想到过，只是前面说的话牵引着后面的话不断涌出而已。中国的成语"文思泉涌"相当形象地表现了表达引导思想的状态和机理。

人类的创作或创造大抵也是如此，最后的作品或发明都是过程所内含的逻辑之产物，不完全是计划的成果。所谓"摸着石头过河"，不是日常生活中，摸到一块石头，确定一下方向，而是说"摸石头"既是过河的一部分,也是对河流和过河的认识的一部分。人类多少伟大发现都是在这样的摸索中实现的。

(2)知行合一的现实运用。

中国开展工程建设,常有"边设计,边施工,边修改"的做法,饱受国外同行诟病,被批评为不科学或缺乏计划性:"为什么不能事先想好了再施工?不懂科学,没有科学精神!"

其实,中国人相信,再好的计划也做不到将施工中可能出现的漏洞或不合理之处全部考虑在内,所以,一旦在施工中发现不适合的地方,及时而妥善地处理之,肯定比对最初设计一点不改,以体现科学性来得合理而且有效。这里涉及的不是科学精神,而是认知模式的不同。按照"知在行中"的道理,工程师不管原来如何高明,都会在工程施工中有新的发现,得到新的提高,"觉今是而昨非"是常有的事。既然如此,成长之后发现原来设计有问题,及时予以纠正,有什么不可以?"车到山前必有路。"远远望着山和近到山脚下,驾车者对山和进山道路的认识,不会是一样的。

无论在工程施工、生产管理还是政策执行中,中国都按照这样的模式展开,所以频繁调整在中国是常态,目的是为了提高正确率、降低损失比,让运行状况尽可能在最短的时间内达到最佳。中国经济高速发展将近40年,没有出现大的波动,就同随时根据情况变化,及时作出政策调整有关。说得透彻些,中国政府何以喜欢使用政策而不是法律作为调控经济的主要手段,根本上就是因为政策调整灵敏,而法律程序迟钝。"摸着石头过河",要是摸一块讨论一回,"三读""N审",那就不可能有效率,还是上岸得了。

中国人的仿造能力过人,部分源自在仿造过程中,随时获得发现、随时调整思路,不断逼近被模仿的技术或产品的精髓,这种特殊能力的背后就是"知行合一"或曰"知行同步"的认知模式。

4. 多元共存的"龙性智慧"

"龙性智慧"用工程语言来说,同"集成的智慧"意义相近,但并不完全相同,与强调科学性的集成概念不同,"龙性智慧"带有人文乃至神秘主义色彩。

"大肚能容"固然重要,但仅仅"大肚能容",学得再多,也难以产生建设性效果,充其量只是一堆思想碎片或技术垃圾,于国于民益处不大。学习了不同来源的人类文明成果之后,还需要有能力,将有用的成分整合起来,让每个部分各尽其能、各得其所,这里就有中国"龙性智慧"的用武之地。

(1)"龙"作为中国智慧形态。

龙,是中华民族的图腾,也就是象征中国人民族特性的图像符号,这几乎人人都知道。但龙本身的特性是什么,却并不清晰。其实,龙就是变,所谓"龙变"。因为龙会变,所以,没有翅膀也可以飞翔,蜿蜒身躯却长有四脚,一切在其他动物身上不合理的形态,在龙身上都"怡然自得"。"神龙见首不见尾"不应该仅仅理解为形态上藏头去尾,而应该理解为任何形态都不是龙本身,只是龙可以随意变化这个基本属性的表征。所以,龙有哪些具体形态,龙的整体形态可以有哪些不同部分,都不成问题,由九种动物各自贡献身体一部分所组成的"头似牛,角似鹿,眼似虾,耳似象,项似蛇,腹似蜃,鳞似鱼,爪似凤,掌似虎"的"龙",由此诞生。

如此解读龙及其由来,属于逻辑建构,未必有史实作依据。有意思的是,中国历史恰恰证明了中华民族和中国文化都具有"龙"一样的集成特性,即不拘泥于特定形态,善于把不同性质的事物整合到一起。中华民族的血液里有着多民族的生物学基因,中华文化中有着各种文明的成分,中国人的生活中有许多名字上带有"洋、胡、番、西"等前缀的食物和器物,在世界各地发生过冲突的宗教派别,在中国基本上相安无事,甚至同本土宗教的神主一起接受供奉。

(2)"龙性智慧"的实际效能。

让异质的文化元素合为一体、各尽其能的"龙性智慧",让中国人在学习中可以有最大的选择余地,不因自身已有储备而缩小备选范围,也不因自身缺乏弹性而放弃理想的方案,更不会因为多种方案之间的相互排斥,而导致整体失衡。"混搭"而且搭出匪夷所思的整体效果,才是"龙性智慧"的功力体现。

历朝历代,中国修建了那么多浩大工程,长城和大运河是代表,其中不可或缺的是统筹工程的管理能力。工程参加者动辄成千上万,必须精确分工、同时作业、前后衔接、相互配合,才能最终完成工程目标。其实,早在秦国统一六国前,"溯源管理"已经运用于工程项目、兵器制作等重要场合。"龙"由不同部件组成,首尾贯通是必须的。

中国古代哲学就体系而论,最高水平是宋明理学,而在结构上,宋明理学正是"儒道释"三家合一的"哲学龙"。其实,在中国民间的庙宇里,孔子、老子和释迦牟尼早被供奉在一起。能把外来文化如此妥帖而光滑地对接于本土文化,没有"龙性智慧"是很难做到的。

在当代,理论界习惯把社会主义同计划经济相联系,资本主义同市场经济相联系,而中国改革开放后,思想解放了,把社会主义和市场经济联系上,至今运作良好。理论上,社会主义是人类社会发展的高级阶段,但中国不拘泥于此,在社会主义整个历史阶段中区隔出一个"初级阶段",大大拓展了体制改革的空间。西方把市场经济和选举政治相联系,而中国在坚持社会主义市场经济的同时,配合以中国特色的协商政治。西方在劳资双方的利益博弈中,强调政府的中立地位,而中国推行政府、企业和工会的三方协调,如此等等。在别人看不到事物间联系的地方找到联系,成功地把它们联系上,还能运作良好,这是"龙性智慧"的典型体现。

只要管用,不同事物、制度或概念,尽可以联系在一起,理论为实践服务,而不是相反。只要实践有需要,而且行得通,那剩下的事情就是让理论工作者去证明行得通的道理,而不能拘泥于现成的理论结论,对行得通的实践视而不见。改革开放以来,最值得深思的问题是,为什么实践上行得通的中国经济发展,在经济学理论中,长期被认为行不通,即便最后得到承认,还要拖一个"中国之谜"的尾巴?知行分离是其中一个原因。

中国人好学习,也善学习,因为依托了民族特有的思想空间、思维方式、认知模式和"龙性智慧"!

三、40 年中国创新之路

改革开放 40 年里,中国科技创新的历程呈现出一条清晰的轨迹,透露着中华民族的学习力和学习优势背后的文化支撑。

1. 单纯学习阶段

改革开放初期,中国不只是物质层面百废待兴,还严重缺乏软件层面的基本储备。当外资最初进入时,中国连会外语的人都凤毛麟角。机器设备是外国进口的,很先进,如何操作,国内没人懂,外国企业派了工程技术人员来指导,中国企业也派了最好的人去学习,碰到的第一个问题是听不懂。在上海这个曾被批评为"十里洋场"的大都市,欧美人走在街上,一度都会遭遇围观,如此时代,不懂外文实在稀松平常。

当年媒体报道的先进事迹中到处可以找到中国技术人员和一线工人如何克服困难,艰难掌握有限的外语单词,连猜带蒙,听明白了外国技术人员说的是什么,短时间里掌握了操作机器的基本要领。报道的结尾总少不了"让外国人大吃一惊"。仓促站上对外开放第一线的中国技术人员和工人硬是在最短时间里,走上了操作台,开始向现代科学技术迈出第一步。

随之而来的是职工远赴进口设备生产国,学习操作和维护机器、高炉和流水线,等等。高考恢复,首批大学生入学,唤醒了整个社会的学习热潮,涉外岗位大量涌现,相对优厚的待遇,让大城市职工开始业余补课,学外语成为许多人首选课程,公园里"英语角"蔚为壮观。几年之间,中国会外语的年轻人大批出现,外资企业向社会公开招聘职员成为可能,其中学习成绩优秀者开始出国寻求深造,继国家公派之后,民间留学热潮涌起。出国学习有奖学金,还有机会留在国外生活,未能如愿出国的也成为有能力学习、吸收和运用国外先进管理和技术的人才。

在更高的层次上,大学和科研机构,利用国家有限的外汇和国外基金会的资助,出国进修,其中大部分公派人员学成归国,大大加快了中国科技同世界先进水平接轨的速度。当时国家给的生活津贴极为有限,习惯了清贫生活的科学家、工程师省吃俭用,带回了资料、仪器和设备。中国传统小农不忘把钱固化在有价值物品中的"积习",在"喝洋墨水"的知识分子身上明显"难改"。

在那个年代,"现代化"神圣得如同宗教信仰,亿万虔信的中国人好学上进,如涓涓细流,汇成中国迈向现代化的洪流。

2. 简单模仿阶段

中国庞大市场大门打开,外资迫不及待,在许多年里,外国投资者的算盘十分简单:"中国有十多亿人口,只要有1%的人买我的产品,就是一千多万的销量。"尽管在当时的中国,有能力买洋品牌产品的消费者在全国总人口中连万分之一都不到。

外资企业由于误解而产生的冲动,给中国送来了讨价还价的筹码,"用技术换市场",成为当时的国家策略。从家电、汽车到高铁,都是利用这样的策略,实现技术赶超。当然其中有做得比较好的,也有做得不够好的。到今天,家电产品除了个别关键部件如压缩机等,基本上中国已经完全可以自主生产,虽然高端消费者对洋品牌的偏好仍然执着。汽车做得不那么好,开放了市场,并且做到世界最大,年销售量2 900万台,但燃油汽车的关键部件如底盘、发动机、变速箱和电控还没有全部掌握在自己手中。本来希望利用专营制度,抬高外国品牌汽车的价格,为国产汽车成长留出空间,最后只是白给了国外品牌更多利润,国产品牌汽车至今停留在产业低端。当下中国车企正采取两路作战法:一路通过收购外国的企业或股权,比如吉利先收购了沃尔沃,最近又入股戴姆勒;另一路则是努力发展电动汽车,不用发动机和变速箱,争取弯道超车。

在这个阶段中,中国力图通过进口替代战略,实现节省外汇和提升技术的双重目标。在国家政策的引导下,中国科学家、工程师、技术工人乃至普通操作工,发挥了中国人特有的聪明才智,攻克了一个个技术难关。社会上曾经流传一个十分实用的购物诀窍:要买中国企业生产的产品,比如家电或汽车,必须买首批产品,因为使用进口零件组装,后面采用国产零件,质量、稳定性和使用寿命会下降。这个诀窍不完全是以讹传讹,但其有效性和指导性已远逊当年,今天许多行业的产品是否国产已经不怎么影响消费者的决策,价格或者售后服务才更受人关注。

在谋求替代的过程中,中国人注重"道理"的认知特点成为一种优势。在当时,"现代化"很大程度上就指工业化,制造业尤其是机器制造业,形态看得见,原理看得懂,过去因为没看见,一时想不到。所以,承担着"进口替代"任务的技术人员,只要拆开设备一看,"原来是这个道理"。只要明白了道理,中国师傅有的是办法,捣鼓捣鼓,就八九不离十了。最后,替代问题解决了,新的问题产生了:赝品与真品之间只差一个授权商标。

"逆向设计"一时成为中国技术人员的制胜法宝,大量西方国家的技术和工艺被模仿。中国人确实学得快,学得像,学得深,学了还能"青出于蓝而胜于蓝"。

3. 创造性模仿阶段

改革开放在让外资进入中国的同时,也让中国产品流向全世界。从农副产品为主到工业制品为主,中国外贸经历了一段爬坡过程。开始时利用人口红利,借助环境和社会成本的转移,中国成功发挥了低价优势，吸引投资，征服市场。加入WTO之后，中国出口大幅增长，在获得利润不久，便开始遭遇低端商品的市场饱和。尤其在2008年世界金融危机后，发达国家经济不景气，出口遇到瓶颈，产业转型和产品升级因此成为必要。好在当时，民营企业已经有资本向中端制造业攀升。

当资本不成问题时，技术壁垒便成了中国企业眼前的拦路虎。

聪明的外国企业家发现中国市场具有独特的结构，超大规模的人口并不代表超大规模的销售，中产阶层平均水平低，总体购买力有限，而国内企业仿制品价格更合适，与国民支付能力更匹配。收取专利使用费，而不是赚取产品利润，成为有技术实力的外国企业杀手锏。

国产DVD曾经风靡一时，价格低，特别是纠错能力远比进口机器强大，号称"什么碟片都能看"，深受中国消费者和全世界盗版碟片爱好者的欢迎。但仅仅几年工夫，全国所有生产DVD的企业连同整个产业一起销声匿迹。

原因一点不神秘，更不复杂，巨额专利使用费，让靠低价占领市场的中国企业承受不起。当时在国内市场，中国还没有全面推行知识产权保护，给中小企业留出了生存空间和成长时间。可是产品一旦出国，马上遭遇拥有相关专利的企业围剿。船到码头，即被当地海关"拿获"，锁进仓库，缴清专利使用费才能提货出关，此时已无利润可言。不付专利费，锁在仓库里还要支付仓储保管费用，亏损更大。原船装运回来，运费又是成本，况且国内市场早已饱和，运回来卖给谁？如此挤压之下，短短几年，中国的DVD产业整体崩塌。而正是在这废墟上，中国建立起具有自主知识产权的视音频标准和配套设备。

发达国家收取专利费本身无可厚非,技术越是进步,技术突破的风险和成本越高,通过专利制度,保护知识产权,是一项有利于技术创新的"造血机制"。但专利制度对于后起国家,确实是一道极高的门槛,不提高技术水平,不增加产品技术含量,企业没办法实现突破;完全依靠自身努力开发新技术,费钱费力费时,风险巨大,一旦失败,顷刻间便鸡飞蛋打,连原有的积累都会付诸东流。更可怕的是,一旦技术开发成功,市场被打开,国外大企业挟资金和技术优势,全速开进,中小企业只能拱手相让。

相比之下,走仿造的道路,方向可靠,投入有限,风险不大,但难免使用别人的知识产权,要是如数支付专利使用费,则成本大幅增加,丧失市场竞争力,利润跟着下降,在财务上就没有意义了。

在两难的情况下,检验一个国家及其国民智慧的不是有没有能力仿造,仿造得像不像,而是在难以绕过这个阶段的情况下,能多快走出这个阶段,走上自主创新的大道。

一度名闻遐迩的深圳"华强北电子市场"出现过一批特别聪明的企业,不但善于模仿别人的技术,还能捣鼓出见所未见、闻所未闻的"山寨新品",别人有的功能,他们可以堆积在一款手机上,以此出新。甚至还生产出一款"苹果皮",给大牌手机增加新功能。如此"傍大款",当然也属于侵犯知识产权的行为。

这个"英雄辈出"的"乱世"很快过去,不是专事仿冒的企业在中国绝迹,而是中国企业自身的研发费用、研发能力和研发成功率出现大幅度提升,越来越多的企业可以用自己的专利同国外同行进行交换或者组建联盟性质的"专利池",在互惠的基础上实现共享。

在这个过程中，中国人强大学习力背后三个重要文化优势展露无遗：一是在掌握道理之后，具有融会贯通的想象力，能举一反三，进行衍生产品的设计和制造；二是知行合一，能在不断模仿、连续试制的过程中，及时总结经验，提高自身技术水平，登上自主创新的平台；三是"龙性智慧"大行其道，可以通过把国外技术"混搭"，形成独特的中国产品。

中国在科技创新道路上表现出来的效率，不只是仿造的效率，更是摆脱仿造的效率！

4．集成创新阶段

相比农业社会，工业化就是规模化、集成化，这个趋势不可能改变。人工智能时代强调"去中心化"，其实只是个体化伪装下的集成化。没有集成的互联网，个人不可能成为信息集散中心，区块链的独立记账在分散的钱庄时代，根本无法实现。现如今中国最亮丽的名片之所以是高铁和互联网企业，就因为中国有能力统筹和整合各种技术和其他条件，实现集成创新。

铁路原来是中国技术的薄弱环节，虽然借助多次提速的契机，相关技术有所改进，但距离世界先进水平仍有很大距离。国家下定决心采用高速轮轨之后，通过一次性大量进口高铁全套设备，同时捆绑技术专利授权的做法，终于突破了"市场换技术"的软约束，成功地从德国、日本、法国、加拿大等国获得各具特色和优点的工艺技术。在消化吸收各国技术的基础上，进行相互借鉴，取长补短，最终形成具有完全自主知识产权的中国标准和中国高铁技术体系。

高铁系统包括轨道、机车、信号、调度、车站等组成部分，本身极其庞杂，一台机车的零部件制造和整体总装就是一个庞大系统，再加上高铁施工过程和所用装备机器制造、为高铁建设清理土地涉及的社会治理和建成后的运营特别是安全度过春运高峰，绝对属于巨无霸项目。按照国际惯例，制造高铁不会全部采用本国制造的零部件，更不会全部采用本国生产的加工设备，但仅仅把这个巨无霸系统加以统筹整合，其难度之大就超出常人想象。集成创新之所以被视为创新的一种，就因为其中不但包含各个环节的局部创新，更需要对技术系统进行整体改进和完善，解决工程上的难题，实现各环节、各部分的无缝对接和完美匹配。没有历史传承下来的集成智慧，要在短短几年里建成拥有自主知识产权的技术系统和庞大的高铁网络并实现安全营运，是不可能的。

如果说中国高铁建设主要还是技术层面的创新比较多，那么互联网创新对中国社会整体创新的要求更高。中国社会是一个熟人社会，而互联网是一个陌生人世界；中国社会是一个高度组织化的社会，而互联网是一个单体活跃的世界；中国社会是一个强中心社会，而互联网是一个"去中心"的世界。线上线下存在巨大鸿沟，要打通两者，实现对接，何止一个技术问题。

对于充满不确定性的企业、行业乃至生活领域，中国社会总体上采取了极为宽容的态度，投资主要来自国外或境外，上市也去了国外或境外，技术不能成链，运营不能成网，经营不规范，法律有空白，所有这些一时难以避免的问题，国家和公众给予了巨大的理解、容忍和支持。仅仅十多年时间，借助这些初创企业的打拼，中国社会完成了规模空前的集成创新，让整个国家迈进了互联网和移动互联网时代，在电子商务和移动支付上走在了世界前列。

中国在新一轮产业革命中抓住了机会,实现了与世界同步。

在拥抱新技术上,中国社会展现出足够的耐心,静观其变,乐见其成,而企业家则潜心钻研,力求与已有体制光滑衔接,避免太大的、不必要的震动与冲击。古老智慧与全新心态的奇妙结合,催生了中国互联网产业的跨越式发展。

5. 自主创新阶段

高铁和互联网以其技术含量和经济规模,向世界表明,中国科技发展进入了一个新的平台。随之而来的是各个领域中的创新发明如雨后春笋一般涌现。国家主持的重大项目自不待言,企业也以创新主体的姿态,纷纷登上技术创新的最前沿。有电动汽车的比亚迪,有无人机的大疆,有信息设备的华为,有港口机械的振华,有高铁机车的中车,有语音识别的科大讯飞,等等。中国投入的研发经费、发表的论文和注册的专利,论数量都已列世界前茅,眼下迫切需要的是投入产出效益的提高,尤其是质量的提升。

狂飙突进的中国科技创新临近一个拐点。

2016年5月30日,在全国科技创新大会上,任正非直言迷茫:"华为现在的水平尚停留在工程数学、物理算法等工程科学的创新层面,尚未真正进入基础理论研究。随着逐步逼近香农定理、摩尔定律的极限,而对大流量、低时延的理论还未创造出来,华为已感到前途茫茫,找不到方向。华为已前进在迷航中。"

华为攻入了无人区,处于无人领航、无既定规则、无人跟随的困境。任正非给华为制定的突围方案是:"坚持科技创新,追求重大创新。"

任正非的迷茫不只是华为的迷茫,也是中国产业界乃至科技界的迷茫。"尚未进入基础理论",绝非仅限于"大流量、低时延的理论",眼光放再远些,中国需要进入乃至跨越的是"香浓定理""摩尔定律"本身!

自"睁眼看世界",承认落后以来,中国采取的基本策略是追随或赶超先进国家。这意味着,中国科技创新的基本态势是,前面有引领,道路已经有人走过,方向没有问题,技术路径也已得到证明,中国的任务是重新测绘一次,其中肯定会有改进或局部创新,但不是原创,不需要基础研究的支撑。

这样的策略在国家财力有限、科研条件不足、人才资源缺乏、研究能力薄弱的阶段有其必要性和合理性。随着国情变化尤其是中国与世界发达国家的距离缩短,追随已成过去,赶超就在眼前,学习仍然需要,但可学的在不断减少,允许学的减少更快,专利买不到,含有专利的设备买不到,连收购拥有专利技术的企业也越来越难。

世界拒绝中国是对中国的另一种认可。如果不是中国突出的再创造能力,所有这一切防范就没有必要。现在到了中国走出追随、赶超,开启原创的时候。

在人工智能时代,计算机几乎可以模仿一切。科技创新不再需要不断试错,只要有明确的理论指导,建立起数学模型,许多技术参数可以通过计算机模拟而获得。所以,要在重大技术方面获得原创性成果,前提是建立原创的理论,而原创的理论只能来自原创的思想。思想才是理论的晶核,理论只是思想的逻辑展开和实验证明。

中国来到了基础研究的大门口,需要掌握基础技术和基础理论。正如中国制造要在加工精度、粉碎均质度、搅拌均匀度等基础能力上有明显提高，中国科研也需要在思想的灵敏度、锐度和深度上有所突破，想人所未想，成就理论的突破。在人工智能的研发中，中国不但要造出中国机器人，还要造出机器中国人，具有中国文化特征的智能机器人！

为此，中国科研人员需要再学习，不只是向世界学习，还要向传统学习，重新打开轴心时代哲学家留下的思想空间，通过反思已有理论、观点和概念的前提，找到未来科技发展的萌芽，嫁接到中国文化的砧木上，在全新的背景上，绽放奇异的花朵，结出不寻常的果实。

四、国-民协力：以创新助推中华民族伟大复兴

中华民族伟大复兴没有国家富强是不可想象的，而国家富强没有科技实力是无法想象的。科教兴国不是唯一路径，但文化复兴意义上的科技创新，一定是国家富强的必由之路！

1. 做人工智能时代的创新强国

中央做出决策，到2030年，中国要在人工智能领域占据世界领先的位置。一个180年前积贫积弱、远远落在世界后面的国家，在人类即将进入一个难以预测的全新时代之际，要重回引领世界的地位，世事沧桑，令人唏嘘。

中国要在人工智能领域抢占先机，必须高起点地规划科技创新，找到自己在未来产业中的定位、目标和实现路径。

日本和德国会致力于应用人工智能的先进技术，开发有市场前景的产品，立足制造领域的传统优势，追求"如虎添翼"的效果。比

如，机器人本来就是这两个国家的强项，加上人工智能，就成了"智能机器人"，合理、自然还有效。

美国会继续一马当先，提出超前的产业理念和技术概念，引导人工智能研究方向，研发核心技术，推出前沿设备，控制产业方向。只要独门秘籍在手，后来者要超越谈何容易。马斯克的"猎鹰"重型火箭，载重量并非最大，但拥有回收能力就让企业在火箭发射市场上独领风骚。

英国则会一如既往，提供思想——"人工智能论"。图灵是英国人，他所提出的"计算的定义"和"图灵测试"，都是人工智能领域的奠基之作。"阿法狗"也是英国公司 Deepmind 的发明。在人脑和人类智能研究上，英国都颇有建树。而作为老牌的市场经济高手，一旦产业发展起来、市场打开之后，从产业运行秩序入手，制定和维护相应的规则，英国更会当仁不让。

中国的目标已经确定，在几个科技大国划定各自地盘的当下，中国的选择是全产业链还是其中的某一段？依托什么样的基础，发挥哪方面的优势？需要实现哪个方向上的突破？最终从人工智能产业发展中收获什么样的整体效益？

据科学家推定，更确切地说是猜想，人工智能全面超越人类的"奇点"时刻，也就是智能机器人有能力创造出新的更高级智能机器人的时点，大约在 2045 年前后，所以，用"近在咫尺"来描述并不为过。以后不光大量操作性工作将归于智能机器人，所有具有确定性特征、能用算法解决的创新，也将在第一时间交由人工智能挑选，凡是人工智能做得了的，就没有工程师什么事了。离开岗位对许多工种和行业的从业者来说，将成为随时可能发生的事。

这意味着，国家与国家、民族与民族在创新领域的竞争，输赢将首先取决于各自将战场设置在高于还是低于未来人工智能可能达到的智能水平。这犹如高中生进行电子游戏比赛，你既可以选比谁玩游戏的技巧好，也可以选比谁设计游戏的技术好。未来的成功者肯定产生于后者，而不是前者。因为后者制定规则，而前者只是在别人制定的规则内游戏。

40年里，中国埋头赶超，眼看着离领先者越来越近，欣慰之余，不敢懈怠，因为只要仍在别人设置的跑道上，不管并肩而行，还是少许领先，都可能被别人再次甩掉。需要防备的不是对方突然加速，而是掉头转向新的跑道。任正非在领先竞争对手、进入无人区时，迷惘涌上心头，不只是因为失去方向，更不是因为孤独无法求败，想有个伴，而是深知没有理论乃至思想储备，很容易前功尽弃：一旦新的跑道出现，又得重新开始追赶。

要坐稳产业领头羊的位置，必须拥有自己的跑道，而不能满足于在别人跑道上遥遥领先！

中国要在人工智能时代实现世界领先的目标，需要局部领先或技术领先，更需要理论领先，登上哲学思想的高台！

人工智能的开发以对人类自身包括人脑机能及其实现机理的认识为前提，而以人脑研究人脑本身就是一个悖论。如果人脑真的如某些专家所说，只有5%的机能得到使用，还有95%的潜力可供开发，那用5%去撬动95%的19倍杠杆支点又在哪里？105公斤级的举重运动员最多可以举起246公斤的杠铃，但这位世界纪录的保持者举得起105公斤的自己吗？

要研发像艺术创作机器人、情感机器人等运用于不确定性领域中的人工智能，必须对审美、人性有更加深入的认识，必须突破人类在人文学科和社会科学领域中根深蒂固的刻板模式。随着智能机器人开始协同行动，需要让个体机器人适应群体生活的规律，群体伦理可能对算法提出新的要求。到这个时候，中国传统文化的许多元素包括强烈的人文取向、关系的建构和维系能力，还有前面谈到的有助于破除"执念"的"思想空间""具象又抽象的道理思维"以及"龙性智慧"等，完全有可能成为中国研发人工智能的利器，帮助科学家、工程师反思既定研究方向，重新考虑已有技术的合理性，找到更像人且更适应人的产业方向和解决方案。

依托民族文化，别出心裁，别具一格，才能让中国在人工智能领域，至少其中的重要环节，占据世界领先位置！

2. 科技创新：国-民协力的领域

毋庸讳言，国-民关系是一对既相互依赖又彼此博弈的关系，但在科技创新领域中，国-民关系却可以成为理想的协力共赢关系。

在人类一切活动中，创造性活动是最个性化的活动，因为只有独一无二的东西，才能纳入创造的范畴。创造活动也是最需要自主性的活动。棍棒可以让奴隶劳动，工资可以让工人劳动，但棍棒和工资都不足以让艺术家创作、科学家发明。"不自由，毋宁死"在创作领域要比在其他任何领域甚至情感领域，表现得更加极端，因为死的不是人，而是创造本身。

这意味着，国家要推动创新或创造，必须协调好国家、科研机构和科研工作者三方关系，最大限度地激发科技人员和一切有创造力的国民的内在动力，才能促成中国科技创新和文化创造繁荣的新局面。

从投入产出的角度来看,创造性活动不同于简单生产劳动的一个重要地方在于,如果说简单生产劳动的投入产出是线性关系,一个人生产一件产品,十个人就生产十件产品的话,创造性活动在投入产出上是指数关系,一项成功的发明可以带来难以预测的产出,不仅是数量的增加,更有质量的提升。

创造性活动产出的不确定性,给国家与国民的利益分配提供了更大的余地,公共政策在其中可以有更大发挥作用的空间。在大量科研人员被国有企事业单位尤其是高校、科研机构聘用的情况下,如何处理好职务发明和个人创造的关系,对于促进科技创新,具有极为重要的意义。正是这一点上,可以也需要向传统文化学习,争取三方共赢基础上的经济利益、社会效益和文化价值的最大化。

古代中国通过"井田制",先于世界任何国家,造就了具有内在生产劳动积极性的小农,个人以实现自身利益的方式,完成对国家的义务,如此智慧应该成为今天科技创新管理的模本和启示。

古代中国信奉"民不加赋而国用饶",追求在不增加民众负担的前提下,增加国家收益,注重避免国家与国民的利益冲突,尤其注意防止国家与国民利益冲突的显性化,提高生产者的获得感,如此智慧应该注入国家、科研机构或企业和科研人员利益分配机制,成为其中的核心"算法"。

古代中国发明了"以工代赈"的生产潜力实现路径,从单纯但必要的资源消耗中生成新的资源,让资源消耗过程转变为资源生成过程,拓展了资源来源,增加了社会财富总量,如此智慧应该成为国家和科研机构的科技投入模式的灵魂。

中国改革开放的伟大成就部分来自让农民成为农民企业家,这个过程不可能在科技创新领域加以简单模仿,但其中的机理完全可以复制,中国自古以来协调国-民关系的思路与办法,可以为造就一种国-民协力的科技创新体制,提供关键智慧。

3. 市场机制:衔接国-民的中介

十九大报告提出,"着力构建市场机制有效、微观主体有活力、宏观调控有度的经济体制"。从经济发展的角度看,这一改革目标内含三个要素:一个是国家,承担宏观调控经济运行的功能;一个是国民个体,承担财富生产的功能;还有一个是市场,承担中介国家与国民,实现资源有效配置的功能。这一经济体制模型和三方功能定位完全适用于科技创新的服务和管理。

中国经济于不知不觉中已呈现出全新的态势,传统产业和新兴产业的"二元结构"悄然成形。真正有意义的不是产业分野,而是隐含在产业分野里的所有制分野。

在由资源、能源和其他大宗商品以及工业时代制造业所构成的传统产业中,存在大量巨型企业,其中绝大多数为国有性质。这些产业因为事关国计民生,曾得到国家特别关照,在高度行政垄断、缺乏竞争的环境下,巨型企业成长起来。时过境迁,现在陷入产能过剩、创新乏力的困境。

在由信息技术主导、依托互联网运行、采用高科技的新兴产业中,除了存在同样巨型的企业之外,还有无数中小型企业,其共同特点是充满活力,包括创新和经营活力。因为新兴,从小到大有个过程,且生长于原来没人想到的领域,所以,没有得到任何特别关照,也没有受到特别阻碍,完全在竞争性环境中成长起来,虽然企业仍然面临各种挑战,但是产业前景广阔,方生方死,方死方生,能创新者,生,不能创新者,死。

今天,中国大量的创新发生在新兴产业之中,发生在非国有企业里。说国有企业没有创新能力,这不是事实。但同互联网有关的企业中几乎没有国有企业,也是事实。今天表征国内各地创新能力的排行榜上,有一项指标是"大型民营企业总部的数量",客观上已经说明,中央关于企业是创新主体的要求得到了很好落实,而在企业中,从市场中走出来的民营企业创新能力确实更强一些。

市场已经在科技创新领域中发挥作用,为促成国-民协力的良性互动提供了很好的基础条件。事实上,近年来新兴企业尤其是科技类创业企业大多得到民间资金的资助,从种子基金、天使基金、风险投资机构到私募股权投资机构,背后都是市场的力量,并且已经形成较为完整的体系。这个领域是中国市场经济发展最纯粹的地方。

市场成熟了,对政府介入,自然态度比较谨慎。某地政府为支持科技创新,宣布对风险投资机构提供财务兜底,万一投资失败,政府可给予最多600万元的补偿。政府用意是好的,但市场反馈却不够理想。风投界主要机构众口一词地表达了拒绝的态度,并希望政府不要搅乱已有的市场秩序。这里的道理很简单。

风投机构要想获得财政补偿,肯定需要通过前期审核,而为了获得审核通过,必须准备材料,各种繁文缛节不可避免带来效率损失。

风险投资的企业家常年在市场上闯荡,对风险的敏感是他们的本能,风险多大,自己能否扛住,他们最清楚。如果投资计划需要有关部门把关,通过者才有资格享受失败后的补偿,岂不等于说,机关里的公务员比风险投资家更懂得控制风险？这样的公务员不去风投界，有点可惜。

投资有风险，这是投资家都知道的，能不能承受风险，不只是气质问题，更有眼光问题。既然活跃在市场上，而市场的本性是优胜劣汰，那么没有眼光而导致投资失败的投资家，最合适的去处是退出市场，而不是靠财政补助苟延残喘。

市场经济有规律，风险与赢利同在，风险越大，一旦成功，赢利也越大。既然赢利是对投资人承担风险的最好回报，那又有什么必要帮助他们降低风险？不要看到成功的投资家就眼红，也不用对着失败的投资人掉眼泪。

财政补偿不是市场内生的利益来源，它的引入不但对于市场本身来说纯属多余，而且会干扰市场运行。为了贪图600万元的好处，宵小之辈会想方设法，通过关联交易等各种手段，进行利益输送，最后导致财政补助的实际效果事与愿违，还败坏了投资圈的风气和规矩。

既然国家已经宣布，"凡是市场能办的，就交给市场来办"，在市场没有任何困难、自己能够解决问题的场合，政府介入无论出自多么良好的动机，都是多余甚至有害的。

好在地方政府虚怀若谷，批评之下，很麻利地收回成命，虽然政策胎死腹中，但好事没有办成坏事，也是好事。

在风险投资已经能够为科技创新和创业提供支持的情况下，政府要支持创新创业不是没有用武之地，而是必须根据自身定位，找到可以发力的地方。

比如近年里，社会影响最大的两个科技创新创业的例子是网约车和互联网自行车租赁。相关企业都是个人发起,得到民间资金支持,同时在营运空间、法律政策、公共环境和社会舆论方面,得到政府很大的宽容和支持。相比直接介入市场,这是政府服务创新和创业的更合适的方式。

最近,国家在反思具有 VIE 结构、采取"同股不同权"原则的互联网企业无法在国内上市,导致 A 股市场产业结构过于单一、过于传统的情况后,决定对最近一年营业收入不低于 30 亿元人民币,且估值不低于 200 亿元人民币的未在境外上市的"独角兽",开放 A 股上市的快捷通道。如此做法是否一定合理、效果是否一定理想,可以存而不议,仅就思路来说,明确政府定位、发挥市场作用的初衷是一目了然的。风投需要的不是财政补助,而是风险收益兑现的制度化通道。

在科技创新创业的整个生命周期中,作为科研人员的个人始终需要国家的支持,但这种支持更多的应该是制度性的,而不应该完全是财务性的。国家因为拥有大量科研机构和高校,所以习惯于用提供项目经费的方式来资助科技创新,其实效果并不好。制作申请报告要花时间,立项评审容易出现外行评内行,项目资金的使用和管理更是繁杂琐碎,最后结项评审有可能重犯立项时的老毛病。

为了更好地调动科研人员的积极性,国家在鼓励企业成为创新主体的同时,要方便个人成为创新的最后主体。为此,在依托市场、建立为科技创新所迫切需要的制度方面,视野再开阔些,思路再灵活些,办法再到位些。

比如,国家要减轻科技型企业和创新型个人的财务负担,未必采用提供资金的方式,完全可以把资金用于建设诸如"联合实验室"之类的大型设施,以适宜的价格,提供给创新主体使用,建立个体性的创新活动与集约式的设施设备合为一体的系统,真正发挥国家支持的杠杆作用。

再比如,与其费时费事费力搞项目管理,不如采取按质论价的科研成果购买制度。企业已经做到的事情,国家没理由做不到。

4. 创新远景:国-民关系的创新

人类创新科技,科技创新人类,人类与自身创造性活动之间存在明显的互动关系。

建立在灌溉农业基础上的传统国-民关系,虽然作为有生命力的文化基因,在中国改革开放以来经济高速发展中,发挥了重大而积极的作用,构成中国之谜的部分成因。但就像工业化时代的大工厂在组织方式上,毕竟不同于一家一户耕种小块土地的方式一样,现在面临着信息技术的进步和人工智能趋于成熟,国-民关系自身也将发生深刻变化。

自媒体的兴盛和传统媒体的式微,首先是纸媒,接下来是电视,广播因为交通拥堵获得意外机会,还能维持一阵子,显示出社会生活整体上"去中心化"的趋势已在路上。一旦区块链技术成熟并被运用于现实的生活场景,参与者自行记账,中心管理机构的作用即便没有归零,也将大大弱化。

有人设想,如果将区块链技术用于航空保险,每个人无论航班延误,还是飞行事故,所有数据自动计入账户,任何人都不能改动,所有结算活动,自动发生,任何人不能干预。在这样的情境下,所有理赔自动发生,既没有谎报,也没有推诿,透明、公开、诚信、公正在技术层面上得到实现。到时,传统的保险公司或许还有必要存在,但理赔这一行是绝对干不下去了。

当一个个区块链渗透进公共生活,个人与个人、个人与管理机构的关系都将发生深刻甚至匪夷所思的变化,国-民关系又将何去何从?今天在国-民关系构架中讨论的科技创新体制又将何去何从?

新的技术还没有运用,其潜力没有人知道,对于未来,人们尽可以想象,有些想到的未必发生,有些没想到的未必不发生。

互联网催生了"湿的组织",即组织边界动态、人员身份自由、权力配置随机、运行规则自定的新型组织形态,也造就了一代"斜杠青年",即具有多种专业身份,能兼职从事不同业务,却不用被每一家客户固定聘用的职场人士。

依托互联网,个体自由度的空前增大,个人不再需要依附于特定的组织,社会交往和人际关系作为资源可以无限供应,而各种实验设备借助区块链对任何有兴趣的研究人员开放,相应的科研过程和成果也被各自记账,到这个时候,科技创新会呈现一种什么样的态势?

以人工智能研究领先世界为重要目标的中国科技创新,必须准备好接受人工智能技术发展所带来的一切变化,包括国-民关系的变化。开发人工智能不是为了单纯同其他国家比赛智力水平,在科技主导的时代,不能运用的技术是"死技术",不但自身会失去价值,还会让技术发展之链就此断裂。

邓小平说:"科学技术是第一生产力。"马克思说:"人类不能自由选择生产力。"科技发展及其背后的天道不以人的意志为转移。

迎接挑战吧!

结　语
历史是最好的辩护人

随着全书进入尾声，一个重大的方法论问题浮出水面。

要对改革开放以来中国 40 年经济发展作正面论证，并不难，难的倒是如何才能科学确定评估中国发展成效的最终依据到底是什么？

这个问题看上去很简单，书中罗列的经济数据够吗？要是不够，国内国外研究当代中国的著作论文中有的是，官方年鉴中则更多。但仅有经济数据就足以对中国这一段史诗般进程作出科学评估了吗？

"不管黑猫白猫，捉到老鼠的就是好猫。"对这句中国俗语，全世界人民都已耳熟能详。现在，如何判断一只猫是否好猫，已经不成问题，成问题的倒是用什么样的老鼠才能评判猫到底好不好，如果老鼠没有找对，怎么判断得了猫的好坏？中国还有一句俗语，叫"瞎猫碰到死老鼠"，非常贴切地说明，用科学的方法找到合格的"老鼠"，才能确保最后判定的好猫是靠得住的。

现如今，许多研究中国的专家已从过于悲观，经 180 度大转弯，变成过于乐观,其主要依据就是中国经济持续高速增长,而且在40年里没有发生危机级的波动,世所罕见。所以,说中国发展道路是一条成功的发展之路,是顺理成章的,也是相当保险的。

但且慢,仅仅一段时间里的经济发展成效就足以用作"老鼠",拿来判断猫之好否?

恐怕未必。

近年来,国家一再警示要防范系统性金融风险,央行领导人口中接连蹦出诸如"黑天鹅""灰犀牛",还有"明斯基时刻"等专有名词。如果说"黑天鹅"代表未确定的危机,"灰犀牛"代表已确定但不知道何时到来的危机,那么"明斯基时刻"则表明危机最终爆发。如果今天过于乐观地判断中国经济发展形势,以此作为评判"好猫"的"老鼠",哪天突如其来一场经济危机,是否就该转而认为中国道路不行,需要改弦更张?为一时的经济形势而动摇对中国道路的判断,显然算不上"道路自信"。

凭什么中国道路的成功必须建立在经济发展速度始终不下降、危机永远不发生的前提下?好像世界上没有哪个经济体经受过如此严苛的考试。

改革开放40年,中国确实取得了经济长足发展的成就,但"不平衡不充分"的问题已成为社会主要矛盾的两方面之一,"精准扶贫"在继续中,"全面建成小康社会"还有攻坚战等在前面。中国能在存在种种问题的情况下高速发展,固然是奇迹,但这些问题不但需要解决,而且难度不小,还可能遭遇不测风险。既不能"一俊遮百丑",也不能苛求"尽善尽美",确定评判中国道路的依据,需要慎之又慎。

更重要的是,即便承认当代中国经济发展遵循了内在的文化逻辑,但毕竟留有应对1840年以后外部系列挑战的痕迹,无论为了摆脱亡国灭种的现实威胁,还是实现中华民族伟大复兴的梦想,中国都需要发展经济,以实现国家富强、人民幸福的目标。但跟上世界前进的步伐,不再因为积贫积弱而导致国家被肢解、民众受欺凌,仍不能等同于"中华民族屹立于世界民族之林"的愿景实现。

在人类历史上,有多少民族因为跟不上时代而消失,又有多少民族因为跟上时代而消失,在这一轮全球化进程中还将有多少民族消失,消失在"文化趋同"的潮流中!

在美国,原住民印第安人有许多生活在政府划定的"保留地"里,长期坚守民族传统文化,拒绝现代生产和生活方式,经济发展水平低下,生活困难。后来美国政府作为对过去背信弃义、强占印第安人土地的补偿,在依法禁赌的州里,允许保留地开设小型赌场,以增加民众的收入。随着资金流入和生活改善,部落长老悲哀地看到,有钱的年轻人开始追求美国主流生活方式,传统文化迅速消失,保留地能否保留住印第安人的种族身份和文化认同成为悬念。要生活改善还是文化延续,实难选择。

站在历史的高度,中国经济发展不上去,严重落后于人,对于民族当下生存和未来延续是重大威胁。反过来,经济发展上去了,但从思想方法、价值观念、生产方式、生活方式和礼仪器物,都完全失去固有特征,泯然众人,无以辨识,又当如何?国家固然强大,民众固然富裕,可是文化没了,民族何在?又以何种面目"屹立于世界民族之林"?

到这个时候,单单"经济发展"甚至"国强民富"还能作为衡量"好猫"的"老鼠"吗?

改革开放始于思想解放,思想解放始于明确"实践是检验真理的唯一标准","黑猫白猫"不过是这一马克思主义原理的中国表达。由于"实践"本身属于历史范畴,能用于检验真理的不是某一次实践的成效,而是反复实践后获得的经验提炼和理论总结,所以,最后用来检验"好猫"的"老鼠"必定是一只"历史的老鼠",经过了历史评估的"老鼠"!

中华民族是一个相信历史的民族,无论是按有文字记载的历史之早之久,还是以对历史的敬畏心学习心来说,都是如此。放在几千年的时空中,40年或者180年都是短暂的,但短暂时间里发生的变化影响巨大、意义深远。这个影响和意义才是未来用于检验当代实践的标准。

历史,才是中国道路最好的辩护人!

附录一
构筑高铁战略的实力支撑体系

京沪高铁的开通运行意味着中国高铁建设进入一个重要阶段，这是方方面面的共识，但其重要性到底体现在具体哪个点上，就不一定有共识了。

据铁道部新闻发言人6月27日表示："如果这一条高铁都挣不了钱的话，那中国铁路就没有希望了。"这句话里既可以听到一定的自信，也可以听出铁道部在高铁产业上的"对赌"心态，借用财经评论员叶檀的说法："如果京沪高铁难以盈利，中国高铁必将陷入整体亏损的境地。"她认为："如果不考虑收回投资，不计入折旧，仅运营成本和偿还利息，京沪高铁每年至少就需要96亿元的资金，即每天至少要赚2630万元。为此，京沪高铁每天需要满员运营44趟，即往返22趟，这是一个很难完成的任务。"

事实上，全世界高铁不少，但只有日本新干线一条盈利，其余全部巨额亏损。在这层意义上，京沪高铁的投入运行，又是中国高铁事业的一个分水岭，盈利了，后续发展才有保证；亏损了，虽然未必立即下马，但遗留问题很难处理。

所有这些考虑，虽然立足现实，也有一定道理，但显然都是以中国高铁在中国大陆范围内的营运盈亏为标准，来评估其发展前景，却没有看到，作为一个完整产业的高铁的战略价值。其实，自高铁开建以来，一直存在着一种更为宏观的高铁战略，其基本着眼点不在于高铁在国内的盈亏，而在于中国借助高铁在未来世界经济格局中所获得的地位。

2008年由美国次贷危机引发的全球金融危机，究其实质，出于人类社会暂时找不到新的经济增长点的困境。自第二次世界大战之后，大众消费先后经历了汽车、家电和信息等几个重大产业的开发和发展。但从20世纪90年代末互联网泡沫破灭之后，全球经济增长突然失去了方向。由于人类社会的正常运作已经高度依赖经济的高速发展，不得不采取人为刺激方式，以金融杠杆撬动房地产的畸形发展，来维持经济增长，避免失业等一系列社会问题的爆发。

这一"挤压式"经济增长战略肯定是不可持续的，但经济主管部门的如意算盘是希望在借助房地产为经济增长保温期间，能够开发出新的经济增长点，实现战略突破。事实证明，新的增长点不但当时没有等到，现在也不像等来的样子，结果是房地产泡沫破灭，金融危机爆发，全球经济从此陷入困境。只要新的经济增长点没有找到，或者即使找到，却无法形成规模，世界经济就没有走出泥潭的可能。

其实，自21世纪以来，中国经济严重依赖房地产业，背后的原因同全球经济是一样的，而所谓"四万亿"和银行的天量放贷，只是在维持房地产泡沫的保温效果之外,又增加了一个"铁公基"保温层,高铁就是其中一部分重要的保温材料,寄希望于高铁建设维持中国经济发展的速度,至少在当时是比高铁盈利更重要的考虑,所以才会在对高铁运营前景尚未作出充分验证时,国家就铺开摊子大搞高铁,才会有铁道部新闻发言人既自信又忧心的宣称。

然而,仅仅这样看待高铁,视之为房地产一样的单纯"保温材料",无疑只是皮相之论。

近年,在关于高铁的讨论中,时常可以发现一种极为大胆的关于中国高铁全球布局的战略筹划。比如,2011年2月25日,中国新闻网发表《全球进入"高铁时代",中国技术迎"出海"良机》,文章指出:"从2008年8月1日中国京津城际高铁开通至今,中国高铁不但在时速和里程上已跃居世界第一,而且迅速走出国门。2010年底,铁道部已经与泰国、老挝、阿根廷、哥伦比亚、保加利亚、黑山、斯洛文尼亚、土耳其等国的主管部门以及部分国外铁路设备企业分别签署了高铁合作协议。至今全世界已有50多个国家希望中国能给予高铁技术和建设的支持。"并预言,"按照目前各国公布的规划,预计到2024年,全球高铁总里程可达4.2万公里","2020年前,海外高铁投资将超过8000亿美元,其中欧美发达国家的投资额为1650亿美元,带动其他产业创造的市场规模达7万亿美元","中国高铁迎来了前所未有的走出国门、进军海外的良机。"

这里所说的"良机"不仅具有推动出口贸易的意义,更有新的经济增长点的价值:如果下一阶段,世界各国都以基础设施建设为拉动经济的"奔牛",那么中国抢占高铁产业的制高点,可以说是牵住了"牛鼻子"。这才有了不少学者和专家纷纷开展"基于全球高铁网的中国高铁产业发展研究"的盛况，笔者虽然没有参与，但确实已经耳闻不少。

所有这类研究都以至少两项条件为依据，来预测中国高铁扬威全球市场的前景：一是高铁技术，二是中国掌握的巨额外汇储备。上述文章就提到，中国与老挝谈判建设高铁，全长421公里，预期造价70亿美元，中国提供其中70%的投资；阿根廷希望借助中国的技术和资金，修复全国铁路网线，投资超过百亿美元，其中80%的资金计划从中国筹集；中国与哥伦比亚谈判建设高铁，全长220公里，项目预算76亿美元，由中国提供贷款，如此等等。放眼望去，众多国家翘首以待中国的技术和资金，帮助他们新建高铁或者修复铁路网，而中国则借此扩大出口，培育产业，消化外汇储备，增加国内就业。这样的算盘不能说不如意。

问题在于，仅仅依靠技术和资金，就足以让中国高铁驶向全世界？即使不考虑中国的高铁技术是否完全过关，是否足以称霸世界，无可匹敌；不考虑中国的金融实力是否经得起高铁运营的苛刻考验，都像全球高铁那样巨额亏损，投资收回如何保证；不考虑在众多国家全然不同的制度、财务和社会环境下，高铁运营及其管理可能遇到的困难，也必须考虑高铁出海之后，国家利益可能面临的挑战，以及为了维护国家利益所必须配备的实力支撑体系。无此，则高铁战略将成为完全的镜花水月。

构成高铁战略的国家实力体系至少有三大部分：

第一是经济实力及其有效性。

高铁投资巨大，盈利前景不明，无论发达国家还是发展中国家，如果向中国购买，必定附加贷款或者联合投资条件。就财务状况而言，中国手握3万亿美元的外汇储备，足够买下整个意大利，这不是一个问题。但就中国在世界金融市场上的地位而论，情况就不那么理想。利比亚动乱中，据报道，中国在那里的投资有188亿美元，可能形成的最大损失高达1 000亿元人民币。相比之下，美国在利比亚的投资不多，却在北约轰炸不久，就冻结了利比亚在美国的资产。显然，利比亚在美国的资产不是因为两国关系融洽，而在于美国的金融地位。在利比亚问题上，中美两国财务状况呈现出如此明显的反差，揭示了中国对外投资的风险。许多时候，巨额投资背后的经济实力不一定表现于资金规模，而在于看不见的金融实力。

第二是维护国家利益的强力手段及其有效性。

海外投资动用的是中国的资金，形成的是当地的"不动产"，发展中国家的财务状况不佳，如果高铁运营效益不理想，还本付息就会出问题，再加上政治动荡，政府更迭，甚至出现地缘政治格局重组，中国高铁的投资安全性更不容乐观。按照现行国际秩序及其背后的原则，国家利益的全球分布，必然要求国家维护利益的强力手段的全球配置。今日美国的国势虽然趋于衰落，但其强力手段仍然保持着全球分布，突出表现就是随时可以调动的战争手段。当中国投资的高铁成为许多国家的"不动产"之时，中国的强力手段是否足以维护自身权益？其实，不仅是高铁，中国在全球购买的矿山、油田、农地等，都面临国家利益保护的问题。眼皮底下的南海群岛各国争议问题尚有待破解，高铁大规模出海之后，遭遇国际突发事件，中国将作何应对？事实上，中国高铁建设最近的调整就在利比亚出现动荡之后，两者恐怕不只是时间上的巧合。

第三是道义实力，也就是维护国家利益时的非利益主张及其有效性。

虽然迄今人类社会仍未完全放弃"强权即真理"的原则,我们仍然生活在一个强调利益,强调为维护利益而不惜一战的世界中,但对于承担全球责任的大国来说,却不能简单以利益为由来动用维护手段,特别是强力手段。利益尤其是符合国际法的利益可以成为理由,但不是唯一的理由,也不是最有说服力的理由,人类生活中永远通行着一对原则——弱肉强食和抑强扶弱的相互对立与彼此平衡,给世界带来了张力和活力,追求道义形象因此成为大国追求的重大目标之一,而国家行动必须出于符合道义的理由,则是大国维护自身道义形象的必修课。无论世人对美国在中东的利益卷入多么敏感,对美国动用强力手段多么反感,但美国政府却永远有着"道义理由",为自己辩护,赢得动用强力手段的主动,从推翻萨达姆的"大规模杀伤性武器"到因为卡扎菲"反人类罪"而轰炸利比亚,人权、民主、自由等口号,成为西方将国家利益普世化的重要转换机制。面临同样的情境,当中国需要全球配置强力手段,动用强力手段时,我们的口号是什么?其道义基础是什么?全世界不同文化、不同民族接受中国理由的依据是什么?中国可以不承认西方的普世价值,但融入世界、不得不维护自己利益的中国,光靠中国特色的价值观,无法保证世界的接受;中国可以不承认西方的普世价值,但融入世界之后,在不得不维护自己利益之时,中国如何确保独具特色的价值观得到世界的认可?中国有能力提出自己的"普世价值",以论证中国维护国家利益的行动在国际社会中的正当性吗?当下中国的非洲战略所遭遇的挑战,已经证明这些问题虽然尖锐,但确实具有现实意义。

总之一句话,高铁的经营效益固然重要,但不足以决定高铁在中国的未来,扎扎实实地做好高铁和其他更多中国财富"出海"的准备,构建起相应的实力支撑体系,才能确保中国全球战略的实现。

附录二
从原点上确立中国学术话语权

一、问题的提出

近年来,国内学界要求"创立中国学派""争取中国在社会科学领域的话语权"的呼声日趋高涨,显示了今日国人的文化觉醒,也透显出中国实践取得成功后面临深刻的理论困境:一方面用西方理论难以解释中国经验,另一方面中国现有的理论工具尚不敷所用。

中国经验必须上升为中国理论,这个要求之意义重大,无论怎么评价都不过分。现在的问题是,"中国学派"从哪里出发?"中国话语权"何以确立?尚未见到严格的方法论阐述。毫无疑问,"话语权"需要有成功的经验作为依据,但单纯经验的成功不会自动带来话语权,否则以今日中国之成就,提出"争取话语权"的命题,就成了语词矛盾。为此,学界中人开始从各自的认知和视野出发,探索中国学派和中国话语权的构建之路。

比如,有学者对改革开放以来,国内社会学界进行的学理探索进行了梳理和归纳,总结出研究视角、理论观点和方法构想等方面的种种建树,以证明中国学派已在路上。这样的研究对构建中国学派是有贡献的,它为后续努力辟出了空间,理出了脉络,体现了构建中国学派的自觉,包括思想和行动上的自觉。令人稍感不足的是,由于尚未找到区别于西方学派的中国学派的出发点或中国话语权的基准点,仅凭具体学术成果的收集、整理和概括,一则难以避免碎片化,无法构成真正意义上的学派;二则所有整理作业仍在西方社会学理论的地基上展开,中国学派的标注有了,中国话语仍不清晰,讨论的问题和切入的视角体现的仍是西方学术体系。所以,这样的探索和整理虽有价值,但确立中国话语权的历史性任务仍等待根本性突破。

要确立中国话语权,既不能"言必称希腊",唯西方学术规范的马首是瞻,也不能简单同西方学理范式反着来,因为没有"西风东渐",不接受包括西方文化在内的人类文明成果,中国断难建立现代意义上的学术和话语体系,不加区别地"回归传统",会造成巨大的思想和实践倒退。这如同中医固然有效,但今天国人不可能拒绝抗生素、核磁共振和外科手术等同传统中医毫无关系的诊断方法与治疗手段。何况从逻辑上说,当别人声称"这是一本书"时,简单地以"这不是一本书"来作答,以表达意见的不同,并不能构成对对方主张的超越,因为命题仍然没有越出"书"的视野之局限。所以,平等看待不同文化对人类文明的各自贡献,超越不同文化之间的个性差异,从人类文明的共通之处出发,实事求是地总结中国经验何以构成对人类的独特贡献,才是中华民族屹立于世界民族之林的资格证明,才是中国话语权的依托所在。

按照这样的思路,建立"中国学派""争取中国话语权"的问题,就具体化为如何找到一个既能体现人类文明共通之处,又能让中国与西方并驾齐驱的逻辑起点。这里说的"并驾齐驱"不是与西方学者在西方设定的理论跑道上"你追我赶",而是找到足以同西方对话的中国理论路径。这样的逻辑起点之重要性不言而喻,而"建立中国学派"的第一步就是找到这个起点。"他山之石,可以攻玉。"开始讨论之前,不妨看看西方学者有何观点。

二、回到原点就是回到人类文明共通之处

"中国不是没有科学,而是没有西方意义上的科学。"

"中国不是没有宗教,而是没有西方意义上的宗教。"

"中国不是没有××,而是没有西方意义上的××",是西方的"中国学家"在进行中西文化比较时约定俗成的句式,目的在于避免陷入一种貌似科学其实不合逻辑的学理纠缠——"中国何以没有××"。

从方法论视角看来,这一句式的价值就在于提出一个简单而深刻的认识论问题:"建立在西方经验基础上的概念和定义,在多大程度上能适用于中国经验?"

各种主张"中国没有××"的观点看上去并非毫无证据,中国确实时常缺少同西方关于"××"定义相吻合的"××"。比如,中国人口中自认有明确宗教信仰的大致占总人口的10%,汉族人口中有明确宗教信仰的更少,大约为4%,国人中"临时抱佛脚"的不少,能拒绝"酒肉穿肠过"的不多,所信神佛更是"八仙过海"。反观大多数国家中的大多数人有明确宗教信仰并虔诚礼拜"唯一神",称中国"没有宗教",甚至进而推断出"中国人没有信仰",确实能得到不少人附和。

然而,看似有数据支持的论断却存在一个明显的方法论缺陷:用

于判断中国有没有宗教的经验依据本身建立在人类宗教只有一个模样的预设基础上,凡与这个标准不符的就不是宗教,所以中国没有宗教,自然成了某种"公认"。如果可以证明,这个关于宗教的定义本身是有缺陷的,那么以此来判断中国有没有宗教,结论自然只能是"皮相之论",看到了外在表象,却没看到核心特征。

比如,宗教是否一定要有超自然的神?神是否只能有一个?这个神是否一定不能有可见的形态?信天而不是信神,行不?信"道"甚至信"家"、信"祖宗大人",行不?

再比如,西方学者公认,宗教来自"对死亡的恐惧",对人世无常的不解,但世界上没有自觉地不关注死亡问题的民族?视无常为正常,从来不设问,或者有意回避之,就不可以吗?这样的民族就没有信仰吗?比如孔子就明确说过:"不知生,焉知死?不能事人,焉能事鬼?"就不可以吗?

还有,天堂意味着对人世的超越,宗教建构的彼岸世界体现了人类追求超越的愿望,但人对自身的超越,一定要借助天堂?人就不能直接在世俗生活之中获得超越?除了进天堂,个人就不能有其他超越性目标,也无法进入超越日常世俗生活的境界?比如,"庖丁解牛"时充满韵律的舞蹈化动作就不能成为对分割牛肉这项日常劳作的超越?

如此等等,除了西方学者给出的定义之外,是否还存在符合作为人类共通现象的宗教之本意的"宗教",显然大有探讨的余地,简单断言中国有还是没有宗教,难免失之于草率乃至轻佻。如果再进一步推断出"中国人没有信仰",那更是荒谬之极了:如果连作为人类精神存在方式的"信仰"都没有,一个具有数千年文明史的民族何以存在,中华文明何以称得上"文明",中国人何以称得上"人类"?

单纯从推论上说,如果西方的××可以作为普遍判断标准,而中国不具有定义所要求的特征,那中国自然就没有××。但要是西方关于××的界定本身存疑,那中国有还是没有××,就需要谨慎对待,这是西方"中国学者"采用的上述句式提供给我们的警示。这意味着,要严肃回答"中国有没有××",不但需要回溯到关于××的界定本身是否成立,还需要确定一种文化是否天然有资格提出定义并以此判定其他文化有没有某些事项。这个问题不解决,看上去"事实确凿"的结论也是靠不住的。

反过来,只要能找到一个超越特定文化、尤其是超越因为某种话语霸权而获得了定义资格的文化所提出的界定并从学理上予以证明,就可能对中国文化在这一方面所具有的特殊性质作出有说服力的论证。

三、回到原点就是回到科学的基本特征

许多西方人和部分中国人认为,中医不是科学。里约奥运会上,有些西方运动员身上明显有"拔火罐"的瘀血,让中医又火了一阵,同时也激起他们对中医"迹近巫术"的质疑。

确实,如果完全按照西医的理论和验证方式,不要说拔火罐,就连整个中医体系都是"非科学的",因为理论推理不符合西方的形式逻辑,概念找不到对应的生理实体,证据链不完整,疗效的个体间差异太大,内在机理也缺乏可以量化的经验支持,如此等等。一言以蔽之,中医几乎就是"催眠术"的同义词,用中国话来说,纯粹是"诚则灵",即使予以最宽泛的认可,也不过"心理疗法"而已。

可是,受过教育的人都知道,西方用来判断一项活动是否科学的标准只反映西方思维达到的视野和高度,而以西方科学家创立的具有前所未有的颠覆效果的量子力学来看,现实世界只是一种"观念依赖型实在",人能观察到什么,取决于人有什么样的观念。传统实证科学依赖于人类的感知世界,而任何一个物种所能感知的世界,只是宇宙一小部分。比如跳蚤只能"看见"红外线,因为只有能辐射红外线的温血动物,才是跳蚤的食物来源。人类肉眼能"看见"的远远比跳蚤多,但也局限于光谱的紫外线与红外线之间那狭窄的部分。虽然借助科学发明的仪器,人类能"看见"的光谱范围更大,但同宇宙可能存在的事物与现象,比如 N 维空间相比,这点"可怜的看见范围"趋向无穷小。

既然宇宙中存在那么多无法用人类感官,也无法用目前主导人类感知和思维的西方科学来把握的事物,那如果说中医恰好处于西方科学思维既无从感知,也无从理解的那部分之中,又有谁能予以证伪?谁能证明,西医之所以无法证明中医是科学,不是因为中医本身"非科学",而只是西方科学观的"可见范围过窄",西方关于科学的界定自身存在局限,所以无法识别中医呢?

如果确认用西医做标准无法证明中医是否科学,那"科学的态度"就不是把中医是否科学的问题搁置起来,而应该找到一个既能超越中西医的区隔,又能为两者共同接受的评判标准,这就需要回到"什么是科学"的原点。

"哲学家们只是用不同的方式解释世界,而问题在于改变世界",马克思在《关于费尔巴哈提纲》中的这句话,点出了现代社会所要求的"科学"的最核心特征。实证哲学的创始人、法国社会学家孔德在西方哲学史上的地位就在于让沉溺于本体论思辨的哲学转向方法论的探寻,其背后的动力也在于人类需要从神学虚构和玄想思辨,进入到可以经验感知的现象,实现从解释世界向改变世界的转变。

把符合这一潮流的科学标准用于中医,那问题就从是否符合西医的标准变为中医是否真的产生了疗效,不是"催眠"之后暂时的疗效,而是确实起到了治疗效果。20世纪70年代,中国向世界展示了中医的新发现——"针刺麻醉",通过对人体的某些穴位施以针刺,可以产生同西医使用药物麻醉相似的止痛效果。报道在轰动世界的同时,也引来世界范围的怀疑,"催眠"是其中最得到人们接受的解说。最后,中国医生通过对动物实施针刺麻醉,证明麻醉效果确实存在,才平息了争论。因为即便经过训练,要让动物接受人类暗示,忘记切开肚子的疼痛,那是当时科学尚未完成的任务。尽管今天我们都承认,西医的麻醉方法确实比中医针刺更具普适性和可靠性,但是否有效跟效果大小不是同一个概念。

能否"以有设计的手段符合逻辑地实现预期的目的",也就是不带有任何形式的"催眠"性质,恰恰是评判科学的终极标准,至于能否获得有说服力的解释,能否用西方创制的思维逻辑和实验程序来论证之,只是辅助方面。因为谁都不会认为西方科学已经肃清了人类在科学所及范围的一切未知,这样的确信显得过于狂妄,不是科学和科学家应有的品格。科学永远只是向着真理的逼近,不是到达;科学认知结果永远等待着被推翻,而不是故作矜持,担当证明别人"非科学"的绝对标准;科学发展的标志是更加谦卑,而不是越发专横。今天解释不了的,可以放到明天、后天乃至人类末日,如果存在末日的话。反正人类关于宇宙的认知相比宇宙本身,永远只是无穷小,在地老天荒的光阴尺度上,何必在乎这点微不足道的时间?

四、回到原点就是回到理论预设

回到原点是一种严肃讨论问题的方法论策略,而回到定义只是回到原点的一条思考路径,还有一条回到原点的路径,就是在讨论某个领域内现象,比如学科理论或发现时,回到理论或发现的预设前提,特别能让人们看出原来的结论或发现是否合理。

西方的市场经济理论有一系列理论预设,第一条是带有"不可知论"色彩的认识论预设:以人类理性之有限,个人不可能掌握经济规律,只有通过无数个人自发决策的博弈和对冲,才能最后发现市场价格和依托于这个价格的效率,所谓"无形的手"就是这个通过无数的"手"造就的超越个体理性的市场定价机制。在这一预设中,所有人类个体都被降格为电脑的一个计算元件,尽管能运算,但其作用只是整台机器运算中的片段,甚至连这个地位都达不到,因为电脑少了一个元件可能就无法正常运行,而熙熙攘攘的市场上,少了一个普通商人,只有他的老客户才会发现。

这个认识论预设基本上左右了西方经济学的理论走向,"政府是市场的守夜人"等命题由此而来。随着经济的发展,经济学也在发展,西方经济学的这个"不可知论"预设慢慢也被自觉不自觉地作了修正,政府的作用逐渐开始得到正面评价,凯恩斯主义的登台甚至盛行,隐含着为集中于个别人头脑中的决策过程辩护的意思,但"政府是没有效率的"之类的命题仍然根深蒂固,所以才会有改革开放以来,政府主导的中国经济发展效率何来的困惑。破解这个话题容易,破解话题背后的问题不容易,动摇经济学问题背后的认识论预设更不容易，而要真正解读中国经济发展之谜，把中国经验抽象为普遍方法，为世界解决普遍问题提供"中国方案"，又必须跨出这一步，回到理论预设这个原点，实现哲学层次的方法论突破，因此成为中国学者尤其是中国学派的使命。

比如，如果说西方市场经济理论主张只有通过无数个人同时决策的对冲，才能克服人类理性的不足，从而得以发现价格，实现效率，这种横向互动模式本质上属于"共时性"范畴，那么中国改革开放的成就很大程度上得益于"摸着石头过河"的前进策略，其中隐含着某种前后相续的"试错"模式，明显具有纵向关联的性质，理论上可归之于"历时性"范畴，这个模式是否同样可以取得"错误决策对冲"的效果，因此得以弥补人类理性的不足，从另一个方向实现效率最大化？固然这条理论路径尚未得到学理论证，但中国经验至少揭示了不同于西方"共时性"预设的"历时性"预设的存在可能，而这正是一个值得中国学派努力去把握的理论和方法论问题。

五、回到原点就是回到学科基本问题

建设有中国印记的学科是"建立中国学派"的题中应有之义，而回到原点则意味着回到学科的基本问题，这在同时具有科学性和规范性的文史哲等人文学科与社会科学领域中具有特别重要的意义。

众所周知，西方哲学的基本问题同探究世界本源有关，世界到底是物质的还是精神的，长期占据了西方哲学思考的主流。与西方有很大不同，中国文化关于世界本源的思考不是二分的，而是彻底一元论的："无极生太极，太极生两仪，两仪生四象，四象生八卦"，"道生一，一生二,二生三,三生万物"。固然中国古人也说过"心外无物",但这个心与物的关系不是谁先有谁后有的本体论问题,而是内含了"心物一体"的意思。今天,西方量子力学的世界观越来越趋向承认"心物一体"的认识世界思路,承认观念之外是否存在确定的世界需要存疑,堪称物理学"测不准原理"的泛化形式。如果能跳出西方传统的二分法思维模式,中国学者完全有可能从"道"的概念得出全新认识,找到既与西方最新科学研究相衔接,又不走同一条路径的新起点。

中国文化推崇"道",这是世界各国都知道的,但"道"如何才能确切地找到西方对应概念呢?译为 Road,肯定不行,如此形而下的物性实体无法与中国不分形下形上的"道"相对接。译为 Way 也不行,路径、方式之类完全虚化的内涵覆盖不了中国派生万物、既虚且实的"道"。后来又找出一个 Rule,但西方意义上的规律或规则,同样配不上中国的"道"。屡受挫折的西方人最终放弃了寻找西方对应概念的翻译路径,而干脆用中文的发音 Dao 来指称"道",再配以详细解释,以阐明"道"这个中国文化固有的、极具独创性和想象力的基本哲学概念。

西方人明确放弃了,中国人自己却不干,如今还坚持将"道"译为"规律"的文章比比皆是。为什么一个好好的中国概念要被毫不相干的西方词汇所代替,以致错失一个展现"中国话语权"的绝佳机会?原因很简单,就是完全没有搞清楚中国的"道"同西文翻译过来的"规律"区别在哪里。

在西方唯物论的范式中,世界本源是物,物是一种实体性存在,规律是实体物的存在方式或者实体物相互关系的表现。如果说实体物是静态的空间存在,那么规律则是实体物动态的时间存在。先有实体,再有体现实体的规律,这是对规律的基本规定。规律与实体的关系形同毛与皮的关系，"皮之不存，毛将焉附"，实体不存，规律何来？

中国的"道"却完全不同，甚至与之截然相反。道乃万物之本源，在时间序列上，必先于物而存在，无道则无物。同时，道生万物并不意味着有了物，道就自然湮灭，相反，道始终存在于所生万物之中，所谓"道在屎溺"就是这个意思。所以，在中国文化的语境中，道与物的关系是：物乃道的有形载体，而不是道为物的动态表现。这是中国的"道"与西方规律的根本区别之所在。

西方关于物体与规律之关系的世界观，决定了其认识论的基本取向，那就是专注于对实体的物及其动态表现的描述，此即所谓"知识"，而中国文化关于道和万物之关系的世界观，决定了其舍弃一切外在表现而回归于"道"的本身，其理论表达形态就是所谓"道理"。

老子的名言"道可道，非常道"，指明了作为关于"道"的理论表述的"道理"，只能逼近而不可能完成对"道"的把握，即所谓"道不可致"。这与今人关于科学只是对真理的逼近何其相似乃尔。

老子还说过："为学日益，为道日损，损之又损，以至于无为，无为而无不为。"这段常常被曲解甚至误解的话，如果置于上述中西方关于道与 Rule 之异同的讨论中，不妨翻译为"追求知识会懂得越来越多，追求道理会知道得越来越少，少之又少，最后什么都不知道，不知道才能无所不知道"。这个"不知道而无所不知道"状态就是传统中国人做学问所追求的"通"：万物一理，知一便是知万，所以知"道"自然知"万物"。

数千年来，中国文化为何知识积累不多，老是沉溺于阐发圣人的"微言大义"，部分根源便在于此。这种认知观念和模式有其局限性和弱点，对中国陷入"落后就要挨打"局面须承担一定责任。但不可否认，其中有着某种极具未来价值的认知基因，不但不是毫无道理，而且正因为截然不同于西方认知观念和模式,一旦同未来科学新发现相互印证,就有可能为人类认知打开新路,从而实现中国在探究世界和人类奥秘的路径选择上真正实现同西方的并驾齐驱。

六、回到原点:为了中国经验同西方理论的平等对话

究其根本性质,无论"中国学派"还是"中国话语权"都属于"跨文化工程",内含着不同文化间的对话,首先是中国同西方文化的对话。回到原点,不是简单为了用中国经验来否定西方理论。固然中华文明是在几乎与世隔绝的状态下延续自身的存在,多次达到高度繁荣乃至在当时世界上一枝独秀,但毕竟世界其余部分有着自己的轨迹,在许多方面各有长处,费孝通先生所说的"各美其美",就是这个意思。更不能否认的是,近代以来包括改革开放以来,中国实现的巨大发展是通过吸取以西方为主导的世界文明成果而得以实现的,从哲学到科学到技术,在诸多现代社会赖以存在和运行的重大领域中,完全凭借中华文明内生而达到当下水平,即使不说不可能,也无法制定明确的时间表。古老文明可以为独立绵延而自豪,但无论拒绝还是否认学习的必要性和成效,不是中华民族的品格,"赵武灵王胡服骑射"为中华民族奠定的开放心态和学习传统,作为优势基因至今犹在,甚至更为强势。

回到原点,是为了中国继续而且更好地学习西方,包括学习西方的理论和话语体系。不可否认,自西学东渐以来,"做中国的事,说西方的话"几成主流,不仅在认知西方时,中国人采用了西方话语,而且

叙述中国时，国人也几乎压倒性地采用西方话语，只要去阅读几篇中国学者撰写的中国农村论文，几乎没有不引用杜赞奇等西方学者著作的，哪怕当下的议题与这些作者当年的话题毫无关联，因为他们和他们的话语就是权威。这里不但有东方大国进入近代以后日渐衰落，以至于积贫积弱的原因，也有更深层次上中国人由于文化原因，不善于甚至不屑于表达的缘故，"心领神会""尽在不言中""此时无声胜有声"，乃至"得意忘言"，习惯于意会的中国人，确实在发明概念和由概念连贯而成的理论方面，存在明显短板，并因此影响到学术交流的效果和效率。向西方学习，学习的不只是现成的理论及其结论，更需要学习西方提炼概念、构建理论的能力，以此形成既能独自领悟，又能让彼此知晓的话语体系和逻辑架构，中国经验要从国人感觉或感悟的集合变成能够为其他文明中人同样地抽象把握、熟练使用的话语体系，不可缺了这一步。

回到原点，是为了在中国经验和西方理论之间搭建一个平等对话的平台。既需要借用西方的理论，用来解读中国经验，加深对中国自身的了解，形成继续发展的思路，也需要超越西方理论，跳出西方中国观的刻板模式；既需要借助西方理论来总结中国经验，创造条件让世界知道、熟悉和借鉴中国经验，更需要从中国经验中得出足以同西方理论对话的中国话语：作为古老文明一以贯之的结晶的中国经验必须提炼出对人类社会的普遍意义，这是世界走进中国的非预期结果，是中国走向世界的必然选择，是当代中华民族所负载的人类使命，是中华先哲前贤"为天地立心，为生民立命，为往圣继绝学，为万世开太平"的新篇章！

附录三
借鉴马克思主义中国化，建设中国社会学话语体系

摘要：马克思主义中国化的历程，可以为中国社会学话语体系建设提供借鉴，其中关键点在于：着眼立场、观点和方法，保持价值论和方法论自觉；遵循实事求是原则，立足中国实践，确保中华民族历史选择的主体性；主动对接中国传统文化，实现双向融合和转化。在建设中国社会学话语体系的过程中，要注重解决五个问题：第一，如何着眼于方法，超越具体理论和结论，让中国社会学话语体系管用；第二，中国社会学话语体系建设，能否形成不同于西方的"平行体系"；第三，中国社会学能否提出有自己特色的研究主题；第四，中国社会学能否从传统文化中提炼学科思想的材料，形成独有的理论和概念；第五，如何基于中国社会学研究的现实取径，将已有成果升格为话语体系。

关键词：话语体系　平行体系　研究主题　思想材料

一、问题的提出

话语体系建设是当下学界的研究热点，重要性自不待言，但目前存在一些问题需要重视：

一是以关于话语体系建设之重要性阐发代替实际方案，满足于对文件用语作简单重复,重要性、必要性谈了又谈,"要什么"提了一大堆,但如何实现之,却未见可行的操作方案或具体成果。

二是尚未搞清楚什么叫话语体系,就生搬硬套,把各种工作语言"放进篮里都是菜",最后提出的话语不少,但对建设中国学科话语体系的贡献有限,容易陷入庸俗化。

三是对话语体系仅作字面理解,就话语说话语,缺乏关于话语体系的逻辑推演和学理论证,而没有骨架和核心概念,话语体系不易达到学理自洽,经不起推敲,难免成为无源之水,陷于碎片状态。

四是关门谈话语体系建设,未能清晰认识到在全球化环境中,话语体系存在于彼此对话之中,能影响对方的才能带来"话语权"。在中国日益走向世界的背景下,只能在国内使用的话语不是没有意义,但价值有限。中国学科话语体系建设,必须走出国门,成为世界性话语,确立中国在相关领域中的话语地位。

五是停留在话语自身的体系构建,不知道话语的价值在于解释力,"话语即定义",能对现实生活及其内在秩序加以合法化,才是国际舞台上有影响力的话语体系。

所有这些问题的存在实属正常,毕竟自1840年以来,中国在理论建构方面,向外部世界主要是西方,学习的多,自我创设的少。从马克思主义中国化到学科中国化是一个完整的历史演进过程,方兴未艾,短时间内难以一蹴而就。当年印度佛教传入中土,从西汉开始,历时1 000多年,才被消化吸收,"儒释道三家合一",融入宋明理学之中,达成中国化的成熟形态。相比之下,西学东渐以来,社会科学理论的本土化过程明显要快许多。现在需要在意的不只是速度,更是如何在尽快实现学科话语体系中国化的过程中,不要在学术常识上出现太大问题,因为找不到方向而陷入无产出的重复之中。有鉴于此,本文拟从马克思主义中国化的成功经验入手,探讨中国社会学学科话语体系建设的方向,重点聚焦作为话语体系之基础的若干理论构造。

二、关于马克思主义中国化的事实认定

马克思主义中国化本身需要详细论证,限于本文的主题和篇幅,仅稍作铺垫,以能为后续讨论提供逻辑起点为限。

马克思主义中国化首先不是一个学术转化过程,而是一个实践验证过程。站在这一角度,可以归纳出马克思主义中国化的四方面事实。

第一,对马克思主义的认同是真诚的。中国人民在传统文化遭遇重大危机,"亡国灭种"成为现实威胁的情况下,为实现国家独立、民族复兴,遍寻救世良方的过程中找到马克思主义,并经由中国共产党最终确立以马克思主义指导中国实践的根本方向。

第二,在接受马克思主义指导上是认真的。无论在新民主主义革命、社会主义建设之中,还是改革开放以来,中国共产党坚持马克思主义的指导思想地位,始终没有动摇,尽管在当时的历史条件和认知水平下,对马克思主义的认识、把握和运用,有一个不断深化和提高的过程,但态度是认真的。

第三,实践马克思主义是成功的。在马克思主义的指导下,中国共产党不但成功完成了带领中国人民实现国家独立、民族解放的历史使命,还在经济发展、社会进步、民族复兴的伟大进程中,实现巨大跨越,尽管在前进道路上,曾经走过弯路,至今仍有需要克服的障碍

和瓶颈,但成就巨大,世所公认。

第四,对马克思主义中国化是自觉的。中国共产党坚持以马克思主义为指导,同时始终强调"将马克思主义的普遍真理同中国革命的具体实践相结合",不断深化对马克思主义的认识,提高了马克思主义指导的有效性,并且通过对中国实践正反两方面的经验总结,完善和发展马克思主义,形成了既符合马克思主义基本原理,又有着自己独特思想内容和理论形态的毛泽东思想与中国特色社会主义理论。

这些基本事实的认定,从逻辑上为展开关于中国共产党如何实现马克思主义中国化,以及中国社会学话语体系建设可以由此获得何种启示的讨论,打开了通道。

三、马克思主义中国化的若干方法论启示

中国对马克思主义中国化的探索,是建立在明确的理论自觉之上的,择其要点,有这几个方面:

1. "立场、观点、方法"是马克思主义中国化的基点

无论在革命年代的严峻现实面前,还是社会主义制度建立后,甚至在社会生活不正常的年代,中国共产党在学习和运用马克思主义时,始终有着明确的选择,坚持把"立场、观点、方法"放在首位,而不是拘泥于理论或固守某些特定结论。在这方面,既有成功经验,也有深刻教训。

强调"立场、观点、方法",其实质是强调思想方法,尤其是问题导

向的思维取径的重要性。"立场、观点、方法"各有其特定含义,分别针对"谁的问题""如何看待问题""何以解决问题"。

"谁的问题"体现价值论自觉,着眼于为什么做、为谁做的问题。无论在理论还是实践层面,人都是分群的,不同人群有不同理论或实践兴趣,所以各自选择的"问题"会有很大差别,甚至截然对立。把什么问题作为问题,代表着基于哪个群体的兴趣,以什么样的结果为目标。从方法论上说,强调"立场"就是表明,问题不是价值无涉,而是同利益有关的。"价值自觉"是中国共产党在吸收马克思主义并使之中国化过程中的基本态度之一。

"如何看待问题"体现方法论自觉,从哪个角度看问题,就会看出什么。在中文里,"观点"既可指称看问题的角度,也可指称从特定角度所得到的关于问题的判断或结论。中国共产党坚持以马克思主义的观点,来分析和认识中国社会,从新的角度获得新的认知,进而找到改变中国社会的有效路径。强调"观点"在于表明,分析问题之前,必须对所用视角进行反思和论证,以保证关于手段和结果的预判是合理的、可行的。

"何以解决问题"体现为对技术手段的自觉。科学的本质是改变事物,方法是科学核心成果之一,在严格的意义上,只有不同的研究者在给定条件下,采用同样的方法得到同样的结果,科学理论及其应用成果才算得到了证明。马克思主义用于指导中国革命和建设,在实践层面就是为中国共产党提供了一套科学的理论工具,在明确了什么问题、问题具有什么性质和特点之后,采用什么具体方法就成为最终解决问题的关键。从把握"中国革命的首要问题"到分析"中国社会的主要矛盾",从"农村包围城市"的革命道路到"社会主义市场经济"的发展道路,都有马克思主义方法的自觉运用。

2. 坚持实事求是是马克思主义中国化的内在要求

在如何对待"马克思主义在中国"的问题上,中国共产党保持高度的理论清醒,作为中国传统文化的认识论精华,"实事求是"的思想方法得到长期贯彻。

在马克思主义中国化的语境中,一方面,"实事求是"意味着在接受马克思主义指导的同时,以实践成效为标准,对马克思主义特定的理论、结论和方法加以检验,从中找到适合中国国情的真理性内容,用于指导进一步实践。与有些民族接纳西方文化不一样,中华民族追随马克思主义,不是为了寻求安慰剂,没有顶礼膜拜"理想天国",没有盲目接受"绝对真理",而是以入世的精神和现世的追求,致力于以实际行动,实现民族复兴的伟大目标。因此,凡是被实践证明为可行且有效的路径和方法,得到坚持和发展,而仅仅符合理论逻辑或在他国有过成功案例,但在中国实践中被证明是有局限性或不可行的,则予以扬弃。马克思主义中国化既是中华民族在实践中接受马克思主义整体指导,也是马克思主义特定内容在中华民族的实践中接受严格检验的过程。在这里,"实事求是"体现了中华民族在建设现代国家、实现民族复兴的伟大进程中强烈的历史主体性,这是中国道路取得巨大成果和马克思主义成功实现中国化的根本。

另一方面,"实事求是"又意味着,在用马克思主义的理论和方法指导中国实践的过程中,从中国社会之"实",找到中国历史发展的道理,提炼出中国特色的道路和制度之"是",发现和把握中国社会特性和历史性转型的内在道理。从"睁眼看世界",意识到"三千年未有之大变局"开始,中华民族跳出传统视野,力图重新认识自我,寻求理论工具因此成为必要。中国社会是什么,中国道路在哪里,中国发展如何实现,立足中国现实,破解这些理论课题,形成学术性成果,既是中华民族走出历史困境的思想起点,也是实现伟大复兴的理论标志。在这个意义上,马克思主义中国化既是马克思主义调整自身,以适应中国社会历史性转变,也是中华民族自我认识、自我突破的成果获得理论形态的过程。

3. 中国化是马克思主义与中国文化传统相互选择、彼此融入的过程

马克思主义是在中国传统文化遭遇严重危机的背景下传入中国的。鸦片战争尤其是甲午战争之后,中华民族深刻认识到"落后就要挨打"的道理,认识到这个落后不只是器物层面,还有文化层面上的,反思乃至抛弃传统文化成为一时潮流。但中国共产党在以马克思主义指导中国革命的实践过程中,走出了一条把马克思主义科学理论与中国文化传统相互融合的新路。这一点在毛泽东思想中表现得尤为鲜明。

1939年12月21日,毛泽东在延安各界庆祝斯大林六十寿辰大会上的讲话中指出:"马克思主义的道理千条万绪,归根结底就是一句话:'造反有理。'几千年来总是说压迫有理,剥削有理,造反无理。自从马克思主义出来,就把这个旧案翻过来了,这是个大功劳,这个道理是无产阶级从斗争中得来的,而马克思作了结论。根据这个道

理,于是就反抗,就斗争,就干社会主义。"(见 1949 年 12 月 20 日的《人民日报》)

将近 80 年前说的这段话,自然留有那个时代的气息,如果不拘泥于此,便不难从看似简单化的说法,发现其中的文化意涵:

首先,用一句话把马克思主义思想体系的丰富内涵加以概括,尽管未必准确,但不失为整体把握的一种方式。要做到"言简意赅",不能少了理论思维能力。

其次,将马克思主义的道理归结为"造反有理",明显是为新民主主义革命服务的。理论采取什么形式,突出什么内容,必须从实践的需要来考虑,而不是单纯追求理论自身的完美,这既是实践的需要,也是推进马克思主义中国化的理论需要。

再次,为了把马克思主义理论更好地传播开去,必须采用中国的传统话语。无论"道理",还是"造反有理",都是中国传统文化流传千年的表达方式,不了解马克思主义的农民、战士和基层工作者可以由此缩短认知距离,直观感受马克思主义。后来中央编译局翻译《马克思恩格斯全集》时,对其中一些哲学概念按照同样的原则作了处理,因为翻译不是在母语中简单生造一个让人看不懂的词语,而是尽可能利用现有的语言材料,把所要表达的意思,恰当地传递出去,便于读者接受,这就是"达"的意思。

最后,充分利用传统文化的思想和话语材料,促进马克思主义渗透中华民族当下实践。毛泽东采用"马克思主义的道理",而不是"马克思主义理论",采用"造反",而不是"革命"的词语,除了便于民众理解之外,还因为其中的含义更能与民众已有的观念基础共振。中国人是一个讲道理而不是讲理论的民族。道理更多来自生活经验的体悟，而理论主要基于形式逻辑的关联。中国人对于道理，常能无师自通，而对于理论，至今学界外人士不无陌生之感。在传播马克思主义并动员民众投身革命或者"造反"的过程中，采用道理而不是理论的说法，更能收预期之效。无论就思维还是话语转换而言，能把西方理论转化为"中国道理"，这本身就是马克思主义中国化的进程中一个具有实质性意义的理论跨越。

诸如此类的例子还有许多。20世纪70年代毛泽东提出"三个世界"理论，引起各国广泛反响，得到三个世界共同接受，为中国拓展在国际政治舞台上的话语权，争取到极大空间，而其来源则是中国传统文化固有的超越非此即彼"二分法"的"三分法"。

对马克思主义中国化加以系统整理，不是本文主旨，且待后文探讨。但仅从上述内容就可以获得对于中国社会学话语体系建设多方面的启示。

四、中国社会学话语体系建设的基础构造

若把社会学仅仅视为学院内的学术性学科，其同致力于改造世界的马克思主义思想理论在气质、风格和内容上，自然存在明显差异，社会学中国化的道路应该有所不同。但若把社会学不仅视为一种知识传统，更视为一种解决现实问题的专业努力，那与马克思主义在中国的使命，就相对接近了。从中西文化交流和融合的角度，中国社会学话语体系建设在接受马克思主义指导的同时，也可由马克思主义中国化的过程和成果而获得借鉴，走出一条符合中国实践和理论要求的新路。

1. 方法为上：把握中国社会学话语体系的关键

同马克思主义中国化一样，中国社会学话语体系建设必须跳出在具体理论、概念或术语上的纠缠，明确而准确地回答根本性问题：为什么建？建什么？目标何在？如何达成？

现代意义上的社会科学具有双重性，一方面以自然科学为参照，通过理性手段，致力于解决生活领域中的现实问题，推动社会进步。在这个意义上，社会学如同医学，只是一种工具，包含着理论、方法和技术。社会学曾被称为"社会问题学""社会工程学"等，就是基于这个定位。所谓"话语体系建设"无非要求社会学更好地认识、反映和解读中国现实，提供理论和方法，发挥工具作用，服务社会生活。

另一方面，社会科学作为学术性学科，有自身的知识传统，按照学科内在规定性，以独特的研究视角和认知框架，获得对人类社会的抽象知识，形成逻辑自洽的理论和方法体系。在学科框架内，话语体系既是学科研究的成果，也是学科研究得以开展的工具，某种程度上，采用什么话语就会得出什么样的结论。因此，中国社会学话语体系建设理应以中国特有的方式，通过对中国社会的认识，提炼出带有中国文化标记的、能同国际平等交流的知识内容和技术方法。

社会科学的两种属性既是相对独立的，也是彼此依托的。离开学术，社会科学不成其为学科，而离开运用，则无所谓社会科学，充其量只是社会理论。社会学从诞生之日起，就作为一门实证科学存在，古典社会学家最为宝贵的学术遗产是自觉提出学科方法论并身体力行于研究现实社会。这个遗产理应为不分国界的社会学研究者共同继承。

2."平行体系":中国社会学话语体系建设的目标

相对来说,理论社会学因为专注于社会行为的抽象特性,强调知识系统的自洽,要比研究特定社会,特别是旨在解决具体问题的应用社会学,更带有普适性。建设中国社会学话语体系首先不能不盯住"解决中国的社会问题",对认识和解决中国现实问题一时"帮不上忙"的学科,在急剧转型的当下中国,不是没有价值的,但确实只能排在次要位置。这不仅指社会学相对中国社会而言,也指在中国开展的社会学研究相对学科自身而言。错过古老国家整体转型这个千载难逢的"社会实验"窗口,在学者是失职,在学科是缺憾。

但反过来说,仅仅在应用性研究方面取得突破是不够的,中国社会学话语体系建设必须在更具学术性的社会学领域中有同样的建树,努力实现从中国特色到世界意义的延展和跨越。这一研究策略的可行性来自针对人类社会,构建平行认知体系的可能性。

在社会学的视野中,今天人类面临的不是不同文化犹如不同的有色眼镜,让人把世界看作不同颜色,而是不同文化的有色眼镜竟然真能让世界呈现为某种特定颜色。"约定实在"与"经验实在"可以同样实在。对于同一个人的同样的生理状况,中医和西医的诊断与治疗可以大异其趣,时常还同样有效,就是最好的证明。

这意味着,今日中国社会学研究者的任务不只是借助西方社会学的眼镜,看出中国社会存在哪些问题,以验证西方社会学理论及其内含社会观的科学性或正确性,而是重在借用西方社会学的学科视野与方法,通过自己的文化眼镜,看出一个"平行世界",以用中国眼光发现的生活世界以及与之相关的知识,作为对人类社会认知的理论贡献。这犹如在实践层面上,中国以独特方式走通的发展道路,已对人类社会的发展模式作出贡献,是一样的道理。

在这一点上,费孝通先生堪称先驱,他提出的"差序格局"概念不应被简单理解为运用西方社会学理论的成果,而应被视为掌握了西方社会学方法之后,通过中国文化眼镜获得的新发现。为什么身为"中国通"的非本土人类学家看不出中国社会的结构性特征,而刚刚掌握西方社会人类学视野的中国学者,却看出了人类社会可以有另一种结构形态和关系原理?西方社会学方法和中国文化眼镜的结合,带来了"差序格局"作为平行世界的发现和平行社会观的诞生。从这一角度来理解,国际人类学界关于《江村经济》学术地位的争议,可以获得另一种解读:本民族而不是异民族的研究者在观察自身文化时可能获得更深刻的认识,因为与生俱来的文化眼镜既是局限,也是优势。

中国社会学话语体系建设不是对西方体系的证明、补充或复制,也无意取代西方社会学话语体系,但确实可能是一个呈现人类社会不同面相的"平行体系"。

3. 动静之间:拓展中国社会学的研究主题

作为"平行体系"的中国社会学话语体系,不但需要有自己的理论、范畴和概念,更需要有奠基于中国思维方式和生活实践的研究主题。

在社会学史上,由孔德确立的"社会静力学"和"社会动力学"两大分支以及"秩序"与"进步"两大主题,基本上框限了西方社会学理论的思考格局。中国社会学话语体系是在这个理论架构内展开,还是跳出这个架构,提出自己特有的社会学研究主题,这是一个重大理论问题。如果跳出去,又能提出什么新的主题作为创新和拓展?

区别于西方"二元对立"的思维模式,中国文化不但善于从对立双方的相互转化、彼此包融的角度思考问题,比如中国的八卦图,阴阳两极之间既存在此消彼长,也存在你中有我、我中有你;而且善于找到"第三维"来解决问题,如孙子兵法中"不战而屈人之兵"的策略,就是在战与不战两种状态中,找到一条不发动战争,却取得战胜效果的道路。

借助"第三维"思维模式,中国社会学可以在西方社会学"秩序"与"进步"之间,发现第三种可能的状态,即"秩序"已在动摇,"进步"尚未出现的中间状态,这个将变未变的"潜在"状态,正是中国传统文化的重要概念,"势"之所指。

"势"既可以指称先秦法家三大学派——"法、术、势"中一派所倚重的"势",即权力结构中的"位差",也可以是中国成语大量用到的"势",比如"势如破竹""势不可当""乘势而动"以及"历史潮流浩浩荡荡,顺者昌,逆者亡"中的"趋势"。

这个无论在自然界还是人类社会中无处不在的"势",代表了某种潜在变化的可能性和方向性,属于似静非静、似动未动的状态,代表了从"秩序"向"进步"或"进步"向"秩序"的过渡,透显出"秩序"与

"进步"相互演变的机理。

在社会生活中,中国人对"势"的感觉堪称不教而会、无师自通,从把握天下大势、打仗占据地形之利、风险投资判断"风口",到营业员以消费者付款为分界线的"前恭后倨",体现了对"势"的全方位运用。这个研究主题堪称"潜龙",足以贯穿宏观、中观与微观三个理论层面,富含学术潜力,如能深入研究,提炼出系列概念和完整理论,有望成为中国社会学话语体系建设的独创性成果。

4. 回归洞察力:向文化传统要学术材料

话语体系根本上是学科洞察力的语言表达,没有洞察力,再精美的话语不过辞藻堆积而已。中国社会常被人称为"关系社会",中华民族不会缺少对社会生活的洞察力,所缺者,话语也,而且还只是因为中国话语有自己独特的内容观照和表达风格,迥然不同于西方的学科话语,而不是真的没有话语。

中华民族是一个高度重视语言表达的民族,留存那么多文学作品且形成清晰的文学史轨迹,就是明证。问题是中国的形意文字本身留给人的想象空间过大。"道可道,非常道",语言文字的终极局限被发现后,用于文学描写、留有想象余地的模糊话语多了,而用于精确界定现象或事物的少了。"诗无达诂",语言一经诗化,精准性就差了。因为高度重视社会关联,中华民族即便没有采用抽象概念来表达有关社会关系及其机理的洞察,但确实借助独有的成语形态,来呈现自己对生活道理的把握。中国成语中积存了大量体现社会洞察的方法论成果,善加转化和提炼,完全可以为中国社会学话语体系提供思想材料。

中国成语"瓜田李下"和西方社会学符号互动论的核心概念"情境定义",涉及相同的社会过程。身处社会环境之中,个人行动的意义需要一个解读过程,置入不同框架,会有不同解读,导致不同的应对方案。西方社会科学善于采用抽象概念和由概念组成的命题,借助形式逻辑的关联,建立理论,以描述现象,展现机理,并加以推演,精准、清晰而条理性强。中国古人习惯于采用成语这种"意象言"结构:"意"就是洞察生活所获得的对道理的感悟,"象"是用于传递道理的故事,"言"则是用于帮助读者从故事中检索出道理的字词结构,通常以四个字居多。就聚焦的内容而言,中国成语同西方概念没有多大区别,都包含了对社会生活的洞察,但在表达形态上,西方概念对社会生活机理直接作了文字展开,而中国成语蕴含的道理很清晰,但光从字面上看,确实语焉不详,依赖于意会。但这恰恰意味着,中国成语既有待于进一步学理阐发,同时也确实有很大的开发空间。

在建设中国社会学话语体系时,迫切需要的不是按照西方社会学的理论取径和概念锻造,到中国传统文化中寻找类似成语,构建与西方概念一一对应的关系,如同到八卦中寻找二进制基因一样,而是如何直接从自古至今中华民族长期的社会感悟中,发现可用于构建社会学理论、范畴和概念的思想材料,提出与西方社会学既不完全相同又可以互通的话语体系。这要求中国社会学者在通晓世界社会学面临的理论难题的基础上,独具慧眼,从中国传统思想材料中看出当代社会学的新意,并锤炼出精到的表达形态,这才是真正意义上的中国社会学话语。

以此为目标,再回到"差序格局"概念就不难发现,其学术价值不仅在于这是费孝通先生观察中国社会而获致的原创性学术发现和从中国传统"修齐治平"人生观中提炼出来的概念表达，还在于虽然他采用了与成语相似的字词结构，但在脱离文学性表达形态，趋近内涵式定义的方向上，迈出了实质性一步，所以，在内容和形式两个维度上，都足可视为学术领域内中国话语的经典例证。

5. 实事求是：面向社会转型构建中国社会学话语体系

社会科学产生于社会需要，社会学话语体系来自实践经验的总结和概括。建设中国社会学话语体系不用过度强调有没有使用西方社会学概念和术语，或者使用了多少，而必须突出是否借助了学科视角和方法论，立足中国的实践，实现了理论超越。

中国化既是政治选择，也是文化对策。在接触马克思主义之前，中华民族也曾遭遇外来文化的冲击，并成功地使之中国化。印度佛教传入中土，无论在观念还是实践层面，都对本土文化产生了巨大影响，至今中国人使用的大量词汇来自佛教，其中有不少通过音译方式，直接进入并极大扩充了中国人的话语系统。但在看似全盘接受佛教文化的表象下，本土文化进行了有重点的消化乃至同化。

佛教本质上是出世的，而中国文化是入世的，面对出世的佛教，保留入世的观念，是中国传统文化的防守底线。于是，中华民族接受了"轮回"概念，但与印度佛教主张"跳出轮回"，往生极乐世界，不再做人，彻底脱离苦海不同，乐生的中国人希望借助轮回，投胎"好人家"，回到人世，安享太平富贵。同样出家为僧，印度佛教徒不事生产，托钵靠他人施舍为生，而唐朝百丈禅师坚守"一日不作，一日不食",信奉"农禅",身体力行"搬柴运水无非是禅"的理念,保留了"出家人"的入世心态。中华民族在融合外来文化过程中表现出来的敏感性、把握度和分寸感,值得珍惜。

从这个角度来观察,无论严复先生用"群学"作为社会学的译名、费孝通先生提出的"差序格局"概念,还是改革开放以来,中国学者系统研究"单位制"及其解体,不能仅仅理解为研究者的个人学术兴趣,而应该视为整体上构成了对西方社会学基本问题,即人与社会关系问题的中国式解读。

西方社会学基于现实个人和抽象社会这一理论假设及其张力,引发出一系列方法论思考,形成了丰富的理论成果。从涂尔干的"社会学主义"、韦伯的"方法论个体主义"、齐美尔的"社会交往的纯粹形式"、帕累托的"对非逻辑行为的逻辑解释",到吉登斯的"结构化理论",西方社会学家致力于打通从个人到社会的"中间环节",寻求破解行动者影响社会运行和人类集体存在影响行动者决策的"二律背反"。纵贯社会学史的这一思想脉络明显具有西方思维逻辑和知识传统的特性,有其学术价值,但中国社会学者的思维显然与之不同。

"群学"意义上的"群","差序格局"中"群"的逐级扩大和"单位制"意义上具有行政背景的"群",都不是西方抽象意义上的社会概念,但同样具有人类共时性集体存在的属性。在建设中国社会学话语体系的语境下,重要的不仅是中国学者因为思维特性,愿意探讨具象的"群",而不习惯思索抽象的"社会",更在于中国学者关注"群"时采取的特殊视野和角度。中国社会学研究者不否认个体的存在,否则"修齐治平"就没有了逻辑起点。但中国的社会思想不是从霍布斯的自然状态或鲁滨逊的独处情境出发,借助抽象范畴,通过逻辑演绎,来论证发生学意义上的社会起源,而是从个人与群体不可分隔的关系出发,来论证发生学意义上的个人起源。如果说,"修齐治平"的顺序体现了个人通过将群体要求内化,而获得群体成员的资格,建立起同群体的良性关系,实现从个人到群体的过渡,那么,"差序格局"则暗含了先天的血缘纽带,个人从不可选择的出生家庭,由亲及疏,走向更大的群体,直至融入宏观社会,那个颇具抽象感的"天下"。

  中国社会思想如此取径,有传统思维方式的影响,但更有现实社会组织形式的作用。相比西方社会,建立在灌溉农业基础上的中国传统社会是高度组织化的,"秦制"确立以后,尤其如此。先于且久于个人存在而存在的群体,造就中国研究者对个人与群体关系的学术敏感。社会学之被翻译成"群学","差序格局"得到广泛接受和"单位制"及其解体成为中国社会学研究者热衷的选题,背后都有现实生活的投射。自近代以来,中国社会转型根本上是社会组织方式和组织原理的转型,其总体方向不是高度组织化的结构解体,也不是"机械团结"被"有机团结"简单替代,而是组织化程度的不断提高和组织刚性水平的不断提高,从社会主义市场经济条件下的"国进民退"、为应对单位制解体而推出行政主导下的"社区建设",还有互联网引发的网上结群、街头随处可见的大妈广场舞团队,乃至遍布世界各地并历久不衰的海外"唐人街",本质上都不是抽象社会的体现,而是具象的"群",即组织的运作。

  因此,承认"群"作为组织形式在中国社会中的独特作用,确定"群学"作为中国社会学的基本研究视角,未必需要将"群学"等同于社会学本身,但面向当代中国社会转型的实际进程,踏实而坚定地推进相关研究,在把握"群"对中国人生活的意义、中国人处理"群"内关系和"群"际交往之机理的基础上,形成自己的范畴、概念和理论,有望另辟蹊径,为认知中国社会提供新的视野,为中国社会学打开新的空间,为世界社会学提供新的知识。

中国社会学话语体系建设方兴未艾,这里仅仅讨论了其中一隅,且主要涉及作为话语体系之支撑的学科视野和学理构架,关于具体话语创设和效能发挥的研究,有待后文再作展开。

后 记

当下，研究中国话语权俨然已成显学，相关文章和书籍源源而出，但真正立足中国发展的实际情况，能提出既符合中国利益，又满足世界期待的中国话语仍相当有限，目标和重要性说了又说，但活到底怎么干？应者寥寥。《经国济民——中国之谜中国解》意在立足改革开放以来中国经济持续高速发展的事实，梳理中国发展道路的内在逻辑，探索中国话语权的理论架构，并以此为方法论，提出能让人听懂和接受的中国声音。

本书以"经国济民"为名，看似专门讲述中国经济发展，其实不然。"经国济民"意不在探究"国民经济"，而是从经济口子切入，讨论国家治理的话题，采用的不是经济学视野，而是大历史和大文化视野，重在解读中国如何经历"三千年未见之大变局"，着眼于一个几近被肢解、被征服、被灭亡、"贫病愚私"弊端丛生的国家初步建成现代大国，重新走上民族复兴之路的新鲜史实，揭示隐藏其中的诸多文化奥秘。在这本书里，经济发展成果仅仅充当了文化密码的符号,受关注的不是符号本身,而是符号所传递的信息和所象征的意义。

所以,本书无意对中国历史、近现代史和改革开放的历史,作巨细无遗、面面俱到的展开,只在个人有感觉、对中国话语提炼也有意义的方向上,选择若干重点,以传统与当代彼此呼应的方式,建构中国发展的内在逻辑。逻辑重于历史,建构多于描述,是本书的特点,也是中国话语体系建设的要点。

本书没有采用许多经济数据或图标,不是因为对现有数据的精确性和可信度不抱乐观,而是因为中国思维方式更注重发现道理,但很遗憾,至今没有人能对道理进行量化,统计做不到,算法没有用武之地,所以,数据能不用就不用了。

本书涉及的内容比较广泛,并非因为作者具有"百科全书式"的知识结构,而是按照中国思维,把握世界重在发现道理,并不在知识多多益善。以中国道理为主题的著述必须践行道理的要求,把学问做通。司马迁当年撰写《史记》时,曾给自己立过一标杆:"究天人之际,通古今之变,成一家之言。"一个"通"字从此成为中国文化人的治学愿景。只有打通古今,用一个道理把世间万物串联起来,学问才算做到了家,至于知识多少,无关紧要,否则"掉书袋"就成了大学问。

"道在屎溺。"求道不必选择多么高深精微的材料和案例,只要会用,越是琐碎的生活片段包含的道理就越是鲜活,所谓"世事洞明皆学问,人情练达即文章"。在信息爆炸的年代,掌握信息的关键不在拥有大量数据,而在有能力分析数据,从沙堆里找出金子。论对数据量的占有,人类智能已远不如人工智能,但论对数据质的把握,人工智能尚不如人类智能。作者相信人工智能战胜人类的可能性是存在的，但不愿意当下就在人工智能面前束手就擒。

我是一个传统文化和现实中国的研究者，自20世纪90年代初开始，研究当代中国社会转型和文化变迁，长期开展城市社区发展研究，定期进行田野调查，重点研究社会热点问题及其公共治理，其中有不少可以列入"社会稳定"的范围。研究中所形成的个人感悟成为本书写作主要的灵感来源。也因为这个原因，引用别人现成的理论和观点少了，这多少是一个缺憾。不过，倒也符合现象学的方法论要求。理论既是工具，也是桎梏，不如回到日用理性和生活常识，更能看清事物的道理，把握"天道"呈现在人类生活中的端倪。

本书第二章开门见山提出了一个观点——"要了解中国必先了解政府"，自然，要研究中国也必先研究政府。这是我多年研究的结论，也是用于撰写本书的核心方法论。20多年来，我采用人类学的参与式观察方法，在承担政府课题、接受决策咨询和培训公务员的过程中，研究政府行政逻辑和公共管理方式，感触良多。尽管由于未曾直接任职某个部门，所以机会有限，认识深度也有限，但介于圈内圈外之间的"边缘人"身份，避免了屁股指挥脑袋的弊端，给予我许多独特的认知。希望读者能从既不同于学者、又不同于官员的视角及其观察结果中得到别样的感悟。

本书在方法论上遭遇的最大学理陷阱是，书中所论及的现象过于新鲜，其意义到底何在，今天未必全部显现，以今天的合理性来论证昨天的前瞻性，易；以此来预测明天的现实性，难。要让本书跳脱"马后炮"式的理论研究之窠臼，唯有真正把握在中国历史进程尤其是在最近40年中确实发挥着影响乃至决定作用的传统因子，并预判其今天的有效性是否预示了未来的合理性。

"太阳底下没有新事物",不等于说,在太阳底下出现过的任何事物,都可以永存永新。本书聚焦的国有土地、小农形态、水利工程建设、思想空间等传统因子,或许确实有重大贡献于今日中国的经济发展,但会同再上一个平台的中国经济和社会相始终吗?从人民公社到小城镇建设,从新农村建设到特色小镇,从土地承包到土地流转,从进城打工的农民到回乡创业的农民,从农民网上开店到农村对接人工智能,中国对农业、农村、农民持续不断地探索,能找出一条新路,让生产和生活的实际改变,最终带来制度层面的文化基因突变,进而引发中国社会包括国家作用和政府职能的全新变化吗?

让我们放飞想象,拭目以待!

为了增加读者对有关"中国话语权"的理论思考和实践操作的认识,特别在本人近年来发表的相关文章中,选了三篇放入附录之中:写于京沪高铁通车第二天的《构筑高铁战略的实力支撑体系》(原载《凤凰周刊》2011年7月第21期),刊登在2016年11月28日《北京日报》上的《从原点上确立中国学术话语权》,作为论文提交"中国哲学社会科学话语体系建设·浦东论坛"——"2017中国社会学话语体系建设"(近期将结集出版)的《借鉴马克思主义中国化,构建中国社会学学科话语》。

这些文章有一个共同的特点,都属于专门研究,可以聚焦一个议题,把话说透,而不像这本书,受篇幅和叙述风格所限,对论及的话题只能点到为止,无法扩展。即便作为本书核心议题的国-民关系和土地制度也未能铺陈开来,才是真正的遗憾。这个遗憾将成为我抓紧撰写有关中国文化生命力的专著之动力,在这里先借三篇旧文作为弥补。

本书的撰写过程属于典型的"闭门造车",但也得到不少朋友和专家的帮助。上海大学经济学院聂永有教授热心为本人策划的"大国方略"系列课程贡献一门经济方面的课程,触发了我的写作念头,于是有了这本书。书稿初成后,部分章节又得聂教授审阅,作学术把关。

上海大学教务处顾晓英研究员是我多年的教学搭档,也是书稿的第一时间审读人,给予的意见和建议十分宝贵。

上海大学出版社戴骏豪社长、傅玉芳常务副总编给予本人很大的信任、支持和宽容;出版社其他参与本书编辑的老师,在春节期间不厌其烦地接受本人讨教,并提出中肯意见。

对以上各位的帮助和贡献,在此一并表示感谢。

有一位专家承担了书稿每一章初稿的审读,提出了许多富有见地的意见,为本书增添了不少智慧点,为尊重其意愿,仅致匿名感谢。

最后,特别感谢我的家人。多年来,寒假几乎都是我的"学术假",春节期间我也很少放下手上的活,今年尤其夸张,全家人陪着我过了一个足够冷清、堪称高产的春节。真心谢谢!

中国180年的历史转型和40年改革开放的伟大进程所留下的"中国之谜",等待着中国和全世界有兴趣的人来破解,但这个"谜"的内涵外延到底如何确定,钥匙是什么,谜底又在哪里,都不是一本区区小书所能框定的。本书与其说是谜的解开,毋宁说是关于"谜的猜想"。

中国经济发展、社会进步、国家强大、民族兴旺,将让这个谜更具魅力,吸引更多的人加入解谜的行列之中。

谜底揭晓之时，是中华民族对人类做出更大贡献之日。

谜底揭晓之时，也是更大的中国之谜形成和提出之日。

中国之谜，根本上是中华民族生生不息、自强不息的脉动，永无止境！

顾　骏

2018 年 2 月 18 日